KLHE *finance*

I. Theoretischer Teil

Migration und Flucht

Der Erste Weltkrieg und insbesondere die daraus hervorgehende Neuordnung der politischen Landkarte bilden eine Zäsur in der europäischen Wanderungsgeschichte. Die Gesamtzahl der Flüchtlinge, Vertriebenen und Umsiedler in Europa lag allein Mitte der 1920er-Jahre bei annähernd zehn Millionen Menschen. Für den Zweiten Weltkrieg ist insgesamt nochmals von 50 bis 60 Millionen Deportierten, Kriegsflüchtlingen und Vertriebenen auszugehen. Die Massenwanderungen setzten sich nach dem Zweiten Weltkrieg in Form von Flucht, Vertreibung und Deportation der Deutschen aus Ost-, Ostmittel- und Südosteuropa fort (Marrus 1999). Deutschland hat vier große Einwanderungswellen erlebt: Zu Beginn des letzten Jahrhunderts kamen Arbeiter aus osteuropäischen Ländern, insbesondere aus Polen, nach dem Zweiten Weltkrieg waren es die Flüchtlinge, die aus den abgetrennten Ostgebieten und der sowjetischen Besatzungszone – der späteren DDR – nach Westdeutschland vertrieben wurden oder flohen, also in der Hauptsache interne Migranten, in den 1960er-Jahren dann die Arbeitsmigranten aus den Ländern des südlichen und südöstlichen Europas. Seit den 70er-Jahren des letzten Jahrhunderts kommen Menschen aus entfernten Ländern und fremden Kulturen: aus Südostasien, Lateinamerika, Westasien und vielen Teilen Afrikas. Sie alle gehören zur großen Gruppe derer, die freiwillig oder unfreiwillig von einem Kulturkreis in einen anderen gegangen sind und als Migranten bezeichnet werden.

Phasen der Migration

In ihrer Arbeit zur Psychologie der Migration von Erwachsenen sieht Leyer (1991) in dem Konflikt, die Heimat oder das Aufnahmeland zu idealisieren bzw. abzulehnen, eine wesentliche Ursache der bei Migranten häufig auftretenden psychischen Auffälligkeiten wie Ängstlichkeit, Depressivität oder Ablehnung von Institutionen. Sie kommt zu dem Ergebnis, dass unbearbeitete Trauer und Folgen von Trennungen nach Jahren des Aufenthalts im Exil zur Entstehung von Depressivität führen können. Weiss (2003), die die Folgen von Migration an erwachsenen Migranten in der Schweiz untersucht hat, sieht als Auslöser den Identitätskonflikt, der entstehen kann, wenn die Suche nach Kontinuität und Anpassung in der Phase der Neuorientierung in der neuen Gesellschaft misslingt. In ihrer großen Übersicht zur psychischen Gesundheit von Migranten stellt sie Hypothesen auf, wie Wechselwirkungen zwischen psychischer Gesundheit und Migration verstanden werden können. Sie fasst die Hypothesen in folgenden sechs Themengruppen zusammen:

- prämigratorische Selektion (Die Entscheidung zur Migration wird vom Gesundheitszustand abhängig gemacht: Es migrieren die besonders Gesunden, aber auch diejenigen, die sich Hilfe in anderen Gesundheitssystemen erhoffen.)
- sozialer Status (Das postmigratorische Erkrankungsrisiko korreliert positiv mit sozialer Marginalisierung.)
- Anomie (Diskrepanz zwischen erwartetem und erreichtem sozialem Aufstieg als Ursache postmigratorischer Beschwerden)
- Integration (psychische Beschwerden in Abhängigkeit von der Anpassungsleistung)
- interne und externe Ressourcen (das Gefühl, Belastungen meistern zu können – also ein hohes Maß an Kontrollüberzeugung –, und ökonomische Integration als Faktoren für die Verminderung des Erkrankungsrisikos)
- Medikalisierung (wenn Vertreter des Gesundheitssystems davon überzeugt sind, dass Medikamente bei der Behandlung psychosozialer Probleme einen großen Nutzen haben, werden soziale Konflikte, von denen Migranten besonders betroffen sind, oft fehlinterpretiert)

Weiss (2003, S. 148) hält Phasenmodelle für wenig hilfreich, da sie den »psychosozialen Such- und Abgrenzungsbewegungen« von Migranten beim Aufbau ihrer neuen Umgebung oft nicht gerecht werden. Trotzdem können sie durch die zeitliche Strukturierung für das Verstehen komplizierter Abläufe hilfreich sein. Slutzki (1979) unterscheidet folgende Phasen der Migration, wobei ihm konkrete Handlungen und die mit der Migration verbundenen Emotionen zur Abgrenzung dienen:

- Vorbereitung auf die Migration (wobei zwischen konkreten Handlungen und ersten diesbezüglichen Überlegungen nicht differenziert wird)
- der Akt der Migration selbst
- nach der Migration: anfänglich viel Aktivität und große Erwartungen
- Frustration infolge unerfüllter Wünsche und eingeschränkter Handlungsmöglichkeiten
- schließlich langfristige Adaptation mit einer mehr oder weniger bewussten Bilanzierung notwendiger oder erwünschter Anpassungsschritte
- in vielen Fällen freiwillige oder erzwungene Rückkehr in die – in der Zwischenzeit oft sehr veränderte – Heimat

Enttäuschte Erwartungen in der Heimat, Abgrenzung gegen eine nicht ausreichend Halt gebende Herkunftskultur oder Rückzug aus dieser sowie die Suche nach Entwicklungsmöglichkeiten sind nach Slutzki (1979) typisch für die Phase vor der Migration. Ein wesentliches Motiv für Migration besteht für Eltern darin, den Kindern eine bessere Zukunft zu ermöglichen. Weitere Gründe finden sich in der Hoffnung, soziale Konflikte oder individuelle Identitätskrisen durch Ortsveränderung lösen zu können. Die Kenntnisse über das Zielland sind – trotz moderner Informationsmöglichkeiten – oft unzureichend. Zuvor ausgewanderte Menschen übermitteln darüber hinaus häufig ein besseres Bild des Aufnahmelandes, als es ihrer Erfahrung entspricht. Manchmal geschieht dies aus dem Wunsch heraus, das Selbstwertgefühl zu erhalten, sich und anderen das Scheitern des eigenen Migrationsprojekts nicht eingestehen zu müssen, manchmal »um denen zu Hause keine zusätzlichen Probleme oder Sorgen zu bereiten«. Branik (1980) hat bei Spätaussiedlerfamilien sogenannte »Push«- und »Pull«-Motive gefunden: Als »Push«-Motive bezeichnet er materielle Not (schlechte ökonomische Situation in der Heimat), soziale Konflikte in der Heimat und das Auseinanderbrechen sozialer Beziehungen. Zu den »Pull«-Motiven zählt er die Familie (z. B. in Form der Familienzusammenführung), die Hoffnung auf einen höheren Lebensstandard in Deutschland sowie die verlockenden Informationen zuvor ausgewanderter Verwandter. Weitere Motive fand Branik in der Persönlichkeit der Aussiedler, in der allgemeinen Aufbruchsstimmung einer Region, in der Aussiedlung als Flucht vor bestehenden Problemen und schließlich in Abhängigkeitsverhältnissen, wie sie zwischen Kindern und Eltern bestehen.

Durch das Zusammentreffen mit der neuen Kultur verändern sich fast immer familiäre Rollen und Hierarchien, was viele Eltern nicht vorhersehen und was besonders an sogenannten Schnittstellen mit Institutionen Probleme aufwirft. Konflikte bahnen sich daher oft zwischen den Familien und Krankenhäusern, Schulen sowie der Kinder- und Jugendhilfe an. Migration führt zu Veränderungen des familiären Lebenszyklus und der familiären Utopie sowie zu neuen Anpassungs- und Bewältigungsaufgaben, doch es entstehen auch Wünsche für die Zukunft. Diese Wünsche sind oft Abwehr- und Bewältigungsversuche von Hilflosigkeit, Desorientierung, Abhängigkeit und Sprachlosigkeit im Exil. Gerade in der Phase nach der Ankunft in der neuen Gesellschaft können die geschilderten Bedingungen die Betroffenen allerdings auch dazu motivieren, gegen diese anzugehen. So können sich Eltern nach Grinberg und Grinberg als »Helden« oder, wegen aufkommender Schuldgefühle, als »Abtrünnige« verstehen (Grinberg/Grinberg 1990, S. 184). Diese Schuldgefühle gegenüber den Zurückgebliebenen sowie die Wut auf das Land, welches man hat verlassen müssen, können zu Spannungen oder aggressivem Verhalten führen, wodurch die Integration im Aufnahmeland erschwert wird und es zur gegenseitigen Ablehnung zwischen Aufnehmenden und Ankommenden kommen kann. Die Ablehnung im Exil führt dazu, dass eigene Schuldgefühle sowie die Wut auf das Heimatland nicht als solche wahrgenommen, sondern auf das Aufnahmeland projiziert werden. Dieses ist dann kein rettender Ort mehr, sondern selbst Ursache allen Übels. Das Heimatland wird dabei idealisiert, und die Migranten und Flüchtlinge bemühen sich, sich selbst und ihre Kinder vor den ihrer Meinung nach schädigenden Einflüssen des Exils zu schützen. Eltern haben oft Angst vor der »Germanisierung« (Riedesser 1988, S. 48) ihrer Kinder und reagieren mit verstärkter Akzentuierung ihrer traditionellen Erziehungsstile. Doch diese versagen oft in der veränderten Umwelt, und insbesondere Migranten mit Kindern geraten dann in eine weitere Phase der Frustration und Unsicherheit (Slutzki 1979). Für Hettlage-Varjas und Hettlage führt Migration dazu, dass gewohnte Sicherheiten nicht mehr vorhanden sind und besondere Anpassungsleistungen erforderlich werden, auf die die Migranten nicht vorbereitet sind. Die Autoren beschreiben, dass für die Migranten auf diese Weise eine subjektive »Welt«, eine sogenannte »kulturelle Zwischenwelt« entstehe (Hettlage-Varjas/Hettlage 1984). Riedesser zählt in seiner Untersuchung zur psychischen Gefährdung und Erkrankung von Kindern ausländischer Arbeitnehmer folgende migrationspsychiatrische Gesichtspunkte auf (Riedesser 1988):

- Migrationsmotive der Eltern
- Veränderung der Lebenssituation der Eltern infolge der Migration
- Auswirkungen der Migration in den verschiedenen Entwicklungsphasen des Kindes auf die Psychodynamik des Kindes und der Familie
- Auswirkungen der Zugehörigkeit zu mehreren Sprach- und Kulturkreisen auf die Entwicklung des Kindes
- Vorkommen spezifischer, bei deutschen Kindern unbekannter Probleme oder Symptome
- Behinderung von Diagnostik, Therapie oder pädagogischen Maßnahmen durch Sprach- und Kommunikationsschwierigkeiten zwischen Patient und Institution
- Absehbarkeit bzw. Erwartung einer »Remigration« durch das Kind

Handelt es sich um unfreiwillige Migration, befinden sich gerade die Flüchtlingskinder, die noch nicht so lange in Deutschland sind, in einer nur subjektiv vorhandenen Zwischenwelt, die weder die der Eltern noch die der aufnehmenden deutschen Gesellschaft ist (Adam 1999). Die Kinder versuchen sich beiden Seiten anzupassen und deren einander oft widersprechenden Anforderungen gerecht zu werden. Sie haben Hoffnungen in die Migration bzw. Flucht gesetzt, sind jedoch oft nicht in der Lage, die vorgefundenen Lebensbedingungen so für sich zu nutzen, dass sie eine Lebensperspektive erkennen können. Es entsteht eine Zwischenwelt, geprägt von ambivalenten Gefühlen und Wünschen: Einerseits wollen sie in die Heimat zurückkehren, können dies aber wegen der Umstände nicht, andererseits wollen sie in Deutschland bleiben, haben hier aber keine Perspektive. Diese gegensätzlichen Wünsche und Gefühle sind psychisch nur schwer zu integrieren und können eine zusätzliche Belastung zu den sozialen und rechtlichen Problemen des Migrationsprozesses darstellen. Auf diese Weise können psychische Störungen entstehen.

Kocijan-Hercigonja (1998) hat versucht, psychopathologische Auffälligkeiten bei Flüchtlingskindern aus Bosnien in Kroatien zu verstehen. Dazu hat er ebenfalls ein Phasenmodell entworfen: In der ersten Phase begegnet das Kind bisher unbekannten Situationen, z. B. Gewalttätigkeiten, eigener Verletzung oder der Verletzung anderer, Trennung von Bezugspersonen, Flucht. In dieser Phase können akute posttraumatische Störungen auftreten, verbunden mit Ängsten, z. B. Trennungsängsten, Verweigerung der Nahrungsaufnahme, verändertem Gefühlsleben, Traurigkeit, häufigem Weinen und einem allgemeinen Gefühl der Verunsicherung.

Die zweite Phase umfasst die Zeit, die das Kind unter veränderten Bedingungen auf der Flucht oder im Exil durchlebt. »Das Kind, das ohnehin schon traumatisiert ist, kommt in eine neue und unbekannte Umgebung, die sich auch oft kulturell von seiner Herkunftsumgebung unterscheidet« (Kocijan-Hercigonja 1998, S. 180). Dazu kommt, dass die Familien der Kinder meist unvollständig sind und sich die Rollenverteilungen innerhalb vieler Familien verändert haben. Manchmal schämt sich das Kind seiner Eltern und seiner Herkunft. Neben der in vielen Fällen bereits bestehenden Posttraumatischen Belastungsstörung zeigen Kinder in dieser Phase oft Verhaltensstörungen, aggressives Verhalten, depressive Verstimmungen und Kommunikationsstörungen.

In der dritten Phase kehren die Kinder zurück in ihre Herkunftsregion, oder aber sie bleiben endgültig in der neuen Umgebung. In dieser Phase kommt es oft zu einer Verschlimmerung bestehender Symptome. »Durch die Rückkehr wird ein Kind wieder mit dem konfrontiert, was es vielleicht verdrängt und vergessen hat, und es muss oft auch feststellen, dass die Realität anders ist als erwartet. Die Häuser sind zerstört, Freunde sind nicht mehr da, und diejenigen, die geblieben oder auch wieder zurückgekommen sind, haben sich verändert« (Kocijan-Hercigonja 1998, S. 181; Walter 1993).

Assimilation und Akkulturation

Oft fällt es Migranten und Flüchtlingen schwer oder es ist ihnen unmöglich, bei Belastungen auf früher verfügbare Ressourcen, z.B. traditionelle Heilmethoden oder soziale Bewältigungsstrategien (z.B. Einholen von Ratschlägen bei Autoritäten), zurückzugreifen. Hoher Anpassungsdruck, Ängste und deren Verleugnung tragen zu psychischen Beschwerden bei.

Zur Beschreibung von Migrationsprozessen werden häufig die Begriffe Assimilation und Akkulturation verwendet. Wir verstehen Assimilation in Anlehnung an Berry (1991) als einen Prozess der Übernahme von Wertestandards, kulturellen Normen und Verhaltensnormen der aufnehmenden Gesellschaft. Assimilation wird in der politischen Tagesdiskussion einerseits als etwas Erstrebenswertes bezeichnet, da sie die einzige Lösung sei, die eine »Vereinheitlichung« der Gesellschaft sichert und Diskriminierung wie Marginalisierung verhindert. Sie wird andererseits abgelehnt, da sie den Verlust der eigenen Identität und damit gleichsam die Abwertung der bisherigen Lebensgeschichte bedeute (Walter 1991).

Ein wichtiges Assimilationskonzept geht auf Gordon (1964) zurück, der Anpassungsprozesse von Minderheiten in der nordamerikanischen Gesellschaft (Juden, Katholiken, Schwarze und Puertoricaner) untersucht hat. Er unterscheidet vier Arten von Assimilation: behavioral, strukturell, ehelich und durch Identifikation. Als behaviorale Assimilation bezeichnet er die Anpassung an Verhaltensmuster, die für die Aufnahmegesellschaft typisch sind; als strukturelle Assimilation den Eintritt in die Institutionen des Aufnahmesystems (Eintritt in Cliquen und Vereine). Diese sah

Gordon als eine erste soziale Assimilation an, die auch die anderen Formen nach sich ziehe, z.B. die eheliche Assimilation in Form interethnischer Eheschließungen oder die Assimilation durch Identifikation, durch Entwicklung eines Zugehörigkeitsgefühls zur Aufnahmegesellschaft. Eine ähnliche Einteilung nahm Esser (1980) vor. In seiner Theorie von der Eingliederung der Einwanderer sieht er, in Ergänzung zu Gordon (1964), Assimilationsprozesse letztlich als Produkt subjektiver Handlungskompetenzen und objektiver Handlungsmöglichkeiten. Hoffmann-Nowotny (1973, 1990) erweitert diese Konzepte um den Begriff der Integration, worunter er ein hohes Ausmaß an Partizipation der Einwanderer an verschiedenen Strukturen (Nachbarschaftskontakte, Kirchen, Parteien, Vereine) der Aufnahmegesellschaft versteht.

Die sozialen und psychischen Veränderungen, die bei Immigranten und aufnehmender Gesellschaft entstehen, werden nach Berry (1991) als Akkulturation bezeichnet. Nach seiner Auffassung gibt es vier Möglichkeiten der Akkulturation: Wenn in einer Gesellschaft Immigranten ihre eigene kulturelle Identität bis zu einem gewissen Grad beibehalten und mit der aufnehmenden Gesellschaft interagieren, spricht er von Integration. Wenn in einer Gesellschaft kaum Kontakt zwischen aufnehmender Gesellschaft und Immigranten besteht, diese aber an der eigenen kulturellen Identität festhalten, nennt Berry dies Separation. Als Assimilation bezeichnet er das Phänomen, dass die eigene Kultur abgelehnt wird und verstärkt Beziehungen zur neuen Gesellschaft aufgebaut werden. Bestehen weder Beziehungen zur aufnehmenden Gesellschaft noch Bezüge zur eigenen kulturellen Identität, sind die Immigranten in einer Gesellschaft marginalisiert (Berry 1986, 1991; Berry/Sam 1997). In Abbildung 1 sind diese Akkulturationsstrategien dargestellt.

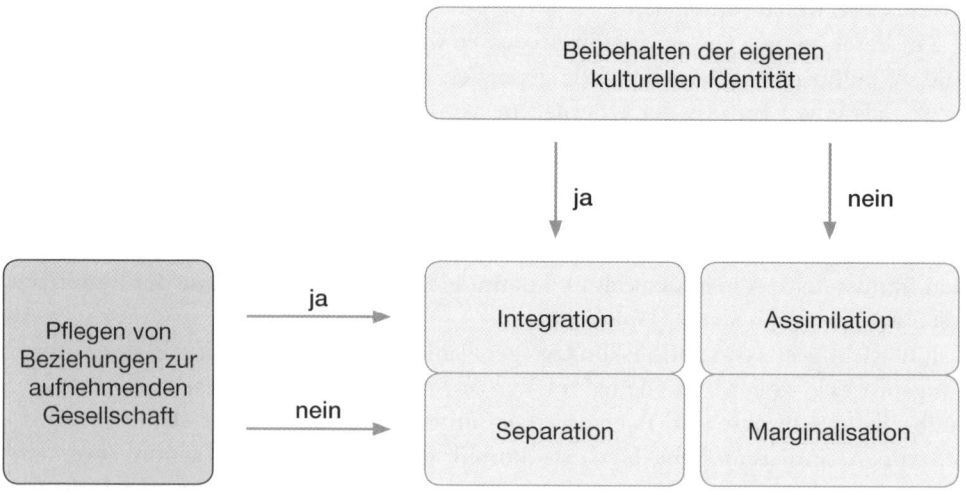

Abb. 1: Möglichkeiten der Akkulturation in einer Gesellschaft (nach Berry 1986, S. 28)

Die Art der Akkulturation innerhalb einer Gesellschaft ist nicht nur von den Migranten selbst abhängig. Sie wird von der Ideologie der aufnehmenden Gesellschaft stark beeinflusst, die entweder die kulturelle Verschiedenheit toleriert und damit die Integration bevorzugt oder sich für die Dominanz der eigenen Kultur entscheidet und eine Assimilation der Migranten verlangt. Es kommt zu Anpassungsprozessen, dargestellt in Abbildung 2.

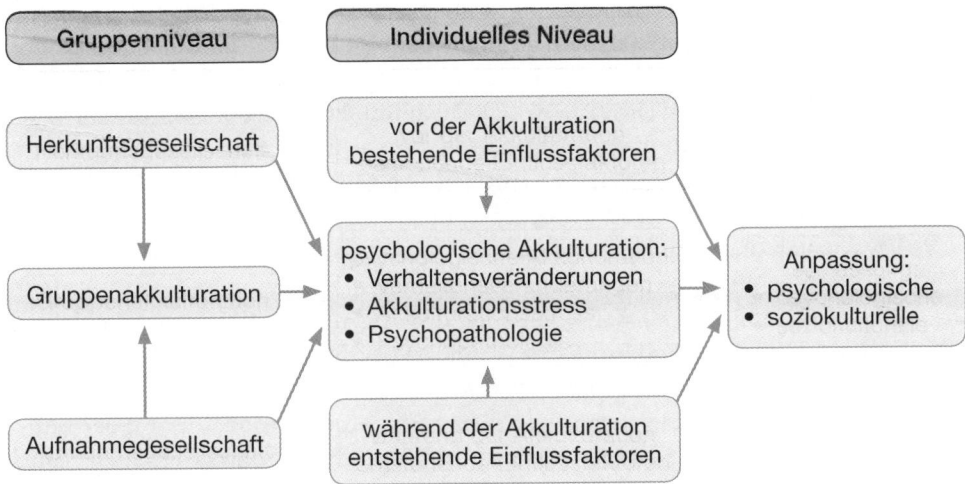

Abb. 2: Akkulturationsmodell (nach Berry/Sam 1997)

Akkulturationsprozesse beginnen demnach mit der Akkulturation von Personengruppen und sind durch zahlreiche Veränderungen in verschiedenen Lebensbereichen der Immigranten gekennzeichnet. Veränderungen aufseiten der aufnehmenden Gesellschaft sind kaum untersucht. Neben Veränderungen in der Gruppe der Immigranten (z.B. Gettobildung oder Mode) ändert sich auch das individuelle Verhalten, das mit den später zu erläuternden Methoden der Coping-Forschung erfasst wird. Akkulturationsstress entsteht nach diesem Modell dann, wenn Verhaltensänderungen eigentlich notwendig wären, aber subjektiv aus unterschiedlichen Gründen nicht angemessen erscheinen. Auf der praktischen Ebene haben dies El-Mafaalani und Toprak (2011) beschrieben, als sie auf die Dilemmata sowohl der Kinder als auch der Eltern hinwiesen, sich zwischen althergebrachtem Erziehungsstil und liberalen Einflüssen in der Schule entscheiden zu müssen. Wenn diese Konflikte nicht gelöst werden, können bei Eltern und Kindern ebenfalls psychische und psychosomatische Störungen auftreten.

Definition: Migranten- bzw. Flüchtlingskind

Pries, der Migrationsprozesse aus soziologischer Sicht untersucht hat, findet, dass diese heute – unter dem Einfluss moderner Verkehrs- und Kommunikationsmittel – anders verlaufen und daher noch schwerer zu erfassen und zu definieren sind als noch vor wenigen Jahren – nicht mehr nach dem Muster: Abreise, Ankunft, Anpassung und eventuell Rückkehr. Sogenannte »transnationale soziale Räume« seien dadurch entstanden, dass die Migranten sich – unter anderem via Telefon, Internet, E-Mail, Satellitenfernsehen oder Banktransfers – in einem Informationsaustausch und Kommunikationsprozess mit der Herkunftsregion befinden und manche sogar vorübergehend in diese zurückkehren (Pries 1996). Da auch immer bewusste oder unbewusste Rückkehrwünsche, Delegation von Aufgaben an die Nachgeborenen, Hoffnungen und Enttäuschungen eine Rolle spielen, beschäftigen sich Migranten oft lebenslang damit, wohin sie eigentlich gehören und wo sie leben möchten.

Die Psychoanalytiker Grinberg und Grinberg (1990, S. 14) definieren Migration als »den Akt und die Wirkung des Übergangs von einem Land zum anderen mit dem Ziel, sich in diesem niederzulassen«. Mit einer derartigen Definition gewinnen neben der rein geografischen Veränderung des Wohnorts psychologische und soziologische Prozesse an Bedeutung. Einen prozessorientierten Ansatz der Definition von Migration wählte die aus fünf Sachverständigen bestehende Kommission, die von der Bundesministerin für Familie, Senioren, Frauen und Jugend den Auftrag erhalten hatte, für den im Jahr 2000 vorgelegten Sechsten Familienbericht die Situation ausländischer Familien in Deutschland darzustellen. Die Kommission sollte den Entwicklungsprozess in Familien mit Migrationserfahrung, aber auch die Entwicklung des Verhältnisses zwischen der Aufnahmegesellschaft und diesen Familien untersuchen. Dazu definierte sie Migration als einen sozialen Prozess, dessen Spektrum »von der schrittweisen und unterschiedlich weit gehenden Ausgliederung aus dem Kontext der Herkunftsgesellschaft bis zur ebenfalls unterschiedlich weit reichenden Eingliederung in die Aufnahmegesellschaft einschließlich aller damit verbundenen sozialen, kulturellen, rechtlichen und politischen Bestimmungsfaktoren und Entwicklungsbedingungen, Begleitumstände und Folgeprobleme« reicht (Deutscher Bundestag 2000, S. 16). Diese heute weitgehend akzeptierte Definition von Migration bezieht allerdings die von Grinberg und Grinberg (1990) ebenfalls als wichtig erachteten emotionalen und beziehungsrelevanten Veränderungen des Einzelnen und die dadurch entstehenden Rückwirkungen auf andere nicht mit ein.

Migration ist der Oberbegriff für ein breites Spektrum von Bezeichnungen für Ortswechsel. Dieses reicht von freiwilliger Wanderung über Flucht vor subjektiv erlebter Bedrohung bis hin zur erzwungenen Flucht. Flucht ist dabei insbesondere durch den demütigenden Zwang zum Ortswechsel gekennzeichnet und hat den ungewollten Abbruch von Beziehungen zur Folge (Brucks 2001). Klare Unterscheidungen zwischen temporärer und definitiver Wanderung oder zwischen Migration aus wirtschaftlichen und aus anderen Gründen lassen sich immer weniger treffen.

Im vorliegenden Buch greifen wir daher die oben genannten soziologischen Inhalte der Definition der Kommission auf, beziehen aber auch den insbesondere für Kinder so bedeutsamen Entwicklungsprozess in die Definition ein. Ein Migrantenkind wird definiert als ein Kind bis 18 Jahre, dessen familiäre Biografie durch länger andauernde Mobilität über eine nicht unerhebliche Entfernung gekennzeichnet ist und das dadurch unter Umständen lebenslang ambivalente Gefühle hinsichtlich Zugehörigkeit und Rückkehr hat, die entsprechend dem jeweiligen Entwicklungsstadium differieren können. Wenn das Kind oder seine Eltern darüber hinaus Krieg, Bürgerkrieg oder andere Formen organisierter Gewalt erlebt haben und die Familie deswegen die angestammte Heimat verlassen musste, handelt es sich um ein Flüchtlingskind.

Psychische Belastung und Traumatisierung

In der Menschheitsgeschichte waren immer wieder Einzelpersonen oder Gruppen traumatisierenden Ereignissen ausgesetzt. Solche Ereignisse waren zu allen Zeiten auch direkt oder indirekt Ursache von Migration oder Anlass zur Flucht. Menschen besitzen große Fähigkeiten, auch extreme Situationen zu überleben. Doch traumatisierende Erlebnisse können »das psychologische, physiologische und soziale Gleichgewicht eines Menschen in solchem Maße verändern (...), dass die Erinnerung an ein bestimmtes Ereignis alle anderen Erfahrungen überschattet und die Gegenwart stark beeinträchtigt« (van der Kolk/McFarlane 1996, S. 27).

Die Entwicklung des Traumabegriffs

In der Forschung zur psychischen Traumatisierung bestand die ätiologische Fragestellung anfangs darin, ob ein Trauma psychisch oder organisch bedingt sei. Der Neurologe Charcot bezeichnete 1887 als Erster die sogenannten hysterischen Anfälle als Dissoziationen, als das Ergebnis traumatisierender und für die betroffene Person nicht aushaltbarer Erfahrungen.

Sigmund Freud folgte zunächst der Auffassung Charcots, dass Traumata eine bedeutende Rolle bei der Entstehung der Hysterie spielen, und erklärte es dadurch, dass Geschehnisse im Unbewussten abgespeichert, mit den in der Situation erlebten Affekten verbunden und schließlich in einem dann veränderten Bewusstseinszustand, dem der Dissoziation, verschlüsselt würden. Freud nahm an, dass sowohl die individuelle Konstitution als auch die objektiven Faktoren der traumatischen Situation an der Ätiologie der Psychoneurosen teilhaben und dass in manchen Fällen die eine Seite, in manchen Fällen die andere dominiert (Freud 1906). Er postulierte für den Organismus eine Vorrichtung, die ihn vor der Einwirkung zu starker Außenreize schützt: Die Sinnesorgane entnehmen der Außenwelt sogenannte Proben, sodass man sich unter

Umständen, z. B. durch Flucht, den zu starken Außenreizen entziehen kann (Freud 1920). Kann man sich dem Reiz aber nicht entziehen, ist dieser nach Freud dann traumatisierend, wenn er das Verarbeitungsvermögen des Organismus übersteigt.

Die betroffene Person erlebt in einer dann eintretenden traumatischen Situation überwältigende Affekte. Gelingt eine Verarbeitung dieser Affekte nicht ausreichend, so bleibt dem Individuum keine andere Wahl, als diesen Affekt zu verdrängen und zugleich viele Gedanken, Fantasien und Situationsbilder, die mit ihm in einem assoziativen Zusammenhang gestanden haben. Später werden Assoziationen, die verdrängte Elemente erwecken, gleichzeitig auch diesen nicht abreagierten Affekt reaktivieren, sodass jeweils erneute und stärkere Verdrängung erforderlich wird. Freud formulierte mit diesem Konzept der Nachträglichkeit (Freud 1896) einen komplexen Auslöse- und Wirkmechanismus bei der Entstehung eines Traumas, bei dem psychische, somatische und soziale Bedingungen vielfältig verknüpft sind. Mentzos zufolge hat Freud mit diesen Überlegungen in seiner Traumatheorie der Neurosen erkannt, dass nicht der Zusammenstoß mit der Umwelt, also nicht das Trauma als solches, sondern die Behinderung der Abreaktion und Verarbeitung des Affektes pathogen ist (Mentzos 2000).

Nach dem Krieg haben Psychiater besonders die psychischen Probleme der Kriegsopfer beachtet. Pedersen prägte angesichts der Flüchtlingsproblematik den Begriff der »Flüchtlingsneurose«. Durch politische Verfolgung und Flucht entstanden seiner Beobachtung nach Ängste, Halluzinationen, Persönlichkeitsveränderungen und Amnesien. Pedersen sah Gründe für eine psychische Destabilisierung der Flüchtlinge insbesondere darin, dass diese ihre Ziele, Erwartungen und sozialen Ambitionen im Heimatland aufgeben mussten und den Einfluss auf ihre sozialen Gruppen verloren (Pedersen 1949).

In den 1960er-Jahren wurde die Diskussion über die Ätiologie psychischer Störungen ehemaliger KZ-Häftlinge fortgeführt, weil die Überlebenden Anträge auf Entschädigung nach dem Bundesentschädigungsgesetz stellten. Herrschende Lehrmeinung der deutschen Nachkriegspsychiatrie war – wie Lederer, der sich sehr für eine Entschädigung der Betroffenen eingesetzt hat, festhielt –, dass viele der »Antragsteller Simulanten auf der Suche nach dem schnellen Geld waren, oder Neurotiker, schon vor dem Krieg asozial, psychisch minderwertig oder von psychopathischer Persönlichkeit« (Lederer 1965, S. 466). Hoppe sah 1962 in seiner Untersuchung bei Überlebenden von Auschwitz keine organischen Veränderungen, sondern gestörte Persönlichkeiten mit andauernder Feindseligkeit und einer nach außen projizierten Wut als Kern der Persönlichkeitsveränderung (Hoppe 1962). Von Baeyer, Häfner und Kisker (1964) fanden, dass insbesondere die »Neigung zur sozialen Isolation« manchmal auch zur Abkapselung innerhalb der Familie führte. Sie sahen eine lang währende und tief greifende Destruktion der Sozialbeziehungen als ausschlaggebenden ätiologischen Faktor von Fehlhaltungen und Persönlichkeitsveränderungen nach Verfolgungs- oder Extrembelastungen. Diese Störungen bezeichneten sie deshalb auch als »erlebnisreaktiv«, da das ursprüngliche Erleben letztlich ausschlaggebend sei (von Baeyer/Häfner/Kisker 1964, S. 176).

Krystal untersuchte die Spätfolgen massiver Traumatisierung; seine Ergebnisse legen nahe, dass die Kernerfahrung des Traumatisiertseins im »Aufgeben« und in der Akzeptanz von Tod und Vernichtung besteht (Krystal 1978). Eitinger behauptete 1987 in einem Vortrag, dass die prämorbide Persönlichkeit fast ohne Bedeutung sei, wenn der Stress überwältigende Formen annehme: »Fast jeder, der solchem Stress ausgesetzt ist, muss pathologisch reagieren. Vielleicht ist es richtiger, zu sagen, muss normal auf so pathologische Situationen reagieren« (Eitinger 1990, S. 130).

Trauma als Folge von Krieg wurde auch im Zusammenhang mit dem Vietnamkrieg diskutiert. Allerdings standen nicht die Opfer im Blickpunkt, sondern die amerikanischen Soldaten, von denen viele einen Psychiater aufsuchten. Diese diagnostizierten Angststörungen, Depressivität, Substanzmissbrauch und Persönlichkeitsstörungen. Das gehäufte Auftreten von Diagnosen innerhalb einer Gruppe von Personen mit ähnlichen traumatisierenden Erlebnissen wurde später unter der Bezeichnung »Post Traumatic Stress Disorder« (PTSD) bzw. »Posttraumatische Belastungsstörung« (PTBS) als neues Syndrom bekannt – wie im nächsten Kapitel weiter ausgeführt wird. Summerfield weist darauf hin, dass die Ersten, die die Verwendung des Konstrukts PTSD bei der Diagnose befürworteten, aus der Antikriegsbewegung in den USA kamen. Sie setzten sich dafür ein, das Konstrukt PTSD zu verwenden, weil dadurch deutlicher werde, dass die traumatisierenden Ereignisse des Krieges für die Störung verantwortlich sind (Summerfield 2001, S. 95).

Das Konzept der Posttraumatischen Belastungsstörung

Die Posttraumatische Belastungsstörung ist eine mögliche Folgereaktion eines oder mehrerer traumatischer Ereignisse, wie z. B. des Erlebens von körperlicher und sexualisierter Gewalt, von Krieg oder anderen durch Menschen verursachten Katastrophen, die an der eigenen Person, aber auch an fremden Personen beobachtet werden kann (Flatten et al. 2011). In vielen Fällen kommt es zu einem Gefühl der Hilflosigkeit und zu einer Erschütterung des Selbst- und Weltverständnisses.

Das Störungsbild ist demnach geprägt durch

- sich aufdrängende belastende Gedanken und Erinnerungen an das Trauma (Intrusionen) oder Erinnerungslücken (Bilder, Albträume, Flash-backs, partielle Amnesie)
- Übererregungssymptome (Schlafstörungen, Schreckhaftigkeit, vermehrte Reizbarkeit, Affektintoleranz, Konzentrationsstörungen) Vermeidungsverhalten (Vermeidung traumaassoziierter Stimuli)
- emotionale Taubheit (allgemeiner Rückzug, Interesseverlust, innere Teilnahmslosigkeit)

- im Kindesalter teilweise veränderte Symptomausprägungen (z.B. wiederholtes Durchspielen des traumatischen Erlebens, Verhaltensauffälligkeiten, zum Teil aggressive Verhaltensmuster)

Die Symptomatik kann unmittelbar oder auch mit (zum Teil mehrjähriger) Verzögerung nach dem Geschehen auftreten (verzögerte PTBS).

PTBS wurde 1991 in die Internationale Klassifikation psychischer Störungen (International Classification of Diseases: ICD-10) aufgenommen und unter F43.1 klassifiziert (WHO 1991). Das dort beschriebene Bild entspricht im Wesentlichen dem dargestellten, wobei allerdings unterschieden wird zwischen

- einer akuten Belastungsreaktion, die nur wenige Tage andauert,
- der Posttraumatischen Belastungsstörung selbst und
- einer andauernden Persönlichkeitsänderung nach Extrembelastung, bei der die Persönlichkeitsveränderung über mindestens zwei Jahre bestehen muss.

Als Begleitsymptome können bei PTBS nach ICD-10 Ängstlichkeit, Depressivität, Suizidgedanken sowie Drogeneinnahme und Alkoholmissbrauch auftreten.

Verlaufsmodell der psychischen Traumatisierung

Das PTBS-Konstrukt stellt eine Reduktion auf den »kleinsten gemeinsamen Nenner mit den entsprechenden Vor- und Nachteilen dar« (Krystal 1993). Für das Verständnis seelischer Verletzungen, ihrer Auswirkungen und ihrer Verarbeitung sowie ihrer Folgen für die Entwicklungsphasen von Kindern und Familien, die Migration oder Flucht erlebt haben, bleibt aber ein rein deskriptiver Ansatz wie im Konzept der Posttraumatischen Belastungsstörung unbefriedigend.

Die internationale Übereinkunft auf ein PTBS-Konstrukt trägt zur Vereinfachung der Klassifizierung von Störungen, die infolge von Belastungen auftreten, bei, hilft aber nicht bei der Definition des Begriffs »psychisches Trauma«. Dieser Begriff wird heute umgangssprachlich für fast alles Schädigende eingesetzt und zu wenig differenziert. Man muss zwischen dem traumatisierenden Ereignis bzw. dem traumatischen Prozess, wenn Reize oder Situationen länger einwirken, dem traumatischen Zustand und den bleibenden pathologischen Veränderungen unterscheiden (Bohleber 2000). Nach dem Verlaufsmodell psychischer Traumatisierung von Fischer und Riedesser (2003) ist ein Trauma nicht nur als »Stimulus« oder »Stress« anzusehen. Sie definieren Trauma als »vitales Diskrepanzerlebnis zwischen bedrohlichen Situationsfaktoren und individuellen Bewältigungsmöglichkeiten, welches mit dem Gefühl der Hilflosigkeit und schutzloser Preisgabe einhergeht und so eine dauerhafte Erschütterung von Selbst- und Weltverständnis bewirkt« (Fischer/Riedesser 2003, S. 82).

Die Autoren weisen also den Bewältigungsmöglichkeiten des Betroffenen eine bedeutende Rolle bei der Entstehung oder Vermeidung eines Traumas zu, womit sich diese Definition von der ICD-Definition unterscheidet. Den Autoren zufolge entsteht ein dialektisches Spannungsverhältnis zwischen Innenperspektive (der des leidenden Subjekts) und Außenperspektive (objektive Situation), zwischen belastenden Umweltbedingungen und subjektiven Bedeutungszuschreibungen sowie zwischen Erleben und Verhalten. Aus diesem Zusammenspiel heraus ist die »traumatische Situation« (Fischer/Riedesser 2003, S. 62) zu verstehen. Sie stellt die erste Phase der Traumatisierung dar, als zweite Phase entsteht die traumatische Reaktion. Darunter wird wiederum die Art und Weise verstanden, wie eine Situation verarbeitet wird, deren Bewältigung die individuellen Kapazitäten überschreitet. Als dritte Phase bezeichnen die Autoren den traumatischen Prozess, in dem Betroffene versuchen, die überwältigende, oft unverständliche Erfahrung zu begreifen und in das Selbst- und Weltverständnis zu integrieren. Die Phasen »gehen auseinander hervor, laufen parallel und durchdringen einander« (Fischer/Riedesser 2003, S. 63).

Ferner sind durch das Trauma aufgeworfene Probleme meist nicht von der betroffenen Person allein zu bewältigen. Verarbeitungs- und Selbstheilungsversuche haben eine soziale Dimension, und von Belastungen sind Individuen, auch innerhalb einer Familie, unterschiedlich betroffen. Nach Fischer und Riedesser (2003) ist es für das Trauma der Betroffenen, für ihre Reaktionen und den entstehenden Prozess von Bedeutung, wie sich die Allgemeinheit zum individuellen »Elend der Traumatisierten« (Fischer/Riedesser 2003, S. 64) verhält. Ausgrenzung und Missachtung durch die Allgemeinheit – damit diese nicht an die Katastrophe erinnert wird – können die traumatische Situation für die Betroffenen verlängern. Die Autoren halten die Gerechtigkeit und die Anerkennung von Würde besonders bei den Katastrophen für wichtig, die von Menschen absichtlich verursacht wurden, damit der Verlauf der durch die traumatisierenden Ereignisse ausgelösten psychischen Störungen positiv beeinflusst werden kann.

Kindesentwicklung

Psychische Traumatisierung bei Kindern

Bereits in den 1940er-Jahren wurden Beobachtungen psychischer Traumatisierungen von Kindern veröffentlicht. Anna Freud und Burlingham (1943, 1944) hatten ungewöhnliche Verhaltensweisen bei sehr kleinen Kindern beobachtet, die wegen der Bombenangriffe auf London von den Eltern getrennt worden waren. Im Jahr 1951 veröffentlichten Anna Freud und Dan Beobachtungen über dreijährige Waisenkinder, die ein Konzentrationslager überlebt hatten (A. Freud/Dan 1951).

Khan (1963) untersuchte Anfang der 1960er-Jahre die frühe Mutter-Kind-Interaktion und machte dabei die Beobachtung, dass mehrere – jeweils für sich allein nicht traumatisierende – Einzelerfahrungen einander verstärken und schließlich zu einer gestörten Mutter-Kind-Beziehung führen können. Er nannte dies »kumulatives Trauma«. Hier ist nicht das Einzelereignis allein schädigend, der schädigende Prozess entsteht nach Khan (1963) durch die gestörte Beziehung zwischen »innen« (der persönlichen psychischen Organisation) und »außen« (den Ereignissen). Khan beschreibt also das »Immer-wieder-Hintereinander«, bei dem die Erholungsphasen zwischen den jeweils für sich nicht traumatisierenden Einzelerfahrungen unterbrochen werden, wodurch es zu Störungen kommen kann.

Als ein Ergebnis seiner 25-jährigen Follow-up-Untersuchung über das Schicksal jüdischer Kriegswaisen in den Niederlanden führte Keilson (1979) schließlich den Begriff »sequenzielle Traumatisierung« ein. Er unterschied drei traumatisierende Sequenzen, denen diese Kinder ausgesetzt gewesen waren: erstens die Besetzung der Niederlande durch deutsche Truppen (»präludierendes Moment der Verfolgung«, Keilson 1979, S. 56), zweitens die direkte Verfolgung durch die Nationalsozialisten und drittens die Nachkriegsperiode mit den Schwierigkeiten der Wiedereingliederung der überlebenden Kinder in neue Familien bzw. soziale Institutionen. Als wichtigstes Ergebnis der Untersuchung fand Keilson heraus, dass erst eine Betrachtung der drei traumatischen Sequenzen als Ganzes es möglich macht, die traumatisierende Belastung und deren Wirkung auf die Entwicklung der Kinder zu verstehen. Er hat gezeigt, dass z. B. eine eher günstige zweite und eine ungünstige dritte Sequenz zu schwereren psychopathologischen Auffälligkeiten führen können als eine ungünstige zweite und eine günstige dritte. Keilsons »sequenzielle Traumatisierung« ist eine auf einen großen Zeitraum verteilte Polytraumatisierung, die subjektiv als kohärentes Trauma erlebt wird.

Aber auch über die Generationengrenzen hinweg können belastende Ereignisse weiterwirken. Wenn der Vermeidungspol (»avoidance«) traumatischer Störungen bei Eltern besonders prominent ist, sie also das Erinnern an oder das Sprechen über belastende Erlebnisse vermeiden, fühlen sich die Kinder oft aus zentralen Lebensbereichen der Eltern ausgeschlossen und damit alleingelassen (Walter/Bala 2004). Der »Schweigepakt« über die Vergangenheit wird für sie zur besonderen Belastung (Bar-On 1996). Die Kinder stellen Vermutungen über »mögliche Fakten« (Bar-On 1999) an und werden durch entstehende Ängste belastet. Die Psychoanalytikerin Judith Kestenberg untersuchte über eine längere Zeit Kinder von Holocaust-Überlebenden. Sie fühlen sich oft, so Kestenberg (1989), in die nie angesprochene traumatische Erlebenswelt der Eltern ein und übernehmen unbewusst z. B. die Rollen von verstorbenen früheren Bezugspersonen der Eltern oder von Verfolgtem und Verfolger oder die Gefühle und Affekte der lebensbedrohlichen Gesamtsituation. Kestenberg versteht dies als eine Übertragung nicht reflektierter Erfahrungsanteile der Eltern auf die nächste Generation und als Konkretisierung durch die Kinder. Sie spricht von Transposition der traumatisierenden Ereignisse.

Bürgin (1995) meint, dass – will man die Folgen traumatisierender Ereignisse für die psychische Entwicklung eines Kindes wirklich verstehen – in vielen Fällen sogar gewartet werden muss, bis die Adoleszenz vorüber ist oder die Betroffen selbst Kinder haben. Jüngere Kinder entwickeln infolge eines Traumas häufig psychosomatische Störungen, und die seelische Balance kann gerade während der Adoleszenz durch vorangehende Traumatisierungen gestört werden, sodass die Jugendlichen Verhaltensweisen zeigen, die früheren psychischen Entwicklungsstufen entsprechen (Trennungsangst, Anhänglichkeit, Verlust von Autonomie). Auch kann die Entwicklung einer Psychose begünstigt werden oder – quasi als Selbstheilungsversuch – Drogenmissbrauch die Folge sein (Bürgin 1995, S. 20).

Alle psychotherapeutischen Schulen, gleich welcher Richtung, weisen heute der frühen Kindheit eine entscheidende Rolle bei der Entwicklung psychopathologischer Symptome zu. Auf jeder Altersstufe muss das Kind/der Jugendliche bestimmte Entwicklungsaufgaben erfüllen. Das Erkennen des biologischen, affektiven, kognitiven und sozialen Entwicklungsstandes sowie der »Konstellation der protektiven Faktoren und Risikofaktoren« (Resch 1996, S. 3) ist daher insbesondere zur Einschätzung von Entwicklungschancen und -risiken nach vorheriger Traumatisierung erforderlich. Etwaige psychopathologische Phänomene bei Kindern müssen auch nach Traumatisierungen als multimodales und multikausales Geschehen interpretiert werden. Ein Kind ist aber den psychosozialen und biologischen Entwicklungseinflüssen nicht nur ausgeliefert, sondern »erhöht auch durch aktive Wahl und initiativen Zugang die Wahrscheinlichkeit, bestimmten Entwicklungseinflüssen mehr oder weniger ausgesetzt zu sein« (Resch 1996, S. 191). Reschs interaktives Entwicklungsmodell zum Verständnis psychopathologischer Phänomene ist Abbildung 3 zu entnehmen.

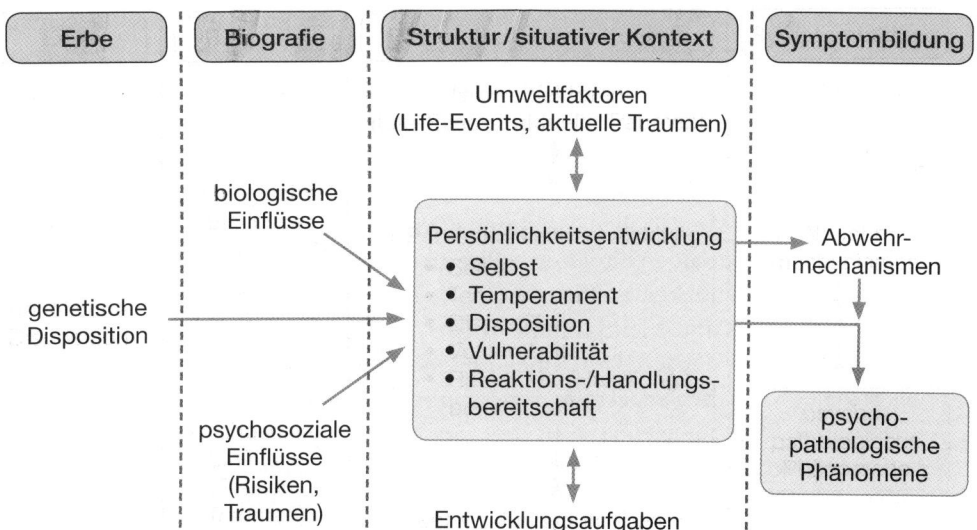

Abb. 3: Interaktives Entwicklungsmodell psychopathologischer Phänomene (nach Resch 1996, S. 19

Nach der allgemein gültigen Definition ist eine kinder- und jugendpsychiatrische Störung eine durch Beginn, Verlauf und gegebenenfalls Ende gekennzeichnete psychische Alteration, die das Kind/den Jugendlichen entscheidend daran hindert, an den alltagstypischen Lebensvollzügen aktiv teilzunehmen und diese zu bewältigen (Remschmidt 1988). Der Ständigen Konferenz der Kultusminister der Länder in der Bundesrepublik im Jahr 2009 folgend, ist es eine der vordringlichsten Aufgaben, die Bedingungen für das Entstehen einer Störung der emotionalen und sozialen Entwicklung sowie ihre Eigendynamik und innere Logik zu verstehen.

Keilson hatte bei seiner Forschung zur Traumatisierung von Kindern festgestellt, dass eine Traumatisierung in der Kindheit nicht nur von der »konstitutionell bedingten Basistoleranz«, der sogenannten psychischen Plastizität des Kindes und dem »Schweregrad des wirksamen Agens« bedingt wird, sondern vor allem auch »von der Altersphase und dem Entwicklungsgrad« (Keilson 1979, S. 53). Nach Keilson ist die entwicklungsbedingte Ich-Stärke bzw. Ich-Schwäche entscheidend dafür, inwiefern die kindliche Persönlichkeit den Anforderungen der Erfahrungen gewachsen ist. Herman (1992) ist der Auffassung, dass beim Erwachsenen ein einmaliges oder auch wiederholtes traumatisierendes Ereignis eine bereits geformte Persönlichkeit angreift, während die Persönlichkeit von Kindern durch derartige Erlebnisse und die möglichen Folgen geprägt und deformiert wird. Terr (1991) benutzt das Beispiel des kindlichen rheumatischen Fiebers, um die Schwere der möglichen Folgeschäden einer Traumatisierung bei einem Kind zu verdeutlichen. So, wie das in der Kindheit auftretende Fieber erst später, wenn das Kind erwachsen ist, zu Folgeschäden am Herz führen kann, kann eine Traumatisierung bei einem Kind noch in der erwachsenen Persönlichkeit zu Dissoziation, gewalttätigem Verhalten, extremer Passivität und Angststörungen führen.

Die Nähe einer Bezugsperson ist sehr wichtig für die Prävention von Störungen, die nach Belastungen auftreten können. Ältere Kinder bzw. Jugendliche, die eine stabile Kindheit mit verlässlichen Bezugspersonen erlebt haben, sind demnach besser geschützt gegen traumatisierende Einflüsse, da ihnen Möglichkeiten zur Verfügung stehen, aktiv in ihr Schicksal einzugreifen. Auch Kinzie, Sack, Angell, Manson und Rath (1986) stellen bei Migranten- und Flüchtlingskindern fest, dass die Möglichkeit des Kindes, auf intakte Familienstrukturen zurückzugreifen, sowohl für die Verarbeitung der traumatisierenden Situation selbst als auch für den post-traumatischen Verlauf von großer Wichtigkeit ist.

In der Säuglings- und Kleinkindzeit müssen die Kinder von den Eltern angenommen und akzeptiert werden. Der Anteil des Kindes besteht dabei darin, sein angeborenes soziales Verhaltensrepertoire für angemessene Signale (Lachen, Schreien etc.) so einzusetzen, dass die primären Bezugspersonen adäquat antworten und sich beim Säugling ein Gefühl des »Gut-versorgt-Werdens« (Winnicott 1958) einstellt. Entsteht eine positive Beziehung zwischen Kind und primären Bezugspersonen, in der sich beide Seiten gegenseitig stimulieren, wird die Fähigkeit der Kinder, sich autonom weiterzuentwickeln, erweitert, sodass auch die nächsten Entwicklungsaufgaben angemessen gelöst werden können. Diese bestehen während der weiteren Kleinkindzeit insbesondere in der schrittweisen Lösung der Kinder von den Eltern, im Kindergartenalter in der Auseinandersetzung mit Gleichaltrigen und der Wahrnehmung und Einarbeitung der umgebenden »sozialen Landschaft« in das innere Erleben des Kindes (Bowlby 1980; Dornes 1993). In der Adoleszenz findet nach Kohlberg ein Übergang vom Stadium der konventionellen Rollenkonformität zum Stadium selbst akzeptierter moralischer Prinzipien statt (Kohlberg 1974). Nach Bohleber führen die biologischen insbesondere zu kognitiven und affektiven Veränderungen, weshalb bestehende bzw. nur scheinbar gelöste Konflikte erneut aufbrechen können. Der Adoleszente muss sich damit zwangsläufig erneut befassen und sich – als eine wesentliche Aufgabe in diesem Alter – diesem Sog hin zu früheren Entwicklungsstadien widersetzen (Bohleber 1996).

In der Säuglings- und frühen Kleinkindzeit kann der Aufbau eines entwicklungsfördernden Beziehungsgeflechts zwischen den Kindern und den primären Bezugspersonen beeinträchtigt werden, z. B. durch Krankheit, Trennung, Tod der Eltern oder aber Migration und Flucht. Klein- und Vorschulkinder können insbesondere durch die Geburt von Geschwistern, später im Schulkindalter durch verschiedenste Schwierigkeiten, Veränderungen, Bedrohungen im näheren sozialen Umfeld psychisch instabil werden. Jugendliche sind in ihrer Entwicklung gefährdet, wenn es ihnen nicht gelingt, Erfahrungen bei der Lösung neuer Aufgaben anzuwenden. Insbesondere familiäre Bindungs- und Beziehungsmuster, die manchmal eine Loslösung der Jugendlichen vom Elternhaus verhindern, indem hochgesteckte Erwartungen geäußert oder Schuldgefühle an die Jugendlichen delegiert werden, erschweren eine Weiterentwicklung in diesem Altersabschnitt (Cicchetti/Lynch 1995).

Sind Eltern durch Krieg, Verfolgung, organisierte Gewalt, unverarbeitete Verluste oder durch Unterernährung, wie sie in vielen Kriegsländern vorkommt, traumatisiert, können sie ihre Kinder nicht mehr ausreichend halten und versorgen. Die meist für die Versorgung verantwortlichen Mütter sind dann oft psychisch erschöpft und für die Kinder emotional nicht erreichbar. Andere Mütter haben keine Zeit für ihre Kinder, weil sie zum Beispiel auf der Suche nach verschwundenen oder verhafteten Vätern sind und für das wirtschaftliche Überleben der Familie sorgen müssen.

Ständige Umzüge erschweren den Kontakt zu Gleichaltrigen und können stärker als bei Säuglingen zu einem Gefühl, nirgendwo zu Hause zu sein, führen. Drohen körperliche Verletzungen oder werden Kinder tatsächlich verletzt, können sich beim Kind unter Umständen eigene Vorstellungen und Schuldfantasien über die Verursachung unkontrolliert weiterentwickeln. Die Bedrohung des Körperbildes, archaische Verstümmelungsängste sowie das Verlassenwerden durch die Eltern in der Stunde erlebter größter Gefahr können dann das Selbst- und Weltverständnis des Kindes erschüttern. Schwere Traumatisierungen können zur sogenannten »frozen watchfulness« führen, einem chronischen Alarmzustand mit stuporösem Charakter. Der Glaube an den Schutz durch Elternfiguren, die bisher als nahezu omnipotent erlebt wurden, und die damit verbundene Illusion körperlicher Unverletzlichkeit können erschüttert werden

(Walter 1998). Insbesondere kleinere Kinder können in einer gefährlichen Situation durch massive Zweifel an der Schutzfunktion der Eltern verunsichert werden.

Kinder im Kindergarten- und Vorschulalter nehmen Ereignisse anders wahr und verarbeiten sie anders. In ihren Kontakten zur Umwelt erleben sie allerdings, unmittelbarer noch als die kleineren Kinder, Gewalt bzw. soziale Ausgrenzung, sei es durch latent vorhandenen Rassismus oder ökonomische Ausgrenzung. Das bedeutet, dass sie bei gleicher objektiver Situation den Dingen und Ereignissen, denen sie ausgesetzt sind, eine andere Bedeutung zumessen können. Sie können z. B., anders als Säuglinge, zwischen gefährlichem Granatenbeschuss und einem Feuerwerk unterscheiden oder zwischen einem Umzug im Rahmen der Migration oder infolge eines verbesserten sozialen Standards. Diese Kinder können aber durch Allmachtsfantasien belastet sein: Die Realität eines plötzlich massiv beschädigten Vaters knüpft dann nahtlos an heimliche Wünsche und Fantasien zum Beispiel des Sohnes an, der sich möglicherweise einbildet, durch böse Gedanken den Arbeitsplatzverlust, die Verletzung oder gar den Tod des Vaters (mit)verursacht zu haben. Bewusste und unbewusste Beziehungskonflikte innerhalb der Familie können die Folge sein, altersentsprechende Rollen- und Fantasiespiele werden erschwert.

Schulkinder, die Krieg, Flucht und Migration selbst erlebt haben, sind ebenso wie Erwachsene in mehreren Rollen gefordert (Straker 1988). Manchmal werden sie trotz ihrer Jugend schon in kriegerische Auseinandersetzungen einbezogen und müssen zum Beispiel in die Schule gehen und gleichzeitig kämpfen. Ferner verändern sich durch die Belastungen im Krieg die Rollen innerhalb der Familie. In eher patriarchalen Gesellschaften, wie zum Beispiel in Afghanistan, müssen Jungen schon als Schüler den abwesenden Vater ersetzen. Auch die Mädchen werden in ihrer Rolle als heranwachsende Frau früher und anders gefordert, als es die tradierten Rollenvorstellungen vorschreiben. Zudem sind Mädchen in Kriegsgebieten ständig der Gefahr ausgesetzt, sexuell missbraucht zu werden. Häufig sind aber auch Kinder in der präpubertären Latenzzeit nahezu symptomfrei. Sie durchlaufen möglicherweise eine unauffällige Entwicklung, auch weil sie kognitiv schon die Belastungen der Eltern, die Sorge um Geschwister und um die Zukunft der Familie verstehen und sich selbst, um das große Ganze nicht zu gefährden, eher zurücknehmen. Die Gefahr liegt darin, dass derartige Versuche von Bewältigung scheitern können, wenn die nächsten psychischen Entwicklungsschritte anstehen oder größere soziale Veränderungen, wie zum Beispiel bei der Flucht, bis dahin funktionierende Bewältigungsstrategien versagen lassen. Das Erleben der Eltern in der Abhängigkeitsrolle und als nicht mehr unterstützend und schützend kann die weitere Entwicklung der Kinder beeinträchtigen (Kraul/Ratzke/Reich/Cierpka 2003).

In der Adoleszenz vermischen sich Verantwortung und Fürsorge für die in Gefahr befindliche Familie mit Wünschen, sich von der Familie zu lösen, was zu heftigen Konflikten führen kann. In dieser ambivalenten Situation entstehen bei Jugendlichen oft Schuldgefühle, die »Ausbruchsschuld« genannt werden (Romer et al. 2004). In Zeiten von Migration und Verfolgung wird die Adoleszenz verkürzt, da die Jugendlichen gezwungen sind, schnell erwachsen zu werden. Aggressive und sexuelle Fantasien gewinnen dramatisch an Realität, wenn die Jugendlichen sexuellen Gewalttaten zuschauen mussten. Fantasie und Realität nähern sich bei betroffenen Jugendlichen wieder einander an, anstatt zunehmend differenziert zu werden. Erwachsene Vorbilder fehlen meist. Die Jugendlichen, die oft schon in Kämpfe verwickelt wurden, haben gelernt, dass man Gesetze und ethische Normen straflos verletzen darf. Dies kann dazu führen, dass eine Neu- oder Reorientierung der Normen und Werte bei einer Rückkehr des Vaters oder später im Exil nicht gelingt, wodurch die Integration erschwert wird. Jugendliche erleben sich in bedrohlichen Situationen oft als sehr mächtig, sowohl innerhalb als auch außerhalb der Familie. Sie schaffen es manchmal als Einzige, nach Deutschland zu fliehen, oft auf einem monatelangen Weg durch viele Länder (Adam 2006). Dabei laufen sie Gefahr, in die Hände von Kriminellen oder ins Drogenmilieu zu geraten. Jugendliche sind, wenn sie zuvor eine stabile Kindheit erlebt haben, resistenter gegen Verluste, da ihnen mehr Möglichkeiten zur Verfügung stehen, ihr Schicksal selbst zu beeinflussen. Für sie kann, so Garbarino, Krieg auch »Spaß« bedeuten, das Abenteuer, jung zu sein und auf die Welt losgelassen zu werden, besonders wenn sie in einer »Sackgassen-Existenz« gefangen sind oder sich nach Ruhm und Aufregung sehnen (Garbarino/Kostelny/Dubrow 1991).

Grundsätzlich müssen bei der Untersuchung und Beurteilung der Belastungen eines Kindes der Stand seiner kognitiven, affektiven, psychosexuellen und sozialen Entwicklung sowie angeborene oder erworbene körperliche Einschränkungen und Ressourcen in die Analyse einbezogen werden. Gelingen erforderliche Anpassungs-

	Entwicklungs-aufgaben	Entwicklungs-schwierigkeiten	Traumatische Situationen	Bewältigungs-versuche	Symptomatik	Intervention
Säugling						
Kleinkind						
Vorschulkind						
Schulkind						
Jugendlicher						
junge/r Erwachsene/r						

Abb. 4: Entwicklungspsychologischer Referenzrahmen (modifiziert nach Fischer/Riedesser 2003, S. 271)

schritte und Bewältigungsversuche nicht, entstehen Symptome, nach Resch »Residuen, Narben, Sensibilisierungen und übertriebene Erlebnisbereitschaften« (Resch 1996, S. 199), die wiederum spezifische Interventionen erforderlich machen. Fischer und Riedesser (2003) haben für Belastungen von Kindern verschiedenen Alters einen entwicklungspsychologischen Referenzrahmen entworfen, der in Abbildung 4 wiedergegeben wird.

Schwere Belastungen vor und nach Migration oder Flucht können die Entwicklungskontinuität einer Person unterbrechen und ihre Fähigkeit zur Alltagsbewältigung, Beziehungsaufnahme und Zukunftsplanung zerstören (Fischer/Riedesser 2003, S. 82). Derartige Erfahrungen nehmen – insbesondere bei Kindern – Einfluss auf:

- neurobiologische Prozesse: zum Teil dauerhafte Veränderungen der Regulation von Neurohormonen (z. B. Katecholamine, Serotonin, Glukokortikoide und endogene Opioide) sowie Veränderungen von Hirnstrukturen mit negativen Effekten auf das Lernen, auf die Fähigkeit, sich an etwas zu gewöhnen, auf die Fähigkeit zur Reizdiskriminierung und auf die Sprachentwicklung (expressiv und rezeptiv)
- Prozesse der Entwicklung: Beeinflussung der psychomotorischen Entwicklung und der Persönlichkeitsentwicklung
- Prozesse in der Gestaltung von Beziehungen: Beeinflussung der Fähigkeit, mit dem Verlust von Beziehungen umzugehen bzw. neue aufzunehmen, der Fähigkeit, dem eigenen Leben einen Sinn zu geben, und der Fähigkeit, Hilfe von anderen anzunehmen
- soziokulturelle und politische Prozesse: Effekte auf den Zusammenhalt von Gesellschaften durch ständiges Misstrauen als Folge von Gewaltherrschaft (Atomisierung der Gesellschaft)

Pynoos, Steinberg und Wraith (1995) schlagen ein entwicklungspsychologisches Konzept zum Verständnis schwerer Belastungen vor, welches den komplizierten Verlauf der Entwicklungslinien der Kindheit, die Familie und die Situation der Gesellschaft, in der das Kind lebt, berücksichtigt. Sie sind der Auffassung, dass traumatisierende Erfahrungen das Vertrauen des Kindes oder Jugendlichen in »die Welt im Allgemeinen« und darin, dass seine persönliche Sicherheit und seine psychische Integrität unangetastet bleiben, erschüttern. Diese Erfahrungen können sich auf das Selbstkonzept, das individuelle Verhalten und zukünftige Handlungsspielräume auswirken. Die Autoren meinen, dass ein Kind oder Jugendlicher auf ein belastendes Ereignis, abhängig von der individuellen »Verwundbarkeit und Widerstandskraft«, die aus der »ecology of the child« resultieren, mit einer akuten Stressreaktion antwortet. Reichen die Ressourcen zur Bewältigung des Ereignisses nicht aus, kann die weitere Entwicklung des Individuums behindert werden. Es können sich innerhalb von Wochen Symptome herausbilden oder Störungen in der Entwicklung des Kindes oder des Jugendlichen auftreten.

Migrantenkinder

Auch Kinder von Migranten sind den genannten Akkulturationsprozessen unterworfen, selbst wenn sie erst nach der eigentlichen Migration als Kinder der ersten oder zweiten Generation geboren werden. Der Akkulturationsstress der Eltern hat Auswirkungen auf die psychische Gesundheit der Kinder. Verschiedene Verhaltensweisen der Eltern hat Roer-Strier (1997) beschrieben. Idealisieren die Eltern die aufnehmende Gesellschaft, kommt es zu einem Verhaltensstil, den Roer-Strier (1997) als »Kuckucks-Stil« bezeichnet: Die Eltern setzen die Kinder der neuen Umgebung unvorbereitet aus und geben ihnen dabei keinen Halt. Roer-Strier spricht in diesem Fall auch von einem »kulturell desorientierten Stil« mit schneller Anpassung der Kinder unter Selbstentwertung der Eltern als Sozialisationsagenten.

Eine andere Art, sich als Immigrantenfamilie in der neuen Gesellschaft zu verhalten, ist der »Känguru-Stil« (Roer-Strier 1997): Eltern halten ihre Kinder von der aufnehmenden Gesellschaft fern, um sie, wie ein Känguru in seinem Beutel die Jungen, vor der neuen Gesellschaft zu schützen. Nach erzwungener Migration richten manche Familien ihr Leben sogar stärker nach der Kultur und den Werten des Herkunftslandes aus, als dies vorher der Fall gewesen ist. Eine Anpassung soll dann eher in Richtung der idealisierten, nicht aber der realen Herkunftskultur stattfinden. Um das zu erreichen, versuchen die Migranten, ein Gefühl der Gemeinsamkeit aufrechtzuerhalten, verbleiben daher in ihrer kulturellen Gruppe und richten sich auf diese Weise in einem sozialen Getto ein.

Die Tendenz, mit der Aufnahmegesellschaft zu verschmelzen und nicht aufzufallen, bezeichnet Roer-Strier als »Chamäleon-Strategie«. Das Leben der Kinder wird in diesem Fall durch Anpassung an die Aufnahmegesellschaft und deren Lebensformen bestimmt. Oft befinden sich diese Kinder in einer Position, in der sie einerseits »Katalysator für den Wandel in der Familie« und »Pfadfinder« in der neuen Gesellschaft sein sollen, andererseits sind sie an die oft als schwach erlebten Eltern gebunden, die sich nicht mehr an die Aufnahmegesellschaft anpassen wollen oder können. Die Kinder müssen sich also sowohl den Ansprüchen der Eltern als auch denen der Aufnahmegesellschaft ständig anpassen.

Sozialmedizinische und sozialpsychiatrische Untersuchungen, die im Gegensatz zu Roer-Strier eher quantitative Methoden anwenden, haben bei Migranten vorzeitig auftretende körperliche Verschleißerkrankungen, psychosomatische und seelische Leiden sowie familiäre Krisen infolge des mit der Migration verbundenen psychosozialen Stresses gefunden (u. a. Brucks 2001; von Klitzing 1982; Leyer 1991; Real 1995; Riedesser 1988; Valiente/Sandin/Chorot 1996). In der Mannheimer Risikokinderstudie (Laucht/Esser/Schmidt 1998) – einer prospektiven Längsschnittstudie – wurden Kinder untersucht, die Risikofaktoren ausgesetzt waren, die denjenigen von Flüchtlingskindern ähneln (niedriges Bildungsniveau der Eltern, frühere traumatisierende Belastungen, beengte Wohnverhältnisse, mangelnde soziale Integration). Im Ergebnis zeigten die Kinder mit psychosozialer Risikobelastung deutliche Defizite im Entwicklungsverlauf. In einer weiteren Studie fanden Sundquist, Bayard-Burfield, Johansson und Johansson (2000) heraus, dass ein niedriger »sense of coherence«, eine »schlechte Akkulturation« und »ökonomische Schwierigkeiten« starke Prädiktoren für psychosomatische Beschwerden bei einer großen Gruppe von Migranten in Schweden sind.

Bestimmte Risiken scheinen häufiger oder stärker in spezifischen Lebensphasen vorzukommen: Anpassungsschwierigkeiten wurden sowohl für Menschen höheren Alters (Cheung 1995; Lin 1986; Rumbaut 1991) als auch für die Adoleszenten festgestellt (Ahearn/Athey 1991; Beiser/Barwick/Berry 1988; Liebkind 1993; Lin 1986). Als Erklärung dafür wird bei Jugendlichen die Anstrengung des doppelten Übergangs (vom kindlichen ins erwachsene Alter und von einer Kultur in die andere) und bei der Elterngeneration fehlende Flexibilität vermutet.

Traditionelle Werte und Normen sowie die Erfahrungen in der umgebenden »mainstream society« nach der Migration haben auf die Entwicklung psychiatrischer Symptome bei Kindern und Jugendlichen großen Einfluss (David/Borde/Kentenich 1998; Greenberg/Schneider 1997; Hovey/King 1996; Sack 1998; Steinhausen 1983). Der mit der Migration verbundene Stress kann zu psychischen und sozialen Beeinträchtigungen, Identitätsproblemen, familiären Konflikten sowie Arbeits- und Schulschwierigkeiten führen (Berry 1992). Kinder aus zugewanderten Familien sind im deutschen Bildungssystem weniger erfolgreich als solche mit deutscher Staatsbürgerschaft (Gogolin/Nauck 2000). Auch aus der deutschen Schulstatistik kann hergeleitet werden, dass seit Jahrzehnten Kinder und Jugendliche mit nichtdeutscher Staatsangehörigkeit – trotz bemerkenswerter Teilerfolge – auch nach einem halben Jahrhundert anhaltender Zuwanderung im deutschen Bildungssystem schlecht abschneiden: Sie verharren überrepräsentativ in unteren Bildungsstufen, verfehlen häufiger den Hauptschulabschluss und bleiben überdurchschnittlich oft ohne jede Berufsausbildung (Gogolin/Neumann/Roth 2003).

Steinhausen hat 1985 Risiken, denen Zuwandererkinder im deutschsprachigen Raum ausgesetzt sind, aber auch Schutzfaktoren untersucht. Ein Ergebnis der Studie war, dass eher eine gestörte Familiendynamik als ein sozioökonomischer Faktor psychische Auffälligkeit (mit)verursacht. Sowohl Freitag (2000) als auch Schlüter-Müller (1992) fanden, dass Diskriminierungserfahrungen innerfamiliäre Dissonanzen verstärken. Nach Fonagy, Steele, Higgit und Target (1994) belegen Ergebnisse aus der Forschung zur psychischen Widerstandsfähigkeit von Kindern, dass Belastungs- oder Risikofaktoren durch verstärkte elterliche Kontrolle, die den Kontakt mit schädlichen Einflüssen aus der Umgebung vermindert, ausgeglichen werden können – ebenso wie durch tragende soziale Netzwerke, wozu auch die Schule gehören kann. Schlüter-Müller fand darüber hinaus Ressourcen in der religiösen Orientierung von Jugendlichen (Schlüter-Müller 1992).

Zusammenfassend ist festzuhalten, dass Migrantenkinder und -jugendliche in allen Risikogruppen überrepräsentiert und ihre Belastungen höher einzustufen sind als die gleichaltriger Deutscher. Sie sind in einzelnen Einrichtungen der Erziehungshilfe unterrepräsentiert (insbesondere in der Vollzeitpflege, der Erziehungsberatung und den Tagesgruppen), in der sozialen Gruppenarbeit, der Inobhutnahme oder der Inanspruchnahme eines justiznahen Betreuungshelfers aber eher überrepräsentiert (Teuber 2002). Häufiger als die Kinder anderer Bevölkerungsgruppen finden Migrantenkinder und -jugendliche Zugang zu Hilfeeinrichtungen, zu Beratungsstellen oder zur Kinder- und Jugendpsychiatrie nur über Dritte, z. B. über Lehrerinnen und Lehrer oder Betreuerinnen und Betreuer aus der Jugendhilfe.

Coping

Wie eine Person eine Situation zu bewältigen versucht, hängt zunächst davon ab, ob sie die Auswirkungen, die diese auf ihr eigenes Wohlbefinden ausüben könnte, als günstig, irrelevant oder belastend bewertet (»primäre Bewertung«), wobei bei Letzterem weiter unterschieden wird zwischen Schädigung, Verlust, Bedrohung (antizipierter Schaden) oder Herausforderung (antizipierte Meisterung) (Lazarus/Launier 1981). Hier spielen Fragen nach der Art und dem Ausmaß einer potenziellen Schädigung, ihrer Bedeutsamkeit für die betroffene Person, der Wahrscheinlichkeit des tatsächlichen Eintretens sowie der Mehrdeutigkeit einer Situation eine Rolle (Aldwin 1994; Lazarus/ Launier 1981). Dieser primären Bewertung wird eine Beurteilung der eigenen Bewältigungsfähigkeiten und -möglichkeiten (»sekundäre Bewertung«) gegenübergestellt. Diese hat wiederum Bedeutung sowohl für die Gestaltung der Bewältigungsmaßnahmen als auch für die Ausformung des primären Bewältigungsprozesses. Eine Person, die sich zutraut, eine Situation meistern zu können, wird diese nicht länger als bedrohlich empfinden (Lazarus/Launier 1981).

Definition von Coping

Lazarus und Launier (1981) verstehen unter Bewältigung (»coping«) alle intrapsychischen und verhaltensorientierten Anstrengungen eines Individuums, die externen und internen Anforderungen sowie die resultierenden Konflikte zwischen diesen zu meistern. Nach ihrer Auffassung hat die Beziehung zwischen der äußeren und inneren Welt für die Bewältigung traumatisierender Lebensereignisse eine besonders große Bedeutung. Die Anstrengungen, die Menschen nach belastenden Lebensereignissen unternehmen, bzw. das Bewältigungsverhalten, das betroffene Personen zeigen, sind allerdings keine »homogene Klasse von Reaktionen« (Filipp/Aymanns 2003, S. 300). Es handelt sich um Reaktionen in oder nach einer stressreichen Situation, in der sich eine Person befindet bzw. befand. Das Spezifikum dieser Situation wiederum ist, dass sie die adaptiven Ressourcen der Person herausfordert, oft sogar übersteigt und die »Person-Umwelt-Passung« (Filipp/Aymanns 2003, S. 300) beträchtlich verändern kann.

Coping ist demzufolge das Bemühen, mit dem Ungleichgewicht (der Nichtpassung) zwischen Anforderungen und individuellen Handlungsmöglichkeiten fertig zu werden, wird damit also – im Gegensatz zum alltäglichen Sprachgebrauch – vom Gelingen dieser Bemühungen unterschieden. In der Übersetzung von Coping wird ein semantisches Problem deutlich, da »coping«, anders als das deutsche Wort »Bewältigung«, den Endzustand nicht konnotiert. Es wäre somit treffender, im Deutschen von Bewältigungsversuch bzw. Bewältigungsbemühung zu sprechen (Ulich 1987) oder die Begriffe »Auseinandersetzung« (Schmidt 1984) oder »Belastungsverarbeitung« (Weber 1992) zu verwenden. Dabei kann die Bewertung von Bewältigungsbemühung in Abhängigkeit von dem belastenden Ereignis, dem situativen Kontext sowie dem Zeitpunkt, an dem man die Effektivität der Bemühungen einschätzt, verschieden ausfallen (Laux/Weber 1990). Ob ein Bewältigungsversuch geeignet oder ungeeignet ist, lässt sich also nur unter Beachtung der aktuellen Situation und des Ziels der Bewältigungsbemühungen des jeweiligen Individuums beurteilen.

Wir verstehen unter Coping (Synonym für Bewältigungsbemühung) die Bemühung, eine Stress-Situation zu vermeiden, zu mildern oder zu verarbeiten, und begreifen es als Regulationsvorgang, der auf kognitiver, exekutiver und emotionaler Ebene (d. h. im Denken, Handeln und Fühlen) abläuft. Dabei bemüht sich das Individuum, sich selbst oder seine Umgebung so weit zu verändern, dass die Belastung in erträglichen Grenzen gehalten wird und die Diskrepanz zwischen Anforderung und Ressourcen nicht gravierend erscheint. Die Coping-Mechanismen können automatisch ablaufen (Gewohnheit) oder bewusst geplant sein, sie können zielorientiert oder verteidigungsorientiert sein.

Lazarus und Folkman (1991) unterscheiden zwei Formen:

- problembezogenes Coping: Das betroffene Individuum versucht, das Problem selbst anzugehen und zu verändern.
- emotionsbezogenes oder pallitatives Coping: Das betroffene Individuum versucht, die eigene Aufregung, Angst und Wut in den Griff zu bekommen, sich zu entspannen und abzulenken, kann aber die Ursachen nicht direkt angehen bzw. vermeidet dies. Ziel ist die Regulation der (negativen) Emotionen. Dabei geht es vor allem um den Versuch, den als belastend erlebten Spannungszustand, der durch Stressemotionen wie Angst, Ärger, Schuldgefühle, Depression, Eifersucht verursacht wird, zu verringern (Laux/Weber 1990). Wird dieses Ziel nicht erreicht, kann die anhaltende physiologische Mobilisierung als Komponente der emotionalen Reaktion zu Störungen des internen Milieus und zu somatischen Erkrankungen führen (Temoshok/Van Dyke/Zegans 1983).

Die Versuche, derartige Belastungen zu bewältigen, können den Ergebnissen der Coping-Forschung zufolge in vier grundlegende Kategorien eingeteilt werden (Aldwin 1994):

- personzentriert: Der Ursprung der Coping-Strategien wird in der Person gesehen; verschiedene Personen reagieren unterschiedlich auf die gleiche Situation.
- situationszentriert: Die Situation ruft die Reaktion hervor und gestaltet diese.
- interaktionistisch: Coping ist das Ergebnis des Zusammenwirkens von Persönlichkeits- und situationalen Faktoren, wobei die Situation weitgehend nur die Funktion eines Stimulus hat.
- transaktionistisch (transaktional): Person, Situation und Coping beeinflussen einander; das ursprüngliche Coping-Verhalten verändert sich, je nachdem, welche Auswirkungen es auf die Situation hat. Die Umwelt spielt eine weit größere Rolle als im interaktionistischen Ansatz.

Steptoe (1991) unterscheidet wie Lazarus und Folkman (1991) *problem*orientiertes und *emotions*orientiertes Coping. Er versucht, resultierendes Verhalten und kognitive Verarbeitung jeweils einzuordnen. In Abbildung 5 wird seine Klassifikation der Coping-Strategien exemplarisch dargestellt. Demnach gehen Verhaltens- und kog-

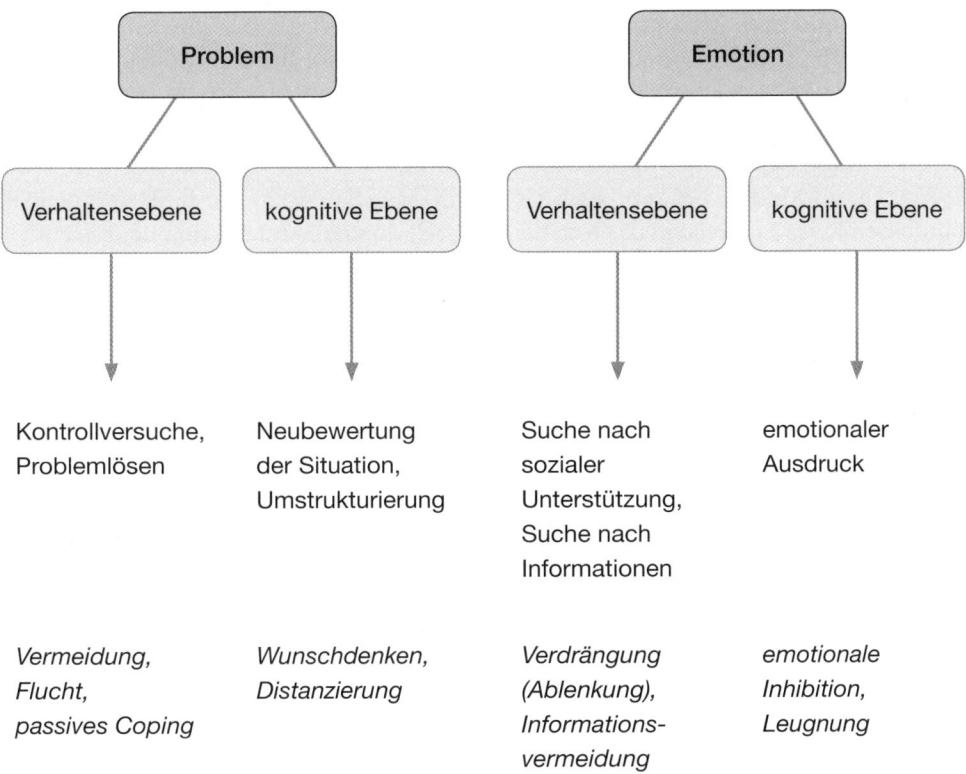

Abb. 5: Klassifikation des psychischen Copings (nach Steptoe 1991, S. 213)

nitive Reaktionen bei der Bewältigung von Stress-Situationen entweder in Richtung Konfrontation (unterstrichene Bezeichnungen) oder in Richtung Zurücknahme bzw. Vermeidung (kursive Bezeichnungen).

Coping von Familien

Eine Definition von Coping von Familien liefern McCubbin, McCubbin, Thomson und Thomson (1998, S. 9): »Coping von Familien besteht in familiären Strategien, in Mustern und Verhaltensweisen, die zur Erhaltung oder Stärkung der Familie als Ganzes, zur Erhaltung emotionaler Stabilität und Wohlbefinden ihrer Mitglieder, zur Verschaffung oder Nutzung familiärer oder Umweltressourcen bei der Situations-bewältigung und zur Initiierung von Anstrengungen bei der Lösung von durch Stres-soren ausgelösten Problemen dienen.« In dieser Definition werden die Funktion der Familie als Gruppe und die Erhaltung ihrer Integrität als Aufgabe bei der Konfronta-tion mit Stress beschrieben. Ferner wird die aktive Problembewältigung der Familie angesprochen: Die Familie als Gruppe bemüht sich aktiv, den Einfluss des Stressors zu reduzieren und nach Ressourcen innerhalb der Familie oder in der Umwelt zu suchen.

Die Forschung zum Coping von Familien basierte zunächst auf Modellen, die die Entstehung von Stress in der Familie erklären sollen. Hill entwickelte ein derartiges Modell Ende der 1940er-Jahre bei der Untersuchung von familiären Reaktionen auf kriegsbedingte Trennung und Wiedervereinigung nach dem Zweiten Weltkrieg (Hill 1971). Dieses Modell, bekannt auch als ABCX-Modell, erklärt die Entstehung einer familiären Krise (dafür steht das X in dem Kürzel) durch die Interaktion der folgenden drei Faktoren: des Stressor-Ereignisses (A-Faktor), der Krisenbewältigungsressourcen der Familie (B-Faktor) und der Art, wie die Familie das Ereignis definiert (C-Faktor). Hill (1971) meint mit dem Stressor-Ereignis (Faktor A) ein singuläres Ereignis oder Schwierigkeiten, die in einer singulären Situation auftauchen. Bewältigungsressour-cen (Faktor B) sind die Summe dessen, was den Familien hilft, Stress-Situationen zu bewältigen, unabhängig davon, ob diese Ressourcen innerhalb oder außerhalb der Fa-milie liegen.

McCubbin und Figley (1983, S. 9) verstehen unter internen Bewältigungsressour-cen die Fähigkeit der Familie, den Stressor oder die Veränderungen in der Familie zu verhindern, die zu einer Krise oder Zerrüttung der etablierten Funktionsmuster führen könnten. Erfolgreiche Krisenbewältigung verhindert demzufolge negative Veränderungen der familiären Funktionsmuster. McCubbin und Olson (1989) hal-ten Kohäsion und Anpassungsfähigkeit einer Familie für deren wichtigste Ressourcen bei der Bewältigung von Stress-Situationen. Ein zu starker Zusammenhalt kann für die Autonomieentwicklung einzelner Mitglieder schädlich sein, und ein zu schwacher zur Auflösung familiärer Beziehungen führen. Außerdem kann eine zu große Adap-tationsfähigkeit der Familie viel Unruhe in die familiäre Struktur bringen, wenn z. B. nach der Migration oder Flucht nicht geklärt ist, welches Familienmitglied sich an neue Strukturen anpassen möchte bzw. das von anderen verlangt. Eine zu schwache Adaptationsfähigkeit der Familie führt zu starren familiären Strukturen. Neben den internen spielen auch die externen Ressourcen bei der familiären Problembewältigung eine wichtige Rolle, was in der Flüchtlingsforschung bestätigt wird (Lipson 1993; Sack 1998; Stein 1986). Darunter sind Beziehungen außerhalb der Familie zu verstehen, wie z. B. zu Verwandten, Freunden, Nachbarn, aber auch soziale Kontakte zu Vereinen bzw. Organisationen (Religionsgemeinschaften, Sportvereine) oder die professionelle Unterstützung von Psychologen und Psychotherapeuten.

Das ABCX-Modell wurde von McCubbin und Patterson (1983) zum doppelten ABCX-Modell erweitert, um die Adaptationsprozesse derjenigen Familien zu beschreibbar zu machen, deren Väter/Ehemänner während des Vietnamkriegs vermisst wurden. Die Erweiterung des ABCX-Modells hielten die Autoren für notwendig, da das ursprüngliche Modell die Prozesse, die nach der Entstehung der Krise ablaufen, nur ungenügend abbildet. Eine grafische Darstellung des doppelten ABCX-Modells zeigt Abbildung 6.

Die Autoren gehen davon aus, dass die Krise zusätzliche Stressoren mit sich bringt (Erweiterung des A-Faktors), sodass die Familie ihre ursprüngliche Einschätzung der

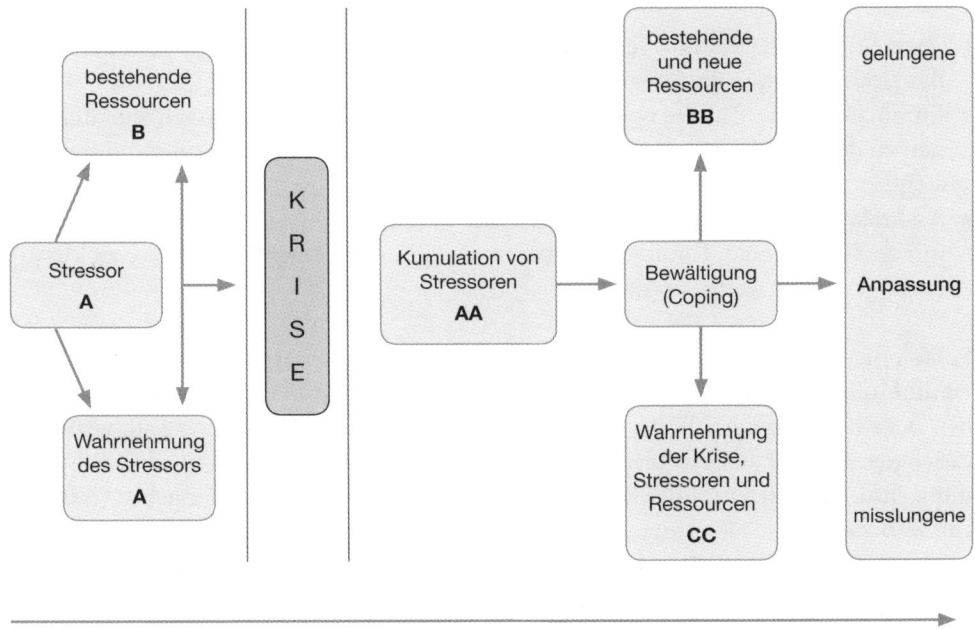

Abb. 6: Doppeltes ABCX-Familienstressmodell (nach McCubbin/Patterson 1983, S. 12)

Krisensituation korrigieren (Erweiterung des C-Faktors) und zusätzliche Bewältigungsmöglichkeiten einbeziehen muss (Erweiterung des B-Faktors). Es handelt sich also um eine Wechselwirkung dreier Prozesse, nämlich der Kumulation von Stressoren, der Wahrnehmung der Krisensituation und der sich verändernden Mobilisierung von Ressourcen in der Familie, die letztendlich zu einer oder mehreren Krisenbewältigungsstrategien führt. Um diese Strategien beschreiben zu können, die sowohl Kognitionen als auch das Verhalten der Familie einschließen, verwendet McCubbin den Begriff »Coping«. Das Modell erfasst alle Coping-Strategien, unabhängig davon, ob sie zur Bewältigung der Krise tatsächlich beitragen oder nicht.

Familiäre Coping-Strategien sind nach McCubbin et al. (1998) alle Verhaltensweisen, die eine Familie zur Bewältigung von Stress-Situationen anwendet. Wenn die Familie versucht, die durch den Stressor hervorgerufene Situation so zu bewältigen, dass es dabei zu möglichst minimalen oder gar keinen Veränderungen bestehender familiärer Strukturen kommt, spricht man von strukturerhaltendem bzw. anpassendem Coping (McCubbin/Figley 1983). Diese Form des Copings wird dann angewendet, wenn es noch zu keiner Familienkrise gekommen ist und die Familie sich immer noch in der Lage fühlt, die durch den Stressor hervorgerufene Situation ohne Veränderung der Familienstruktur zu bewältigen. McCubbin und Figley (1983) unterscheiden drei Hauptstrategien des anpassenden Copings:

- Vermeidung: Die Familie versucht, den Stressor zu ignorieren oder zu leugnen, in der Hoffnung, dass die Situation sich von allein löst.
- Elimination: Die Familie bemüht sich, die durch den Stressor ausgelöste Situation neu zu definieren oder so zu verändern, dass für die Familie keine Bedrohung entsteht.
- Assimilation: Die Familie bemüht sich, die durch den Stressor ausgelöste Situation mit der bestehenden Familienstruktur zu akzeptieren. Dabei kann es aber zu Veränderungen der Struktur kommen.

Sollten diese Strategien misslingen und sich die Probleme zuspitzen, bemüht sich die Familie, die Krise durch Veränderung der Familienstruktur (Verschiebung von Aufgaben oder Rollen innerhalb der Familie) zu meistern. Das ist meist der Fall, wenn die durch den Stressor ausgelöste Situation zu großen Beanspruchungen führt (z.B. Scheidung, Tod, Elternschaft) oder zu Situationen, die sich durch einen Mangel an Ressourcen (z.B. finanzielle Not) oder durch Chronizität (z.B. chronische Erkrankungen) auszeichnen (McCubbin/Figley 1983). Die Prozesse der Restrukturierung werden durch Nutzung externer Ressourcen wie soziale Unterstützung und durch die Fähigkeit der Familie, Kompromisse zu schließen, durch gegenseitige Unterstützung und Mitwirkung aller Familienmitglieder an der Krisenbewältigung erleichtert. Schwierigkeiten zeigen sich häufig – oft sogar, bevor sie von der Familie oder von den Kindern und Jugendlichen selbst als solche wahrgenommen werden – in der Schule.

Schule *(Koautorin Heidi Bistritzky)*

Bedeutung von Bildung

Manchmal ist es schwierig, Eltern, aber auch Jugendlichen die Bedeutung von Bildung zu vermitteln. Sie erleben in Deutschland häufig eine Individualisierung, die sie so nicht gewohnt sind. Oft sind sie aus ihren familiären und sozialen Bezügen herausgerissen und verstehen Bildung nicht immer im Sinne von gesellschaftlicher Verantwortung, als ein Geben und Nehmen. Vor dem Hintergrund einer schwierigen sozialen Situation und manchmal nach traumatisierenden Erlebnissen stehen andere Dinge als Schule im Mittelpunkt des Lebens. Eine zerbrochene Vergangenheit blockiert eine zu planende Zukunft. Es bestehen nur geringe Einsicht und wenig Akzeptanz für einen regelmäßigen Schulbesuch. Eine gefestigte Tagesstruktur, vorgegeben von der Schule, ist aber sehr hilfreich, um sich unter schwierigen Bedingungen zurechtzufinden und Halt zu bekommen.

Je nach Verhalten des Kindes, ob es sich dabei eher um ein individuelles Problem handelt oder ob sich Verhaltensstörungen auf die gesamte Klassen- und Schulsituation auswirken, muss mit der Symptomatik in Schule differenziert umgegangen werden. Eine resultierende unbewusste Hilflosigkeit des Lehrpersonals kann ebenfalls zu Wut und Aggression führen, die sich manchmal gegen das betroffene Kind oder den Jugendlichen richten, ohne dass dies eigentlich beabsichtigt ist.

Zu dem Spannungsfeld zwischen Kind und Schule kommen häufig die Spannungsfelder Eltern–Kind bzw. Eltern–Schule hinzu. Nach außen hin ist es den Eltern sehr wichtig, zu zeigen, wie gesund die Kinder sind, die Bilanz der Migration könnte sonst negativ erscheinen. Eltern scheinen dann in der Schule sehr devot, können aber angebotene Hilfe im häuslichen Rahmen oft nicht umsetzen. Andererseits wird häufig ein Desinteresse der Eltern an der schulischen Entwicklung der Kinder beobachtet. Die Kinder werden ihren Eltern zu angepasst, die Eltern haben Angst vor der Germanisierung (Riedesser 1988). Die Kinder wiederum entwickeln weder eine Identität, die der ethnischen Herkunft der Eltern, noch eine, die der aufnehmenden Gesellschaft entspricht. Sie fühlen sich vielmehr »zweiheimisch« (Badawia 2006) und leben ihre Unsicherheit besonders in der Schule aus, die eigentlich Sicherheit spenden soll. Leistungsdruck und Leistungsbeurteilung, Konkurrenzverhalten zwischen Schülern, mangelnde soziale Unterstützung durch Lehrpersonal und Mitschüler sowie eine geringe Mitbestimmungsmöglichkeit führen zu Schulunlust, Leistungseinbruch, Aufmerksamkeitsstörung und externalisierenden wie internalisierenden Störungen. In der Konsequenz bedeutet dies, dass sich das System Schule verändern muss, damit Kinder und Jugendliche mit Migrationshintergrund, die ungünstige Lebensbedingungen vorfinden, schlechte Erfahrungen mit Erwachsenen gemacht haben, seelische Probleme aufweisen, seelisch behindert sind bzw. als von seelischer Behinderung bedroht eingestuft werden oder als Kinder mit sonderpädagogischem Förderbedarf im

Förderschwerpunkt emotionale und soziale Entwicklung bezeichnet werden, eine reelle Chance auf Bildung und Teilhabe in der Gesellschaft haben.

Die Unterstützung für solche Kinder zu vernetzen und in eine gemeinsame Prozessverantwortung zu schicken, macht die Hilfen für Schülerinnen und Schüler und deren Eltern nachhaltiger und fördert den Austausch über Institutionsgrenzen hinweg. Zu den Aufgaben des Bildungssystems gehört es, Angebote einer aufsuchenden, ambulanten, multimodalen Intervention für Kinder und Jugendliche in der Schule einzurichten (z. B. Sprechstunden in enger Kooperation mit der Kinder- und Jugendpsychiatrie und Psychotherapie) und Fortbildungsmodule mit Mitarbeitern von Schule und Jugendhilfe zu entwickeln. So könnten Schwellenängste genommen und Übergänge der Kinder und Jugendlichen zwischen Schule, Einrichtung, Klinik und Elternhaus von ihnen vertrauten Personen begleitet werden.

Schulsystem und Schulklima

Das deutsche Schulsystem, in dem Kinder und Jugendliche mit Migrationshintergrund beschult werden, setzt sich zusammen aus dem Bildungssystem der Länder, aus Schulen, Schultypen und Schularten ebenso wie aus Klassen, Peergroups und einzelnen Individuen. Das Schulklima wird nach Achermann, Pecorari, Winkler-Metzke und Steinhausen (2006) bestimmt durch das Mitschülerklima, welches sich z. B. in Hilfsbereitschaft und Zusammenhalt ausdrückt, durch das Lehrer-Schüler-Klima, oft bestimmt durch Fürsorglichkeit und Leistungsdruck, und durch die Schul- und Unterrichtskultur, zu der Partizipation und Identifikation gehören. Die Akteure innerhalb des Schulsystems können häufig mit Kindern und Jugendlichen, die aus vielerlei Gründen die Sprache nicht ausreichend verstehen oder die unter Umständen ein nicht adäquates Verhalten bzw. psychische Auffälligkeiten zeigen, nicht immer angemessen umgehen, sodass sich das Schulklima verschlechtert und die Schule zu einem zusätzlichen Problem der ohnehin psychisch belasteten Kinder und Jugendlichen wird. Die Probleme zeigen sich gerade in der Schule oft bei Kindern und Jugendlichen, die die Erfahrung belastender Ereignisse oder gravierender sozialer Veränderungen gemacht haben, da adäquate Coping-Strategien sowohl bei den Individuen als auch in der Familie fehlen.

Aber auch die Schule selbst kann Auslöser für psychische Auffälligkeiten bei diesen Kindern und Jugendlichen sein: Ein schlechtes Schulklima kann die Auffälligkeiten erhöhen (Havlinova 1995), während ein gutes Schulklima die Selbstwirksamkeitserwartung der Schüler verbessert (Satow 2003). Ferner ist bekannt, dass Leistungs- und Sozialdruck psychische Störungen erhöhen (Eder 1996). Kinder mit sogenannten externalisierenden Störungen (z. B. Störungen des Sozialverhaltens, Aggressionen, ADHS) weisen zudem um 60 Prozent erhöhte Werte im sogenannten internalisierenden Bereich auf (z. B. Ängste, Depressionen, sozialer Rückzug) (Resch et al. 2000). Das heißt für die Pädagoginnen und Pädagogen, die mit diesen Kindern und Jugendlichen zu tun haben, dass die eher lauten, das Gemeinwesen sehr beeinträchtigenden Störungen zwar Schwierigkeiten im Schulalltag hinsichtlich Grenzsetzung und Pädagogik machen, die Kinder aber zusätzlich erhebliche seelische Probleme aufweisen. Die Pädagoginnen und Pädagogen sind zur Erkennung und Behandlung dieser Probleme, insbesondere bei Kindern und Jugendlichen mit Migrationshintergrund, jedoch nicht ausgebildet. Da sowohl internalisierende als auch externalisierende Störungen, die bei jüngeren Kindern auftreten, bei Nichtbeachtung und Nichtbehandlung zu Problemen führen, sobald die Kinder älter sind (Somersalo 2002), verstärken sich die Probleme innerhalb der Schule eher, als dass sie sich – wie oft erhofft und gewünscht – von selbst erledigen, z. B. durch den Weggang oder die Abschulung sehr auffälliger Schülerinnen und Schüler.

Schutzfaktoren sind auf der anderen Seite eine von den Schülern subjektiv erlebte Mitbestimmung, die dazu führen kann, dass die Schulmotivation als Ganzes steigt (Eccles 1993). Ferner werden schulische Anforderungen von den Schülern als weniger stressreich erlebt, wenn sie verständlich und regulierbar sind und ein soziales Netz zur Verfügung steht – Gegebenheiten, die im Umgang mit Kindern und Jugendlichen mit Migrationshintergrund häufig fehlen.

Aufgrund der Probleme, die die Kinder und Jugendlichen in die Schule mitbringen, und aufgrund derer, die in der Schule entstehen und sich durch sie verstärken, kann sich eine Symptomatik bilden, verstärken oder chronifizieren. Die Symptomatik kann sowohl in der Stärke als auch in der Dauer variieren und sich vor einem anderen kulturellen Hintergrund anders ausdrücken (Walter/Adam 2000). Unter dem Konstrukt der bereits beschriebenen Posttraumatischen Belastungsstörung ist ein Symptomkomplex zusammengefasst, der nicht nur als Folge von Migration und Flucht auftreten kann, sondern auch bei Kindern und Jugendlichen diagnostiziert wird, die als Kinder mit Migrationshintergrund marginalisiert in den Gettos deutscher Großstädte unter dem Einfluss von Gewalt und Beziehungsabbrüchen heranwachsen. Ferner sehen wir gerade bei Kindern in der Schule Symptome, die direkt mit dem Wechsel der Kulturen in Verbindung gebracht werden müssen und zumindest vor dem Hintergrund des Kulturwechsels eine spezifische Bedeutung erlangen. Zu nennen sind hier z. B. das Verstummen (Mutismus) oder die Nostalgie, das »depressive Heimweh«. Eine weitere Rolle spielen die verschiedenen kulturellen Hintergründe und die Art und Weise, wie traumatisierende Situationen erlebt werden. So sind z. B. im psychotischen Wahn die Wahninhalte von den kulturellen und geschichtlichen Hintergründen geprägt.

Daraus folgen häufig die bereits beschriebenen Schwierigkeiten der Kinder und Eltern, mit diesen Symptomen umzugehen. Gettoisierung, sozialer Rückzug, Gangbildung der Jugendlichen als Zusammenschluss und Zeichen scheinbarer Stärke, Betonung archaischer Verhaltensnormen und Rückbesinnung auf manchmal radikale religiöse Werte und Normen sind Ausdruck von dysfunktionalem Coping, können allerdings auch bei der Selbstwertstabilisierung wirksam sein. Eine Abgrenzung nach außen und eine Besinnung auf die eigene kulturelle Identität, manchmal ausgedrückt in spezifischen religiösen Handlungen oder im Beharren auf angeblich religiös vorgegebenen Verhaltensmustern, können dazugehören (Schlüter-Müller 1992).

Die Schule hat den Auftrag, alle Kinder und Jugendlichen mit Migrationshintergrund umfassend zu fördern und erfolgreiches Lernen zu initiieren. Die Heterogenität der Schülerschaft an allen Schulformen ist als Herausforderung anzunehmen und jedes Kind und jeder Jugendliche durch Binnendifferenzierung im Unterricht in der Lernentwicklung individuell zu fördern. Daher müssen Pädagoginnen und Pädagogen Kenntnisse im Umgang mit kultureller Vielfalt ebenso aufweisen wie praxistaugliche, wertschätzende Antworten auf die sich ergebenden Problemstellungen.

Bildung und Erziehung sind in Deutschland ausgerichtet auf die Entwicklung und Festigung der gesamten Persönlichkeit. Bildungsaufgaben sind demzufolge so konzipiert, dass sie lebensbedeutsam sind und an den Fähigkeiten und Erfahrungen der Kinder und Jugendlichen anknüpfen. Der Unterricht fördert dann kraft geeigneter und strukturierter Lernsituationen Denkprozesse, sprachliches Handeln, den Erwerb altersentsprechenden Wissens, emotionale und soziale Stabilität sowie Handlungskompetenz. Diese Förderung hat darüber hinaus die Aufgabe, den Schülerinnen und Schülern eine sachliche und realistische Einschätzung ihrer individuellen Stärken und Schwächen, ihrer Wünsche und Vorstellungen zu ermöglichen sowie ihr Selbstbewusstsein und Selbstwertgefühl zu stärken.

Auch für Kinder und Jugendliche mit Migrationshintergrund sollte Schule ein Lebens-, Lern- und Handlungsraum sein, in dem sie eigene Aktivitäten entwickeln, Aufgaben lösen, Konflikte verarbeiten sowie Erfahrungen und Anregungen aufnehmen, weiterführen und auf neue Ziele hinlenken können. Sie sind insbesondere in der schulischen Förderung angewiesen auf Geborgenheit, Zuwendung und Vertrauen, etwas, das sie außerhalb von Schule, sei es durch Migration und Flucht selbst oder, wenn sie in Deutschland geboren worden sind, als Folge sozialer Marginalisierung, häufig entbehren. Sie benötigen ferner Normen und Strukturen zu ihrer Orientierung sowie Regeln für Rücksichtnahme und Hilfsbereitschaft.

Die Erfahrung von Fremdheit in der Schule

In modernen Gesellschaften ist die Frage, was Fremdheit und Anderssein bedeuten, von hoher Bedeutung. Andersheit oder Fremdheit ist eine der zentralen Kategorien in den gegenwärtigen philosophischen Auseinandersetzungen im westlichen Kulturkreis geworden. Deshalb muss konkret die Frage nach der gesellschaftlichen Funktion von Fremdheit gestellt werden. In Zeiten einer intensiven Diskussion von Inklusion in allen Bildungskontexten lässt sich die Vermutung äußern, dass die Exklusion bestimmter marginaler Gruppierungen geradezu benötigt wird, um eigene Positionen zu finden und zu sichern (Adam/Bistritzky/Ehlers 2011).

Die Frage, wer eigentlich jeweils wem fremd ist, stellt sich auch im Zusammenhang von Kindern und Jugendlichen, die komplexen, fachübergreifenden Hilfebedarf aufweisen, immer wieder. Fremd ist ein Mensch oder eine Sache immer in Relation zum Eigenen, Gewohnten, Bekannten. Fremdheit steht damit stets in unmittelbarem Zusammenhang mit gefühlsmäßigen Einstellungen, Ängsten und Spannungen.

Als »irgendwie anders« und ausgegrenzt erleben sich in unserer Gesellschaft nicht nur Menschen mit Migrationshintergrund, sondern auch Menschen, die uns aus anderen Gründen fremd erscheinen, wie zum Beispiel Homosexuelle, Menschen anderer Glaubensrichtungen, Menschen mit Behinderungen, Menschen mit sehr originellen Verhaltensweisen, Menschen am Rand der Gesellschaft beziehungsweise aus bildungsfernen Schichten. Körtner spricht von einer Hermeneutik des Unverständnisses (Körtner 2008). Er beschreibt damit den Zustand, dass das Subjekt wahrnimmt und respektiert, was es nicht versteht und auch nicht verstehen kann und wird. Für den Anderen, den Fremden, den Außenstehenden, das Gegenüber wird durch diese Erfahrung von Differenz die Differenzierung der eigenen Identität erst möglich. Eine gelungene Identitätsentwicklung erfordert daher letztendlich, sich in der Differenz zu anderen wahrzunehmen.

Fremdheit ist eine Kategorie, definierbar nur jeweils im Zusammenhang mit einer bestimmten Lebensform und den dort allgemeingültigen Deutungs- und Bewertungszuschreibungen. Als fremd wird jemand von einem anderen Ort, aber auch von einer anderen Art bezeichnet. Jemanden als fremd wahrzunehmen bedeutet, eine Störung von bekannten und gewohnten Verstehens- und Verhaltensmustern zu realisieren (Adam et al. 2011). Im Resultat entsteht der Wunsch nach Abgrenzung. Fremdheitserfahrungen und grundsätzliches Anderssein erleben Menschen gerade im schulischen Kontext. Anderssein wird dabei häufig nicht nur bei Menschen mit Migrationshintergrund oder körperlichen Beeinträchtigungen wahrgenommen, sondern auch bei Verhaltensweisen, die von Bindungslosigkeit, Strukturlosigkeit, Aggressivität, Selbst- und Fremdgefährdung, extremer Zurückgezogenheit bis hin zu völliger Isolation zeugen.

Deshalb kann es in bestimmten Lebensphasen notwendig sein, inklusive Bildungsangebote für Kinder und Jugendliche zu machen, die sich in marginalen Positionen befinden und aufgrund ihres Verhaltens intensiven sonderpädagogischen Förderbedarf im Förderschwerpunkt emotionale und soziale Entwicklung haben. Sie haben über lange Zeit hinweg massive Fremdheitserfahrungen gemacht. Trotz intensiver Integrationsbemühungen können diese Schülerinnen und Schüler aufgrund ihres extremen Verhaltens vorübergehend nicht in ihren Heimatschulen gefördert werden. Ziel ist es jedoch, sie so schnell wie möglich mit besseren Bedingungen in die allgemeine Schule zurückzuführen.

Schlüsselkompetenzen

Lernen ist die Fähigkeit des Menschen, Informationen aus seiner Umwelt aufzunehmen, zu verarbeiten und umzusetzen, mit dem Ziel, diese Umwelt zu verstehen und in ihr zu bestehen. Es handelt sich dabei nicht nur um das Erwerben von Wissen, sondern auch um das Erlernen von Ritualen und Regeln, Sicht- und Reaktionsweisen sowie Werten und Normen. Menschen lernen ein Leben lang in unterschiedlichen Kontexten, ihrem jeweiligen Reifegrad und Entwicklungsstand gemäß. Daher stellen differente Lebensabschnitte und Lebenszusammenhänge wie Familie, Schule, Beruf stets neue Lernherausforderungen dar.

Förderung reicht von der frühen Bildung und Erziehung im Vorschulalter über die gesamte Schulzeit bis hin zu den Maßnahmen der allgemeinen Lebensbewältigung, der berufsausbildungsbegleitenden Hilfen und der gezielten Hilfen beim Übergang von der Schule ins Berufsleben. Ein häufiges Problem in der Umsetzung ist die passgenaue, am Lern- und Entwicklungsstand des Kindes orientierte Förderung im Klassenverband. Die Förderung von Kindern und Jugendlichen mit Migrationshintergrund wird selten genug als gemeinsame Schul- und Unterrichtsentwicklungsaufgabe begriffen.

Die Ergebnisse der internationalen Schulleistungsvergleichsuntersuchung PISA (Deutsches PISA-Konsortium 2001) zeigen, dass es in Deutschland eine hohe Korrelation zwischen sozialer Herkunft und Bildungschancen gibt und das deutsche Schulsystem Kinder und Jugendliche nicht entsprechend ihren individuellen Möglichkeiten fördert. Als eine Risikogruppe im deutschen Bildungswesen wurden Kinder und Jugendliche mit Migrationshintergrund identifiziert, obwohl es in Deutschland seit den 1960er-Jahren eine Vielzahl von Maßnahmen und Modellprojekten zu ihrer Förderung und Eingliederung in das Bildungssystem gibt.

Bildungserfolg hängt von unterschiedlichen, auch außerschulischen Faktoren ab. Schulisches Lernen fordert von Kindern und Jugendlichen Lern- und Verhaltensweisen, die manche von ihnen außerhalb der Schule nicht kennengelernt oder verinnerlicht haben. Ein selektives deutsches Schulsystem und der Umstand, dass zugewanderte Familien überdurchschnittlich häufig in prekären sozialen Verhältnissen leben, beeinflussen den Spielraum pädagogischen Handelns.

Häufig kämpfen gerade neu angekommene Kinder mit Sprachproblemen, die ihren eigentlichen kognitiven Entwicklungsstand verschleiern, sodass eine Unterforderung oder Überforderung eintritt. Beides kann zu psychischen Auffälligkeiten führen. Andererseits werden spezifische Entwicklungsstörungen aufgrund mangelnder Sprachkompetenz häufig verkannt und Lernfortschritte wegen fehlender außerschulischer Unterstützung behindert.

Kinder, deren Eltern nicht aus dem westlichen Ausland stammen, sind häufig die »Außenminister« ihrer Familien, da sie die Sprache schneller erfassen und oft in sozialem Kontakt mit anderen Kindern stehen, mit denen sie sich nur auf Deutsch (entweder weil es deutsche Kinder sind oder Kinder, die wiederum eine andere Sprache sprechen) verständigen. Sie stellen Kontakte zu Behörden her oder dolmetschen Elterngespräche über sich oder die Geschwister im Büro der Schulleitung, wobei sie aufgrund entstehender Loyalitätskonflikte meist überfordert sind. Die Eltern leben oft außerhalb der deutschen Gesellschaft, sprechen auch nach Jahrzehnten kein Deutsch und besuchen daher weder Elternabende innerhalb der Klasse noch Elternsprechtage.

Ferner können sie manchmal nicht ausreichend zwischen verschiedenen Behörden, z. B. der Ausländerbehörde und der Schulbehörde, unterscheiden und sehen sich potenziell bedroht von der ihnen gegenüberstehenden Autorität. Häufig kommen sie aus Kulturen, in denen die Autorität eine erhebliche Macht hatte. Dies führt zu widersprüchlichen Gefühlen: einerseits zu einem Gefühl der Bedrohung, das Angst und sozialen Rückzug hervorruft, andererseits zum Wunsch, die Autorität möge bei der Bewältigung der schwierigen Probleme helfen, und sei es auch nur dadurch, dass die Ursachen für Versagensängste nicht bei sich selbst, sondern in der Schule gesucht werden können.

Eine Schlüsselkompetenz für eine erfolgreiche Schulkarriere ist die Beherrschung sprachlicher Mittel. Toprak (2000) weist darauf hin, dass die Sprachkompetenzen in den muslimischen Familien in beiden Sprachen, also sowohl in der Mutter- bzw. Herkunftssprache als auch in Bezug auf die deutsche Sprache, häufig eingeschränkt und insbesondere in der dritten Generation erstaunlich schwach ausgeprägt sind. Dabei ist bereits die Muttersprache, wie sie die Eltern verwenden, von Stil und Wortschatz her sehr milieuspezifisch und häufig überaltert, sodass die Familien und ganz besonders die Nachkommen selbst in ihrem Herkunftsland sprachlich auffallen. Diese Kinder entsprechend ihren Fähigkeiten und Fertigkeiten in der Schule zu fördern gelingt nicht oft.

Bei der Sprachförderung sind daher Forschungserkenntnisse über Spracherwerb und Sprachentwicklung im Kontext von Mehrsprachigkeit ebenso zu berücksichtigen wie förderdiagnostische Kompetenzen, die es ermöglichen, den Sprachstand zu erkennen und geeignete Fördermaßnahmen zu ergreifen. Den Kindern sollen so Chancen auf die Beherrschung einer Bildungssprache eröffnet werden, die sie sich außerhalb der Schule nicht aneignen können, aber für einen erfolgreichen Abschluss benötigen. Mit Bildungssprache ist nach Gogolin et al. die Art der Verwendung von Sprache gemeint, die eine »allgemeine Verständigung über Themen öffentlichen Interesses ermöglicht; sie hebt sich sowohl von der privaten Alltagssprache wie von der hermetischen Fachsprache ab« (Gogolin et al. 2011, S. 54). Die besondere Anforderung an die Lehrkräfte besteht darin, Kenntnisse von Alltagssprache und Fachsprache einzusetzen und über fachliche Inhalte persönliche Aneignungsmöglichkeiten für Kinder und Jugendliche zu schaffen. Sprachförderung beruht auf der Prämisse, dass sich sprachliche Fähigkeiten am besten entwickeln, »wenn sie in vielfältiger Weise angeregt werden und diese Anregungen nicht gegeneinander gerichtet sind, sondern sich zur Erreichung miteinander kompatibler Ziele gegenseitig ergänzen und erweitern« (Gogolin et al. 2011, S. 52).

Sprache sollte bereits früh in der Entwicklung der Kinder, also schon im Kindergarten oder im sogenannten Elementarbereich, gefördert werden. Ferner sind Übergangsstrukturen im Bildungsbereich wichtig, etwa die Übergabe von Informationen vom Elementarbereich in die Grundschule sowie vom Primar- in den Sekundarbereich und von dort in die berufliche Bildung der Region. Auch ist es wichtig, die verbindlichen Richtlinien und Rahmenpläne zur Orientierung zu kennen und sich darum zu kümmern, diese auch umzusetzen. Viele Methoden fördern die Kompetenz in einer Bildungssprache, etwa das Leseverständnis über das Vielleseverfahren, die Förderung von Erzählungen sowie die mündliche und schriftliche Produktion umfangreicher Texte im Unterricht. Texterschließungsmethoden und Lesestrategien wie die Fünf-Schritt-Lesemethode nach Klippert (1994) werden dabei in allen Fächern eingesetzt und sind wichtiger Bestandteil des gesamten Unterrichts.

Nicht nur die fehlenden Deutschkenntnisse bei Schuleintritt stellen ein Problem dar; zudem sind oft keine oder nur sehr geringe Englischkenntnisse vorhanden. Häufig werden die Kinder, insbesondere wenn sie nicht in Deutschland geboren sind, nicht mit lateinischen Buchstaben alphabetisiert, einige von ihnen sind Analphabeten.

In Deutschland wurden im Jahr 2007 circa vier Millionen Analphabeten erfasst. Lesen und Schreiben gelten als Voraussetzung für eine gleichberechtigte Stellung in der Gesellschaft. Analphabetismus bei nicht deutscher Herkunftssprache ist wesentlich seltener im Fokus der Öffentlichkeit als bei Deutschsprachigen, da bisher besonders funktionaler Analphabetismus im Zentrum der Forschung stand. Man unterscheidet bei nicht deutschsprachigen Analphabeten zwischen drei Gruppen: primären Analphabeten (keine Beschulung im Herkunftsland), sekundären Analphabeten (Schriftsprachkenntnisse aus dem Herkunftsland sind – da nicht gefördert – in Deutschland verkümmert) und funktionalen Analphabeten (Schule ohne ausreichenden Kenntniserwerb durchlaufen). Die letztere Gruppe findet sich besonders häufig bei Kindern mit Migrationshintergrund (Holling 2007).

Eine Schulpflicht für alle Kinder ist demnach dringend geboten, unabhängig vom Aufenthaltsstatus. Sprachlernklassen in jeder Schulart und Unterricht in multikulturellen Klassen sollten als Teil der Lehreraus- und -fortbildung gefördert werden. Neu Zugewanderte mit wenig schulischen Vorkenntnissen benötigen besondere Unterstützung, da ansonsten Bildungslücken entstehen, die aus eigener Kraft nicht zu schließen sind. Folgen davon können stark eingeschränkte Teilnahme am sozialen Leben, Stigmatisierung, geringe Chancen auf dem Arbeitsmarkt und psychosoziale Belastung sein (Holling 2007).

Bisher gibt es keine bundesweiten Förderansätze, um analphabetische Seiteneinsteiger zu integrieren. Auf Länderebene verfügen lediglich Hamburg (ABC-Klassen), Bremen (regionale Brückenkurse) und Hessen (Alphabetisierungskurse in Grundschule und Sekundarbereich) über Angebote in diesem Bereich (Holling 2007).

Flüchtlingskinder in der Schule

Die Schule nimmt auch bei der Entwicklung von Flüchtlingskindern eine herausragende Position ein. Neben der Eröffnung von Zukunftsperspektiven vermittelt sie diesen Werte und Normen und dient somit als erstes Bindeglied zur deutschen Gesellschaft (Brar 2010). »Sie ist die ›Rettungslinie‹ hin zu anderen sozialen Kontakten in der Mehrheitsgesellschaft, aber auch zur Wissensaneignung und Qualifikation und letztlich zur psychischen Stabilisierung« (Deutsches Jugendinstitut 2000, S. 43). Die psychische Stabilisierung der Flüchtlingskinder wird vor allem von der Tatsache getragen, dass die Schule die Funktion eines geschützten Raums einnimmt. Neben der Vermittlung von Ruhe und Stabilisierung (Neumann 1995) gibt sie dem Alltag eine Struktur und schafft Kontinuität (Friedrichs 2003). Die Schule nimmt demnach eine zentrale Rolle bei der Herstellung von Normalität ein.

Die Rolle der Schule als Stabilisationsfaktor im Alltagsleben wird in wissenschaftlichen Studien als enorm hoch eingeschätzt. Studien über die Situation afghanischer Flüchtlingskinder in Kanada von Kanji und Cameron schreiben der Schule einen großen Einfluss auf die Ausbildung von Resilienz zu. Das Setting Schule bietet demnach eine gute Möglichkeit, um Kinder und Jugendliche in ihren Ressourcen zu stärken und somit dazu beizutragen, dass Belastungen aus der Vergangenheit bearbeitet werden können.

Regelmäßiger Schulbesuch stabilisiert und ist ausschlaggebend für die Planung eines langen Aufenthalts. Zudem steigert er das Selbstwertgefühl und das Selbstbewusstsein und fördert Problemlösestrategien. Die Hoffnung und Aussicht auf eine bessere Zukunft werden dadurch gefördert. Weiterhin stellten sich ein sicherer Aufenthaltsstatus, Schulbildung in Flüchtlingslagern, ein enger Familienzusammenhalt und der Glaube generell als starke Ressourcen in der Studie von Kanji und Cameron heraus. Schließlich ließ sich ein positiver Zusammenhang zwischen den eben genannten Faktoren und der Ausbildung von Resilienz nachweisen (Kanji/Cameron 2010).

Weitere Forschungen ergaben, dass eine große Verbundenheit mit der Schule mit einer geringeren Wahrscheinlichkeit, an Depression zu erkranken, mit mehr Selbstwirksamkeit und dem signifikant niedrigeren Vorkommen einer Posttraumatischen Belastungsstörung einhergeht, unabhängig von den Vorerfahrungen der einzelnen Flüchtlingskinder. Die Schulzugehörigkeit hat demnach enorme Auswirkungen auf das Gefühl des Dazugehörens, auf das subjektive Wohlbefinden, ein erfolgreiches Einleben sowie den späteren ökonomischen und beruflichen Erfolg. Aufgrund der großen Unterschiede zwischen den Schulsystemen ist die Anpassung ein entscheidender Faktor, um Verbundenheit mit der Schule zu entwickeln. Dabei sind Bindungen in der Schule, Engagement, Verpflichtungsgefühl und Einsatz für die Schule sowie der Glaube an die Schule besonders wichtig (Kia-Keating/Ellis 2007).

In Bezug auf Flüchtlingskinder werden immer wieder die Auswirkungen der Kriegs- und Fluchterfahrungen auf die Lernfähigkeit diskutiert. Es wurde angenommen, dass der erhöhte Stress während der traumatischen Erlebnisse neurophysiologische Effekte auf das Gehirn und somit die Konzentrationsfähigkeit habe oder andere kognitiv-emotionale Veränderungen hervorrufe. Stermac et al. konnten in einer umfangreichen Studie, in der Hintergründe, akademische Laufbahnen, Schulerfahrungen und Perspektiven von Kindern mit und ohne Kriegserfahrung verglichen wurden, folgende Ergebnisse liefern: Zwischen Kindern mit Migrations- oder Fluchterfahrungen und anderen Kindern gibt es keine signifikanten Unterschiede bezüglich der grundsätzlichen Fähigkeit, zu lernen. Flüchtlingskinder schneiden tendenziell sogar besser ab als andere Kinder, wobei Mädchen oft bessere Leistungen erbringen als Jungen. Eine hohe Identifikation, Engagement und ein starkes Verbundenheitsgefühl gegenüber der Schule tragen demnach zum schulischen Erfolg bei und erhöhen die Selbstsicherheit und das Selbstvertrauen (Stermaca/Elgiea/Dunlapa/Kellya 2010). Die Schwierigkeit liegt darin, diese Kinder und ihre Familien überhaupt zu erreichen und an Schule teilhaben zu lassen. Wenn Flüchtlingsfamilien der Schule oder einer akademischen Karriere Bedeutung zumessen, dann haben auch die Schulnoten einen hohen Stellenwert, mit der Folge, dass Kinder, die ohnehin schon belastet sind, zusätzlich Leistungsdruck verspüren (Kanji/Cameron 2010).

Die Schule ist der Ort, an dem die Flüchtlingskinder einen Großteil ihrer Zeit verbringen. Die Lehrerinnen und Lehrer nehmen neben der Familie eine wichtige Position als Bezugsperson ein. Zudem bietet die Schule den Flüchtlingskindern die Chance, neue Kontakte zu knüpfen und sich einen Freundeskreis in der neuen Heimat aufzubauen.

Beirens et al. heben die Bedeutung sozialer Netzwerke für die Integration der Kinder und Jugendlichen durch praktische und emotionale Unterstützung hervor. Die Freundschaft zu Personen mit demselben ethnischen Hintergrund erleichtert das Eingewöhnen in der Fremde und schafft einen Raum, um die Herkunftskultur weiterzuleben, wohingegen Freunde, die anderen Kulturkreisen angehören, als Mittler zwischen den Kulturen dienen können und die Integration in die neue Kultur erleichtern (Beirens/Hughes/Hek/Spicer 2007).

In der Schule erleben die Flüchtlingskinder am deutlichsten, wie notwendig es ist, die deutsche Sprache zu lernen. Sie benötigen sie, um dem Unterricht zu folgen und neue Freundschaften zu schließen (Deutsches Jugendinstitut 2000). Trotz begrenzter Forschung im Bereich der Erziehungs- und Sozialisationsbedingungen von Kindern und Jugendlichen mit Fluchterfahrungen ist eine Bildungsbenachteiligung unstrittig. Oft zeigt sich diese indirekt in den Strukturen des Schulsystems, aber auch offen in gesetzlich verankerter Benachteiligung, gesellschaftlichem Ausschluss oder finanzieller Diskriminierung. Daraus folgt für viele Pädagoginnen und Pädagogen ein unlösbarer Konflikt zwischen einem erforderlichen ziel- und zukunftsorientierten Unterricht und einer generellen Perspektivlosigkeit, gegen die es anzukämpfen gilt (Behrensen/Westphal 2009).

Eine erfolgreiche Schulkarriere ist gerade für Flüchtlingskinder notwendig, um sich in die deutsche Gesellschaft integrieren und Lebensziele erreichen zu können. Das Erlebte und die aktuelle Lebenssituation behindern jedoch die persönliche Entwicklung der Kinder und zeigen sich in diskontinuierlichen Schulverläufen, Entwicklungsblockaden und Entwicklungsverzögerungen. Es kommt zu sozialer Isolation, Aggressivität, Leistungsschwäche und Schulabbruch. Bei einer Häufung der Probleme kann es vorkommen, dass die Schule die Schwierigkeiten nicht mehr allein bewältigen kann und ihrer Funktion als Ressource für die Kinder und Jugendlichen nicht vollkommen gerecht wird.

Die besondere Situation von Flüchtlingskindern birgt eine Reihe von Faktoren, die berücksichtigt werden müssen. Durch den Aufenthalt in Erstaufnahmeeinrichtungen verzögert sich die Einschulung oft monatelang, da nur wenige Einrichtungen schulische Versorgung gewährleisten. Flüchtlingskinder stellen eine extrem heterogene Gruppe dar, deren Verbindung aus meist traumatischen Erlebnissen auf der Flucht, rechtlichen Einschränkungen, beengten Wohnverhältnisse und Angst vor Abschiebung besteht. Hinzu kommt die sehr unterschiedliche Schulbildung im Herkunftsland. Die schwierige psychosoziale Lage der Kinder und Jugendlichen kann in den Schulen selten aufgefangen werden.

Es lässt sich festhalten, dass besonders der unsichere rechtliche Aufenthaltsstatus und der fehlende Zugang zu qualifizierten Beschäftigungsverhältnissen enorme Stressfaktoren für die Betroffenen darstellen und hohe gesundheitliche Auswirkungen zur Folge haben (Adam 2006). So entsteht schnell ein Teufelskreis aus Perspektivlosigkeit, Motivationslosigkeit und Fehlzeiten aufgrund psychosomatischer und psychischer Erkrankungen infolge unklarer Lebensbedingungen und Fluchterfahrungen. Generell bessere Chancen scheinen Familien mit hohem Bildungs- und Ausbildungsstand zu haben (Behrensen/Westphal 2009).

Schroeder kritisiert insbesondere die rechtliche Benachteiligung von Flüchtlingen mit ungesichertem Aufenthaltsstatus auf dem deutschen Ausbildungs- und Arbeitsmarkt. »Kinder, Jugendliche und Erwachsene ohne gesicherten Aufenthaltsstatus (…) sind benachteiligt in Bezug auf die Möglichkeiten, einen Schulabschluss zu erwerben, eine berufliche Qualifizierung zu absolvieren oder einen Einstieg in das Erwerbssystem zu finden« (Schroeder 2003, S. 89). Neben der Markt- und Sozialbenachteiligung beschreibt Schroeder Flüchtlinge insbesondere als Rechtbenachteiligte. Die rechtliche Diskriminierung von Flüchtlingen macht er an der fehlenden oder eingeschränkten Arbeitserlaubnis, an der Schwierigkeit, eine Ausbildung während des Asylverfahrens zu beginnen, sowie am Ausschluss von finanzieller Unterstützung während der Ausbildungszeit fest (Schroeder 2003).

Kanji und Cameron fügen hinzu, dass die Schule als hoher Stressfaktor erlebt werden kann, wenn der Bildungsstand zu wenig berücksichtigt wird und die Klassen lediglich nach Altersklassen eingeteilt werden (Kanji/Cameron 2010).

Kulturelle und sprachliche Schwierigkeiten sowie Diskriminierung erschweren den Flüchtlingskindern die Anpassung. Infolgedessen schwindet oft die Motivation, die Perspektiven für ein Leben im Zielland verringern sich, und es kommt zu mehr Schulabbrüchen.

Kinder mit Migrations- und Flüchtlingshintergrund stehen der Aufgabe gegenüber, sich in die neue Umgebung und den neuen Kulturkreis einzuleben. Verschiedene kulturelle Vorstellungen beeinflussen zum Teil Entscheidungen über die weitere Schullaufbahn. Entgegen der Erwartung, die schulischen Entscheidungen und die schulische Laufbahn insgesamt seien stark von der elterlichen Skepsis gegenüber dem neuen System, der Sprache und der Kultur geprägt, ließen sich keine signifikanten Unterschiede zwischen Kindern mit und ohne Migrationshintergrund feststellen. Lediglich Fächer wie Kunst und Musik wurden in Fragebögen, die der Erfassung der Selbsteinschätzung der Schüler dienten, als schwächste Fächer bei Migrationskindern eingestuft. Dies lässt sich mit dem meist muslimischen Hintergrund erklären, in dem beide Fächer keine oder nur eine geringe Rolle spielen und somit unbekannter sind als die restlichen Fächer (Dodds et al. 2010).

Lehrerinnen und Lehrer wissen häufig nicht, dass sich in ihrer Klasse Flüchtlingskinder befinden. Ebenso wenig sind sie sich des Unterschieds zwischen Migrant und Flüchtling bewusst. Während Migranten sich in der Regel freiwillig für ein neues Land entschieden haben und ihre Heimat weiterhin besuchen, haben Flüchtlinge ihre Heimat nicht freiwillig verlassen.

Neben dem Umgang mit Sprachschwierigkeiten müssen die Flüchtlingskinder lernen, mit ihren schulischen Vorerfahrungen umzugehen. Flüchtlingskinder stammen zum Teil aus Regionen, in denen insbesondere für Mädchen ein weiterführender Schulbesuch nicht üblich ist oder die Eltern sich das Schulgeld nicht leisten können. Zudem erschwert der Krieg eine umfassende Schulbildung, oder den Kindern fehlt die Erlaubnis, die Schule in den Ländern zu besuchen, durch die sie ihre Flucht führt.

Um das Kind in der Schule bestmöglich zu fördern, sind Kenntnisse der Lehrerinnen und Lehrer zu den Herkunftsländern und der Lebenssituation von Flüchtlingen in Deutschland vorteilhaft. Zudem sollte Wissen über psychische Belastungen und Symptome vorhanden sein. Die Aufgabe des Lehrers und der Lehrerin ist es, eine förderliche Lernumgebung zu schaffen – zusätzliche Ressourcen für psychologische und therapeutische Fragen sind meist nicht vorgesehen. Zudem fehlt es häufig an Zeit und Energie, sich mit den psychosozialen Problemen der Flüchtlingskinder auseinanderzusetzen (Dunn/Adkins 2003). Die Lehrerinnen und Lehrer geben in einer Befragung von Szente et al. an, dass sie sich nicht ausreichend vorbereitet fühlen, um den emotionalen Stress zu bewältigen, den sie im Umgang mit den Flüchtlingskindern immer wieder erfahren (Szente/Hoot/Taylor 2006).

In einer Studie von Whiteman berichten die befragten Lehrerinnen und Lehrer, dass zusätzliches Personal die Integration der Flüchtlingskinder erleichtern würde. Sie schlagen vor, einen bilingualen Sprachtrainer und eine zusätzliche Lehrperson für besonders belastete Kinder einzustellen oder mehr pädagogisch-psychologische Beratungszeit anzubieten (Whiteman 2005).

Des Weiteren zeigte Whiteman auf, dass insbesondere der enorme Mangel an Informationen die Arbeit der Lehrerinnen und Lehrer stark belastet. Neben Kenntnissen zur Vorbildung der Kinder mangelt es ebenso an Wissen über deren Herkunftsregion, den Aufenthaltsstatus, die derzeitige Familiensituation und gesundheitliche Probleme sowie an zusätzlicher sonderpädagogischer Förderung. Je mehr Erfahrungen die Schulen mit Flüchtlingskindern haben, als desto unproblematischer wird das Fehlen von Informationen betrachtet (Whiteman 2005).

Inklusive Beschulung

In einer Untersuchung zur Erforschung der Schulleistungen und der Lebenssituation von Schülern an allgemeinen Förderschulen in Niedersachsen, Brandenburg und Hamburg wurden 1 022 Schülerinnen und Schüler an Förderschulen mit 5 421 Gymnasiasten und 3 666 Schülerinnen und Schülern an Hauptschulen aus den genannten Bundesländern verglichen (Wocken 2005). Es wurde unter anderem festgestellt, dass es hinsichtlich des Besitzes von materiellen Gütern signifikante Unterschiede zwischen den Kindern der unterschiedlichen Schulformen gibt: Je höher die Schulform, desto mehr Güter nennen die Schüler ihr Eigen. Dieser Unterschied zwischen den Schultypen Gymnasium, Hauptschule und Förderschule zeigte sich schon hinsichtlich der Menge von Gütern. Bei einer differenzierteren Analyse, die auch – etwa bei Kleidung – die Qualität der persönlichen Habe mit einbezog, traten die »Klassenunterschiede« zwischen den Schulformen noch deutlicher hervor. Die Förderschüler bildeten das Schlusslicht und waren »die ärmsten Schüler aller Schulen« (Wocken 2005, S. 32).

Wird auch in der benannten Studie kein Zusammenhang zwischen sozialem Status und Migration bzw. Flucht untersucht, so ist zumindest deskriptiv festzuhalten, dass sich eine Sprachproblematik – untersucht wurde die Variable »Deutsch als häusliche Verkehrssprache« – gehäuft in Förderschulen fand. Sprachliche Heterogenität an Schulen ist, so lautet das zentrale Ergebnis, von zweierlei Faktoren abhängig: auf der Makroebene von den Bundesländern (in Hamburg gaben nur 61 Prozent der Schülerinnen und Schüler von Förderschulen Deutsch als häusliche Verkehrssprache an) und innerhalb dieser Makroebene von der Schulform (in Gymnasien war Deutsch als häusliche Verkehrssprache am häufigsten). Das bedeutet, dass die Förderschulen (insbesondere in Hamburg) der untersuchten Bundesländer – und die Erfahrungen zeigen, dass dies auch für andere Metropolregionen bzw. Flächenländer gilt – besonders häufig von Kindern aus sozial schwächeren Familien und von Kindern mit Migrationshintergrund besucht werden. Daher ist insbesondere im Zuge von Inklusion zu beachten, welche Herausforderungen dies für den Umgang mit Kindern und Jugendlichen mit Migrationshintergrund darstellt. In einer Studie in der Schweiz wurde nämlich festgestellt, dass Lehrpersonen sozial schwächere Kinder und Kinder mit Migrationshintergrund bei gleicher Problemlage signifikant häufiger aussondern als Kinder aus reicheren Familien und Schweizer Kinder (Lafranchi 2007). Fraglich ist, ob die Überrepräsentanz von Kindern mit Migrationshintergrund in den Förderschulen mit der Herkunft der Kinder oder ihrem tatsächlichen Förderbedarf zu tun hat. Die Schweizer Untersuchung gibt zumindest Hinweise darauf, dass dies erheblich mit der Herkunft in Zusammenhang steht und weniger vom Förderbedarf abhängig gemacht werden kann.

Schülerinnen und Schüler mit Migrations- und Fluchthintergrund finden sich in allen Schulformen. Insbesondere in Metropolregionen bilden sie einen Großteil der Klassen-, manchmal sogar der Schulgemeinschaften. Weisen sie zudem einen emotionalen und sozialen Förderbedarf auf und finden sie sich häufig in Förderschulen wieder, haben sie einen komplexen und fachübergreifenden Hilfebedarf. Es handelt sich oft um Kinder, die Verhaltensauffälligkeiten oder emotionale Störungen aufweisen. Häufig sind es auch leistungsbereite und leistungsstarke Schüler, denen jedoch Ausdauer, Konzentration und Aufmerksamkeit fehlen und die den Unterricht durch Störverhalten und Aggressionsausbrüche massiv behindern.

Es gibt allerdings weder eine einheitliche Verwendung des Inklusionsbegriffs noch eine Didaktik, die den Pädagogen im Unterrichtsalltag helfen könnte, den Prozess der Inklusion schülergerecht umzusetzen (Giese 2011). In der deutschsprachigen Übersetzung des Gesetzestextes der UN-Konvention werden Integration und Inklusion sogar durchgängig synonym verwendet. Unter Integration wird in der deutschsprachigen Literatur allgemein verstanden, dass Kinder und Jugendliche mit einem sonderpädagogischen Förderbedarf in ein bestehendes System integriert werden, während Inklusion heißt, dass sich das System Schule den Kindern mit besonderen Bedürfnissen anpasst (Schöler 2011), wie in Abbildung 7 dargestellt.

Inklusion im Sinne der ursprünglich lateinischen Wortbedeutung von »Einschluss« bzw. »Enthaltensein« und im Sinne der UN-Konvention beinhaltet eine umfassende gesellschaftliche Teilhabe in möglichst weitgehender Aktivität und Selbstbestimmung und geht über den Integrationsbegriff deutlich hinaus (Wocken 2010). Die deutschen Bundesländer setzen den Prozess der Inklusion in der allgemeinen Schule,

Integration bedeutet, dass ein Mensch mit besonderen Bedürfnissen in ein bestehendes System eingefügt wird. Nicht das System, sondern der Mensch muss sich anpassen.

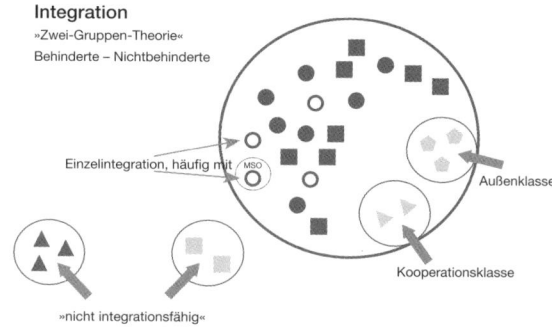

Inklusion heißt, dass sich das System den Menschen mit besonderen Bedürfnissen anpasst. Es wird derart gestaltet, dass keiner ausgeschlossen ist. Jeder kann teilhaben.

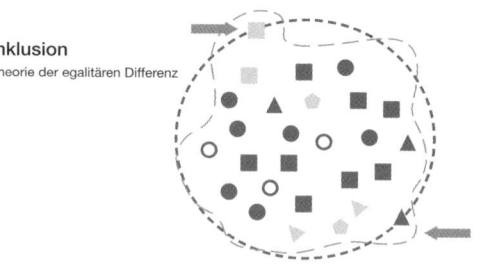

Abb. 7: Der Unterschied zwischen Integration und Inklusion (nach Wocken 2010)

zu der die Förderschule *nicht* gehört, mit unterschiedlicher Geschwindigkeit um. Sie orientieren sich dabei am Artikel 24 der UN-Konvention, der besagt, dass Menschen mit Behinderung »nicht aufgrund von Behinderung vom allgemeinen Bildungssystem ausgeschlossen werden« dürfen (Absatz 2a) und »gleichberechtigt mit anderen in der Gemeinschaft, in der sie leben, Zugang zu einem integrativen, hochwertigen und unentgeltlichen Unterricht an Grundschulen und weiterführenden Schulen haben« müssen (Absatz 2 b).

Demnach sind die allgemeinen Schulen nach der Umsetzung der Konvention die einzige gesellschaftliche Institution, die von allen Kindern und Jugendlichen besucht wird – unabhängig von Hautfarbe, Muttersprache, Religion, Geschlecht, Sozialstatus und Behinderung. Somit hat die allgemeine Schule eine gewaltige Leistung – den Prozess der Inklusion umzusetzen – zu erbringen. Die am Prozess Beteiligten tragen diesbezüglich eine hohe Verantwortung. Die Qualität einer Schule, die Inklusion umsetzt und daher auch eine Schule für Kinder und Jugendliche mit Migrations- und Fluchthintergrund ist und diese nicht ausgrenzt, wird in Zukunft vor allem vom Erlernen neuer Haltungen geprägt sein, sowohl dem Lehr- und Lernprozess als auch den beteiligten Menschen gegenüber. Das Überdenken und gegebenenfalls Ändern bisheriger Haltungen und Einstellungen setzt eine Diskussion des Menschenbildes innerhalb des Systems Schule voraus.

Ein weiteres Merkmal gelungener Inklusion ist die Qualität des Unterrichts. Hierzu gehört neben der Differenzierung, also dem Ansatz, Angebote für unterschiedlich leistungsstarke Lerngruppen innerhalb einer Klasse zu machen, die Individualisierung des Unterrichts. Eckert versteht unter individueller Förderung, dass jede Schülerin und jeder Schüler die Chance bekommt, ihr bzw. sein motorisches, intellektuelles, emotionales und soziales Potenzial umfassend zu entwickeln und dabei durch geeignete Maßnahmen unterstützt wird (durch die Gewährleistung ausreichender Lernzeit, durch spezifische Fördermethoden, durch angepasste Lehrmittel und gegebenenfalls durch Hilfestellungen weiterer Personen mit Spezialkompetenz) (Eckert 2004). Dies gilt selbstverständlich auch für Kinder mit Migrationshintergrund.

Kinder und Jugendliche mit Migrationshintergrund weisen oft einen komplexen und fachübergreifenden Hilfebedarf auf und sollten in eine möglichst nahe gelegene Schule gehen, damit Alltagsprobleme entschärft werden. Bei diesen Kindern muss die Schule familiäre Strukturen und Bindungen ersetzen (Adam 1999). Die Schule, die Inklusion umzusetzen beabsichtigt, sollte deshalb als Ganztagsangebot organisiert sein. Ein derartiges Angebot kann ebenso Bildungs- und Freizeitangebote gestalten wie regelmäßige Mahlzeiten und außerschulische Lernplätze organisieren. Dadurch werden die soziale und die emotionale Kompetenz gefördert und Möglichkeiten zur sozialen und emotionalen Nachreifung gegeben. Angebote wie Reiten, Segeln, Kunsttherapie, aber auch das Einrichten von Insel- und Trainingsräumen erweitern die Fähigkeiten und Fertigkeiten der Schüler. Lernwerkstätten, Schulräume und Gelände müssen so gestaltet sein, dass Schüler sich dort gern aufhalten und vielfältige Bewegungs- und Lernmöglichkeiten entstehen.

Unterrichtsgestaltung

Die Umsetzung eines Unterrichts, der spezifische Fähigkeiten und Fertigkeiten von Kindern und Jugendlichen mit Migrationshintergrund stärkt, erfordert, dass Schülerinnen und Schüler, ob mit oder ohne Migrationshintergrund, gemeinsam lernen können. Daher muss der gemeinsame Unterricht der individuellen Lernausgangslage aller gerecht werden, eventuell vorhandene Verhaltensauffälligkeiten und emotionale Störungen berücksichtigen und individuelle Ressourcen und Kompetenzen erkennen und fördern – unabhängig davon, ob auch noch sonderpädagogischer Förderbedarf vorliegt.

Dazu gehören auch die Vermittlung medizinischer und hygienischer Grundkenntnisse, die Vorbereitung von Arztbesuchen, die Orientierung im neuen Lebensraum (neue Mahlzeiten, Umgang mit Behörden) sowie die Einübung besonderer sozialer Verhaltensweisen, z. B. bei der Konfliktbewältigung und beim Zusammenleben in den Familien oder spezifischen Einrichtungen. Die Orientierungshilfe im neuen Lebensraum erscheint notwendig, scheitert aber häufig an der Klassensituation, in der über 20 Kinder gemeinsam unterrichtet werden wollen und ein individualisierter Unterrichtsplan manchmal sehr schwer umzusetzen ist.

Zur Umsetzung bedarf es neben allgemeinpädagogischer auch sonderpädagogischer Kompetenz innerhalb des Systems Schule. Auch außerhalb von Schule, in regionalen Unterstützungs- und Beratungssystemen wie der Kinder- und Jugendhilfe (KJH) und den Kliniken für Kinder- und Jugendpsychiatrie und Psychotherapie (KJPP), ist sonderpädagogische Kompetenz erforderlich, damit die Kinder und Familien Hilfe bekommen und betroffene Kinder adäquat kinder- und jugendpsychiatrisch behandelt werden, damit z. B. eine Reintegration in die Heimatschule nach einem möglichen Klinikaufenthalt gelingen kann.

Werden die Schüler, gemäß dem Leitgedanken der Inklusion, gemeinsam in einem Klassenraum unterrichtet, so wird ein Teil des gemeinsamen Unterrichts von Regelschullehrern und Sonderpädagogen gemeinsam geplant und durchgeführt. Damit dies funktioniert, bedarf es entsprechender personeller, räumlicher und finanzieller Ressourcen. Ist ein hohes Maß an sonderpädagogischer Förderung erforderlich, so zieht dies meist eine höhere personelle Ausstattung nach sich.

Um individuelle Ressourcen und einen eventuell erforderlichen komplexen und fachübergreifenden Hilfebedarf zu erkennen, sollte eine fachspezifische Diagnostik von Sonderpädagogik, Sozialpädagogik und Kinderpsychiatrie koordiniert durchgeführt werden. Auf dieser Grundlage sind individualisierte Förderung und individuelle Lern- und Förderpläne für alle Kinder und Jugendlichen zu erstellen. Grundlage sonderpädagogischer Förderung ist eine Förderdiagnostik, die eine Kind-Umfeld-Analyse, eine Analyse des individuellen Lernstands, ein sonderpädagogisches Gutachten und eine Förderplanung beinhaltet. Die Diagnostik der Sozialpädagogen erweitert die Analyse des familiären Umfelds sowie der dortigen Ressourcen. Kinderpsychiatrische Diagnostik findet nach dem Multiaxialen Klassifikationssystem statt:

- Achse 1: klinisch-psychiatrisches Syndrom
- Achse 2: umschriebene Entwicklungsstörungen
- Achse 3: Intelligenzniveau
- Achse 4: körperliche Symptomatik
- Achse 5: aktuelle abnorme psychosoziale Umstände
- Achse 6: Globalbeurteilung der psychosozialen Anpassung

(Remschmidt/Schmidt/Poustka 2006).

Didaktik unter Berücksichtigung der Inklusion von Kindern mit Migrationshintergrund

Inklusion verlangt auch Veränderungen in der Didaktik des Unterrichts. Nützlich sind bereits bestehende allgemeinpädagogische Modelle wie das von Helmke in Abbildung 8 angeführte, weil sie verdeutlichen, dass Heterogenität der Schülerschaft und besondere Bedarfe von Schülern mit sonderpädagogischem Förderbedarf die Regel sind. Daraus hervorgehende Probleme dürfen nicht verleugnet oder durch Ausschluss der Kinder vom Unterricht oder gar von der Schule nur scheinbar gelöst werden.

Der Unterricht kann dadurch, dass Kinder und Jugendliche ihren Lernprozess selbst in die Hand nehmen, ihn gemeinsam mit der Lehrkraft konstruieren und sich also als handelnd erfahren, interessanter, akzeptabler und damit nachhaltiger werden. Derartige individuelle Lernprozesse zu initiieren stellt für alle am Bildungsprozess Beteiligten – trotz ausdrücklicher Einbindung in Bildungs- und Rahmenpläne – immer noch eine Herausforderung dar. Inklusion von Kindern mit Migrationshintergrund im Unterricht erfordert in hohem Maße individualisiertes und binnendifferenziertes Arbeiten und muss interdisziplinäre und kooperative Kompetenzen bündeln. Regelschullehrer, Sonderpädagogen, Sozialpädagogen und Erzieher arbeiten ihren Kompetenzen entsprechend miteinander und beziehen schulexterne Helfersysteme wie KJH und KJPP mit ein.

Wenn Schüler zum Auswählen, Ausprobieren und Reflektieren angeregt werden, z. B. durch Methoden wie Portfolio (Shirley-Dale et al. 2004), Logbuch (Fischer 2009) oder Lerntagebuch (Shirley-Dale et al. 2004), steigert sich ihre Motivation. Ein Schwerpunkt in der Tätigkeit von Regelschullehrern und Sonderpädagogen muss es daher sein, das Lernumfeld so vorzubereiten, dass alle Kinder ihrem Niveau entsprechend lernen können, unabhängig davon, ob es in der Klasse einige oder sehr viele oder sogar ausschließlich Kinder mit Migrationshintergrund gibt. Neben kurzen, auch frontal gesteuerten Impulsen der Lehrkraft besteht die eigentliche Aufgabe des Lehrpersonals darin, passgenaue Lernanforderungen zu gestalten und die Kinder individuell in ihrem Lernprozess zu unterstützen. Jedes Kind hat dabei seinen eigenen individuellen Lernplan, lernt allein, zu zweit oder in einer heterogenen Gruppe, in der die Mitglieder einander unterstützen. Gemeinsame und individuelle Phasen im Unterricht wechseln sich ab. Individualisierung bedeutet, gemeinsames systematisches Lernen mit indivi-

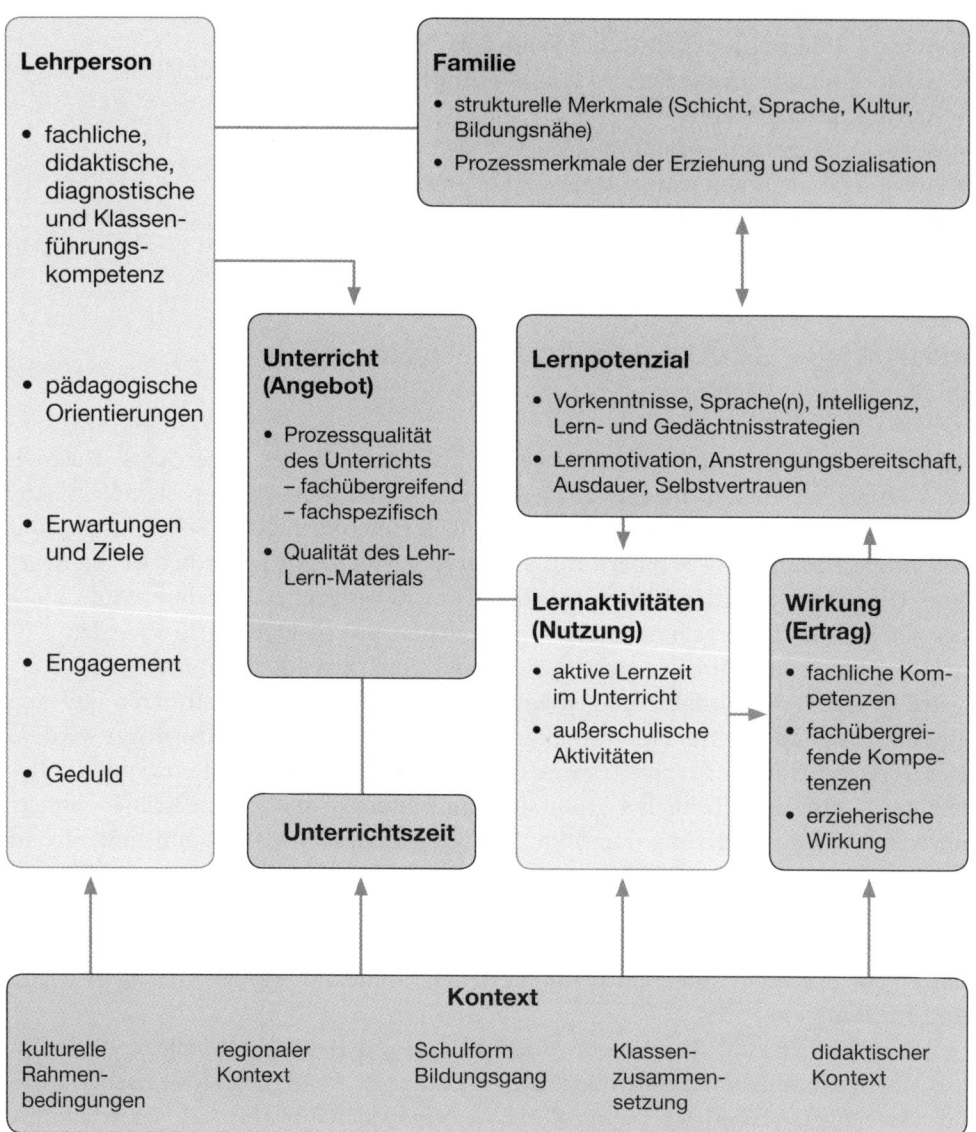

Abb. 8: Das Angebot-Nutzungs-Modell zur Erklärung von Lernerfolg (nach Helmke 2007)

duell unterschiedlichen Formen und Wegen der Aneignung zu verbinden – und zwar für alle. So können die Kinder eine Vorstellung davon entwickeln, was sie können und sich zutrauen. Dies kann über einen Lerngegenstand für alle erfolgen, der nach einem gemeinsamen Einstieg in die Unterrichtseinheit individualisierte Angebote bereithält, z. B. nach dem Modell der »Lerntheke« (Bauer 1997), bei dem Lernangebote an Stationen bereitgestellt werden. Andere Möglichkeiten, alle einzubeziehen und doch zu individualisieren, sind Wochenplanarbeit (Gervé 1998) oder die Arbeit in sogenannten Lernbüros (Balser 1998). Zur Verschriftlichung der individuellen Kompetenzen können Kompetenzraster und Checklisten genutzt werden. Daraus wiederum können fachliche und verhaltensbezogene Lernziele abgeleitet und in Gesprächen mit Schülern und Eltern Zielvereinbarungen im halbjährlichen Lernentwicklungsgespräch getroffen werden. Diese Ziele werden in Förderplänen festgehalten und im Klassenraum visualisiert. Kompetenzraster, Förderpläne und Zielformulierungen dienen als Planungs- und Reflexionsgrundlage sowohl für die Schüler als auch für die monatlich stattfindenden Planungssitzungen im Team.

Auch die Rolle des Lehrenden muss sich im Hinblick auf die Förderung von Bildungsprozessen für Kinder und Jugendliche mit Migrationshintergrund ändern. Nicht eskalierende Beharrlichkeit zielt etwa darauf ab, durch Annahme und Moderation eines Konflikts die eigenen Bedürfnisse ohne Eskalation durchzusetzen. Wichtig ist, konsequent einzugreifen und den Schüler dahin zu bringen, sich mit den Konsequenzen seines Verhaltens auseinanderzusetzen. Dafür sind zuvor festgelegte und allgemein akzeptierte Regeln erforderlich. Regeln laden insbesondere sozial und emotional vernachlässigte Kinder und Jugendliche dazu ein, Grenzen auszuprobieren. In diesem Fall gilt es, die Situation zu entzerren, um zu verhindern, dass Störungen immer wieder Vorrang gewährt wird, und um abzusichern, dass die anderen Kinder und Jugendlichen ungestört arbeiten können. In der Entzerrung wird der aktuelle Konflikt mit einer weiteren Lehrperson bearbeitet, um dem jeweils Unterrichtenden die Handlungsfähigkeit in Bezug auf die ganze Gruppe zu erhalten. Der Einsatz von positiven Verstärkersystemen, also von Belohnungen, die das Kind bzw. der Jugendliche akzeptiert, dient dabei der konsequenten Verstärkung angemessenen Verhaltens. Rituale schaffen Sicherheit und Orientierung. Wichtig ist dabei, den kulturellen Hintergrund als Erklärungsmuster (»er/sie wird so behandelt, weil er/sie kein Türke ist«) zu entzerren, damit das eigentliche Konfliktthema (z.B. Rivalität und damit die subjektiv empfundene Wertschätzung) angesprochen werden kann.

Einzelarbeit als eine Arbeitsform innerhalb der Gruppe ermöglicht Konzentration und Aufmerksamkeit auf die eigene Aufgabe bzw. die schnelle, angeleitete Rückführung zur eigenen Aufgabe. Andererseits sind Rückzugsangebote notwendig, damit ein pädagogischer Halt (Moor 1974) gegeben werden kann. Weitere wichtige methodische Elemente sind basale Erfahrungen von Bewegung wie Schwingen, Schaukeln, Im-Sumpf-Matschen, Sport und künstlerisches Arbeiten. Diese Aktivitäten dienen dem Ausleben des Bewegungsdrangs, der Körperwahrnehmung und der Körperkoordination. Hinzu kommen Rollenspiele, in denen wichtige Entwicklungsphasen nachgespielt und somit auch nachgeholt werden können, und die Vermittlung in die sozialen Netze der näheren Umgebung, z.B. durch Praktika, Werkstatt-Tage oder die Teilnahme in Sportvereinen und Jugendverbänden.

Unterstützungssysteme

Schulsysteme, die den Anforderungen an eine adäquate Beschulung von Kindern und Jugendlichen mit Migrationshintergrund gerecht werden wollen, benötigen kompetente Unterstützungssysteme. Die Begriffe für diese Unterstützungssysteme sind in den Bundesländern bisher uneinheitlich. Sie werden Förderzentrum, Kompetenzzentrum, Bildungszentrum oder Beratungszentrum genannt. In ihnen arbeiten Teams aus Sonderpädagogen, Kinderpsychologen und Fachtherapeuten (Ergotherapeuten, Logopäden, Heilpädagogen), die den kooperierenden Schulen spezielle Materialien, Hilfsmittel, Literatur und didaktische Kompetenzen als Unterstützung für eine inklusive Bildung anbieten. Dabei gilt stets das Prinzip, dass die Experten in den allgemeinen Schulen tätig sind und alle Kinder und Jugendlichen in ihrer normalen schulischen Umgebung bleiben. Nur in besonderen Ausnahmefällen oder Krisensituationen können spezielle Bildungsangebote auch außerhalb der allgemeinen Schule stattfinden. Andererseits können Maßnahmen zur Stabilisierung auch unabhängig von der Schule durchgeführt werden, z. B. in der Kinder- und Jugendhilfe oder in der stationären, teilstationären oder ambulanten Kinder- und Jugendpsychiatrie und Psychotherapie, die dann wiederum qualifiziertes pädagogisches Personal benötigt, damit eine Reintegration in die Heimatschule erfolgen kann.

Die Kooperation mit der Kinder- und Jugendpsychiatrie und Psychotherapie – von niedrigschwelligen Angeboten wie wöchentlichen Sprechstunden für Kinder, Jugendliche und Familien über regelmäßige Fallbesprechungen bis zu gegenseitiger Qualifizierung – gehört zum fachlichen Repertoire der pädagogischen und sonderpädagogischen Unterstützungssysteme, wird allerdings noch zu selten umgesetzt.

Spezielle Angebote können einen zeitlich befristeten Freiraum für alternatives und individuell ausgerichtetes Lehren und Lernen schaffen und sollen auf die Wirklichkeit von Schule vorbereiten, die alle Schüler wieder erwartet und in der sie zu bestehen haben. Damit Ausgrenzung verhindert und der Inklusionsgedanke auch in speziellen Bildungsangeboten umgesetzt wird, sind spezifische Haltungen, Einstellungen und Empathie gegenüber diesen Kindern mit komplexem und fachübergreifendem Hilfebedarf erforderlich.

Im Vordergrund der Arbeit in speziellen Bildungsangeboten steht die Achtung vor der Würde des Menschen, wodurch den Kindern und Jugendlichen Sicherheit vermittelt wird. Die Ansprache und Aufgabenstellung erfolgen so, wie es ihrem jeweiligen individuellen Entwicklungsstand gemäß ist und wie es dem Einzelnen am meisten nützt. Kinder sind nicht alle gleich, jedes Kind ist anders, aber gleich viel wert. Die Erwachsenen begeben sich dabei in einen Prozess des Lehrens und Lernens und in einen Beziehungsprozess mit dem Kind oder Jugendlichen. Jedes Kind und jeder Jugendliche führt die Erwachsenen an seine Art des Lernens heran und zeigt ihnen die benötigten Hilfen und Unterstützungsformen auf.

Weil jedes Kind und jeder Jugendliche alles gut und richtig machen und dafür Anerkennung bekommen will, darf es/er sich der interessierten Anteilnahme und des einfühlsamen Verständnisses der Erwachsenen in vollem Umfang sicher sein. Die Kinder und Jugendlichen dürfen ferner jederzeit ihre Not zum Ausdruck bringen; nachhaltiges und konsequentes Handeln zeigt ihnen, dass sie ernst genommen werden. Die Ansprache der Kinder und Jugendlichen, aber auch der Erwachsenen untereinander besteht aus klarer Autorität und feinsinniger, dialogischer Empathie. Die Erwachsenen bemühen sich dabei konsequent darum, eine Lern- und Erziehungsumwelt zu entwickeln, in der die Kinder und Jugendlichen angstfrei, ohne Gewalt und ohne Erniedrigung leben und ein ernsthaftes, wertschätzendes Interesse an ihren Lern- und Lebensstrategien erleben können. Die Individualität der einzelnen Mitarbeiterinnen und Mitarbeiter ist dabei eine bedeutende Ressource, um den Kindern und Jugendlichen umfassend gerecht zu werden.

Die Elternarbeit ist gerade im Hinblick auf andere Kulturen eine tragende Säule jedes speziellen Angebots und dient der Information und Mitbeteiligung, der Zusammenarbeit und Unterstützung bei der Wahrnehmung der Erziehungsaufgaben. Wesentlich sind darüber hinaus die interdisziplinäre Vernetzung und der professionelle Austausch, die gegenseitige Unterstützung und Information sowie die Kontakte zu anderen Schulen und Einrichtungen, um den eigenen Standort regelmäßig zu justieren und die eigene Fachlichkeit weiterzuentwickeln. Nehmen Schüler spezielle Bildungsangebote wahr, so muss der Gedanke der Reintegration in die allgemeine Schule leitend sein und sich in Bemühungen niederschlagen, stets mit der übernehmenden Schule in engem Kontakt zu stehen.

II. Praxisteil

Im praktischen Teil finden sich konkrete Entwürfe für den Unterricht mit Kindern mit Migrations- und Fluchthintergrund, jeweils für die Altersgruppe der Kinder und der Jugendlichen spezifiziert. Dargestellt werden Entwürfe, die modular aufgebaut sind und auch für klassenübergreifenden Unterricht bzw. als singuläre Anreicherung von Themenschwerpunkten einer Unterrichtseinheit benutzt werden können. Die hier vorliegenden Unterrichtsentwürfe wurden für die Arbeit mit Migranten- und Flüchtlingskindern im Schulalltag erweitert. Sie können sowohl in Klassen mit Migranten- und Flüchtlingskindern, die neu eingereist sind, als auch mit Kindern, die bereits in Deutschland geboren sind und keinen Migrationshintergrund aufweisen, verwendet werden. Bei einigen Übungen weist das Symbol ⓘ im Unterrichtsplan auf alternative Durchführungsmöglichkeiten für Gruppen mit Kindern ohne Migrationsgeschichte hin.

Mithilfe des Praxisteils sollen Pädagoginnen und Pädagogen im Schulalltag unterstützt werden, das Thema Migration und insbesondere die individuelle Migrationsgeschichte der Schüler und Schülerinnen in den Vordergrund zu rücken und in den Unterricht zu integrieren.

Zu Mehrsprachigkeit und Migrantenkindern in der Schule existieren zahlreiche Publikationen. Im Mittelpunkt der Unterrichtsentwürfe steht jedoch nicht die Sprachenvielfalt der Kinder. Zentral für das Modulsystem ist der individuelle Umgang mit der Vielfalt an Herkunftskulturen und den daraus resultierenden Schwierigkeiten innerhalb einer Klasse. Das Modulsystem soll es den Pädagoginnen und Pädagogen ermöglichen, eine Brücke zwischen dem Zuhause und der Schule, zwischen Vergangenheit und Gegenwart zu schlagen.

Insbesondere Kinder und Jugendliche aus eher unbekannten Kulturkreisen benötigen Unterstützung in einem Leben mit zwei Kulturen und den damit verbundenen Schwierigkeiten der Identitätsfindung. In der Regel wird in der Familie weiterhin die Heimatkultur gelebt, wohingegen vor allem in der Schule die Kultur des Aufnahmelandes dominiert. Insbesondere Jugendlichen, die sich im Prozess der Ablösung von der Herkunftsfamilie befinden, können das Leben in zwei Kulturen und die Herausbildung einer eigenen Identität Schwierigkeiten bereiten.

Die Unterrichtsentwürfe dienen dazu, Kindern und Jugendlichen die für sie neue Kultur mit den jeweiligen gesellschaftlichen Wertvorstellungen nahezubringen und diese mit denen ihres Herkunftslandes zu verbinden. Damit wird ein bikulturelles Verständnis geschaffen und Integration gefördert. Wichtig dabei ist, sich selbst kennenzulernen und die eigenen Fähigkeiten und Eigenschaften zu reflektieren. Zudem werden eigene Emotionen und die anderer thematisiert. Die Unterrichtsentwürfe fördern den Kontaktaufbau zu Gleichaltrigen, die sich in ähnlichen Lebenslagen befinden, und tragen dazu bei, die Bedeutung enger Bezugspersonen zu erkennen. Ziel ist, das subjektive Wohlbefinden von Kindern und Jugendlichen zu stärken, die einer Reihe von Belastungen ausgesetzt waren oder noch sind. In diesem Zusammenhang ist die Stärkung bereits vorhandener Ressourcen besonders zentral. Für Flüchtlingskinder ist zudem die psychische Stabilisierung nach dem Erleben belastender Ereignisse im Rahmen von Flucht, Krieg und Verfolgung von besonderer Bedeutung.

Schule soll von allen, auch von denjenigen, die keinen Migrations- oder Fluchthintergrund haben, aber damit konfrontiert werden, als sicherer Ort erlebt werden, in dem Vertrauen und Zuneigung aufgebaut werden können. Die ressourcenorientierte Herangehensweise unterstützt die Kinder und Jugendlichen im Umgang mit den Belastungen aus der Vergangenheit sowie neu entstehenden Belastungen im Aufnahmeland.

Design

Die Unterrichtsentwürfe wurden für Kinder im Alter von acht bis 13 Jahren und Jugendlichen im Alter von 13 bis 16 Jahren konzipiert. Für beide Altersgruppen liegt eine spezifische Ausarbeitung der einzelnen Module vor: das Kinder-Modul und das Jugend-Modul. Einige Übungen finden sich in beiden Unterrichtsentwürfen identisch oder leicht abgewandelt wieder. Andere wurden eigens für die Kinder- bzw. Jugendgruppe erstellt. Das Modulsystem ist als festes Gruppensetting für wöchentlich stattfindende Treffen für die Dauer von fünf bis sechs Monaten konzipiert. Die im Folgenden vorgestellten Übungen können jedoch je nach Bedarf als zusammenhängendes Projekt durchgeführt oder als eigenständige Arbeitseinheit einmalig oder mehrmalig in den Unterricht integriert werden. Beispielsweise zur Anreicherung der Themenschwerpunkte »Identität«, »Gefühle« oder »Herkunft«. Die Teilnehmerinnen und Teilnehmer werden klassenübergreifend je nach Bedarf ausgewählt. Ebenso kann der Unterrichtsentwurf aber mit einer geschlossenen Klassengemeinschaft durchgeführt werden.

Der Unterrichtsentwurf für Kinder besteht aus 15, der für Jugendliche aus elf Stunden. Eine Stunde bzw. eine Moduleinheit erstreckt sich über 90 Minuten.

Gerade in der Arbeit mit Kindern und Jugendlichen mit Migrationshintergrund und möglicherweise erst kurzem Aufenthalt in Deutschland wird empfohlen, die Übungen je nach Zusammenstellung der Gruppe aus beiden Unterrichtsentwürfen zu kombinieren. Beispielsweise kann ein zwölfjähriger kurdischer Junge, der bereits seit elf Monaten in Deutschland ist und sehr gut Deutsch spricht, in der ersten Stunde den Steckbrief (siehe »J_01_AB_Steckbrief«) aus der Jugendgruppe ausfüllen, wohingegen sein elfjähriger Mitschüler aus Syrien, der erst drei Monate zuvor eingereist ist, mehr Freude an der kindlicheren Variante (siehe »K_01_AB_Das bin ich«) haben mag.

Die Kindergruppe ist für die Acht- bis 13-Jährigen gedacht. Die immer früher einsetzende Pubertät hat aber zur Folge, dass manche Übungen von Gruppen als kindisch erlebt werden, wohingegen andere Gruppen sich gerade dabei sehr wohlfühlen werden. Es bleibt somit die Aufgabe der Pädagoginnen und Pädagogen, zu entscheiden, welche Übungen und Anteile auszuwählen und welche wegzulassen sind. Insbesondere auf den Einsatz der Identifikationsfigur »Dino« trifft dies zu. Diese kann jedoch ganz einfach weggelassen werden, beziehungsweise die Übungen können aus der Jugendgruppe adaptiert werden.

In der Regel lässt sich jedes Arbeitsblatt als Schreib- oder Malauftrag durchführen. Zudem bietet sich die Möglichkeit, die Ergebnisse mündlich vorzutragen. Entsprechende Symbole kennzeichnen die Möglichkeiten auf jedem Arbeitsblatt.

Der allgemeine Ablauf jeder Stunde bzw. jedes Moduls einschließlich didaktischer Überlegungen, Wahl der Sozialform und Medien sowie Berücksichtigung schülerbezogener Spezifika werden in einem Unterrichtsplan für jede Stunde zusammengeführt.

Im Folgenden werden der Ablauf und der Inhalt des Kinder-Modulsystems (vgl. Tabelle 1) und des Jugend-Modulsystems (vgl. Tabelle 2) detailliert beschrieben.

Tabelle 1: Module und Ablauf der Kindergruppe

Modul	Stunde	Thema	Titel	Ziele
Einführung	1	Kennen-lernen	Wir lernen uns kennen	• gegenseitiges Kennenlernen der Teilnehmer und der Identifikationsfigur »Dino« • Vertrautwerden mit den Zielen • Einführung in die Besondere Mappe
Heimat	2	Her-kunftsland	Wo komme ich her?	• Teilen von positiven Erinnerungen an die Heimat • Schülerinnen und Schüler als Experten für ihre Heimat, Kenntnisse über zwei Kulturen als Ressource erleben
Deutschland	3	das Leben in Deutsch-land	Wie lebe ich hier?	• Austausch über das Leben in Deutschland • Herausarbeiten von Unterschieden und Gemeinsamkeiten • Freizeitgestaltung in der eigenen Stadt
Deutschland	4	feierliche Anlässe in verschiedenen Kulturen	Meine Feste	• Auseinandersetzung mit der kulturellen Vielfalt der Gruppe • u. a. Thematisierung kultureller und religiöser Gemeinsamkeiten und Unterschiede • Veranschaulichung der eigenen Kultur durch Feste und Feierlichkeiten • Erfahrung von Wertschätzung der eigenen Kultur

Modul	Stunde	Thema	Titel	Ziele
Reflexion	5	Reflexion 1		• Fertigstellung vorangegangener Arbeiten • gemeinsame Reflexion der wichtigsten Arbeiten mithilfe der Besonderen Mappe
Identität	6 + 7	individuelle Fähigkeiten und persönliche Stärken	Ich bin ich 1 + 2	• Auseinandersetzung mit der eigenen Identität • Benennung der eigenen Stärken • Reflexion über die Arbeit an den eigenen Eigenschaften und Fähigkeiten
Gefühle	8 + 9	Wortfeld Gefühle	Wir entdecken Gefühle 1 + 2	• Erlernen der notwendigen Begrifflichkeiten zum Thema Gefühle • Benennen der eigenen Gefühle und Zuordnung zu eigenen Erfahrungen • Ausdruck der eigenen Gefühle
Reflexion	10	Reflexion 2		• Fertigstellung vorangegangener Arbeiten • gemeinsame Reflexion der wichtigsten Arbeiten mithilfe der Besonderen Mappe
Soziales Umfeld	11	Beziehung zu Gleichaltrigen	Meine Freunde	• Austausch positiver Erfahrungen zum Thema Freundschaft • Bewusstmachung der unterstützenden Funktion von Freundschaft • Erlernen von Fähigkeiten zum Aufrechterhalten alter und zum Knüpfen neuer Freundschaften
Soziales Umfeld	12	familiäres Beziehungsgefüge	Meine Familie	• Erforschen der eigenen Familienstruktur und Vergleich mit anderen • Diskussion, in welcher Weise die Familie unabhängig von ihrer Zusammensetzung zum Wohlbefinden ihrer Mitglieder beitragen kann
Reflexion	13	Reflexion 3		• Fertigstellung vorangegangener Arbeiten • gemeinsame Reflexion der wichtigsten Arbeiten mithilfe der Besonderen Mappe
Abschluss	14	Rückblick und Ausblick	Wir blicken zurück und schauen nach vorn	• Rückblick und Zusammenfassung der vergangenen Stunden • Wertschätzung der Schülerleistungen • Blick in die Zukunft
Abschluss	15	Abschlussfest	Wir feiern zusammen	• Übergabe der Urkunde und der Besonderen Mappe • gemeinsames positives Gruppenerlebnis

Tabelle 2: Übersicht Module und Ablauf der Jugendgruppe

Modul	Stunde	Thema	Titel	Ziele
Einführung	1	Kennen-lernen	Wir lernen uns kennen	• gegenseitiges Kennenlernen der Teilnehmer • Vertrautwerden mit den Zielen
Heimat	2	Her-kunftsland	Wo komme ich her?	• Teilen positiver Erinnerungen an die Heimat • Schülerinnen und Schüler als Experten für ihre Heimat, Kenntnisse über zwei Kulturen als Ressource erleben
Deutschland	3	das Leben in Deutschland	Wie lebe ich hier?	• Austausch über das Leben in Deutschland • Herausarbeiten von Unterschieden und Gemeinsamkeiten • Freizeitgestaltung in der eigenen Stadt
Deutschland	4	Glaube in Deutschland	Wie lebe ich hier? Wie glaube ich hier?	• Auseinandersetzung mit der kulturellen Vielfalt der Gruppe • u. a. Thematisierung von kulturellen und religiösen Gemeinsamkeiten und Unterschieden • den Glauben in Deutschland leben • den eigenen Glauben als Ressource wahrnehmen
Identität	5 + 6	individuelle Fähigkeiten und persönliche Stärken	Wer bin ich? 1 + 2	• Auseinandersetzung mit der eigenen Identität • Benennung der eigenen Stärken • Reflexion über die Arbeit an den eigenen Eigenschaften und Fähigkeiten
Gefühle	7	Wortfeld Gefühle	Wir entdecken Gefühle	• Erlernen der notwendigen Begrifflichkeiten zum Thema Gefühle • Benennen der eigenen Gefühle und Zuordnung zu eigenen Erfahrungen • Ausdruck der eigenen Gefühle
Soziales Umfeld	8	Beziehung zu Gleichaltrigen	Meine Freunde	• Austausch von positiven Erfahrungen zum Thema Freundschaft • Bewusstmachung der unterstützenden Funktion von Freundschaft • Erlernen von Fähigkeiten zum Aufrechterhalten alter und zum Knüpfen neuer Freundschaften
Soziales Umfeld	9	familiäres Beziehungsgefüge	Meine Familie	• Erforschen der eigenen Familienstruktur und Vergleich mit anderen • Diskussion, in welcher Weise die Familie unabhängig von ihrer Zusammensetzung zum Wohlbefinden ihrer Mitglieder beitragen kann

Modul	Stunde	Thema	Titel	Ziele
Abschluss	10	Rückblick und Aus-blick	Wir blicken zurück und schauen nach vorn	• Rückblick und Zusammenfassung der vergangenen Stunden • Wertschätzung der Schülerleistungen • Blick in die Zukunft
Abschluss	11	Ab-schluss-fest	Wir feiern zusammen	• Übergabe der Urkunde und der Ar-beitshefte • gemeinsames positives Gruppener-lebnis

Methodik

Allgemeine didaktisch-methodische Ansätze

Der didaktische Ansatz des Projekts trägt den Erfahrungen der Schülerinnen und Schüler Rechnung. Demzufolge sind Schüler- und Problemorientierung, Lebenswelt-bezug und Erfahrungsorientierung unter Berücksichtigung der Heterogenität der Gruppe zentrale Bausteine der Didaktik.

Die Lernvoraussetzungen und -erfahrungen sowie die individuellen Interessen der Schülerinnen und Schüler müssen in der Stundengestaltung besonders berücksichtigt werden. Demzufolge müssen je nach Sprachfähigkeit und psychischer Gesundheit der Einzelnen die Gruppen modifiziert und angepasst werden.

Die Schule und insbesondere der Klassenraum sollen für alle Kinder einen sicheren und geschützten Ort bilden. Indem Vertrauen und Sicherheit hergestellt werden, wird ein Raum geschaffen, in dem sie ihre Geschichten und Erlebnisse erzählen können (Dunn/Adkins 2003). Eine entspannte, einfühlsame Atmosphäre zu schaffen ist vor allem zu Beginn der Gruppe äußerst wichtig.

Die verwandten Methoden reichen über Spiele, künstlerische Arbeit, Arbeit mit Ar-beitsblättern bis hin zu Gruppengesprächen in Gesprächskreisen. Besonders hervor-zuheben ist die Möglichkeit, immer wieder auch im persönlichen Einzelkontakt mit den Kindern und Jugendlichen arbeiten zu können. Abwechselnd wird in Gesprächs-kreisen, Einzel-, Partner- und Gruppensettings gearbeitet. Die Unterrichtspläne geben über das jeweilige Setting Auskunft.

Die große Heterogenität in der Gruppe erfordert die Berücksichtigung individuali-sierter Aufgabenformen, die zur Förderung der Eigenständigkeit beitragen. Dies wird unterstützt durch das Lernen an Stationen oder den Einsatz von Freiarbeit.

Partner- und Gruppenarbeit werden dann eingesetzt, wenn die Schülerinnen und Schüler von der Heterogenität der Gruppe profitieren können (Grasmück 2010). Zu-dem lernen sich die Kinder und Jugendlichen mithilfe von Gruppen- und Partnerarbeit untereinander besser kennen und finden Unterstützung bei Gleichgesinnten, die Ähnliches erlebt haben wie sie selbst.

Szente et al. beschreiben eine Reihe von Methoden im Umgang mit Schülern mit Flüchtlingshintergrund, die auch hier Verwendung finden. Dazu zählen der Einsatz von Symbolkarten, der Gebrauch spezifischer Kenntnisse über die Kultur der Kinder und die Verwendung einfacher Wörter aus ihrer Herkunftssprache. Zudem wird die Förderung eines Gruppengefühls betont und den Flüchtlingskindern angeboten, über ihre Heimat zu berichten (Szente/Hoot/Taylor 2006).

In der Kindergruppe wird mehrmals der Einsatz von Fantasiereisen empfohlen. Ziele von Fantasiereisen sind die Erweiterung des Gedächtnisses und die Steigerung der Konzentrations- und Lernfähigkeit. Die Auswirkungen beziehen sich aber nicht nur auf das Lernen. Visualisierungs- und Fantasietechniken helfen, sich besser entspannen zu können, und steigern die Kreativität und Produktivität (Murdock 2009).

Gerade jüngere Schülerinnen und Schüler können sich häufig nicht über einen längeren Zeitraum konzentrieren und benötigen zeitweise eine spielerische Ablenkung. Dazu bietet es sich an, einfache Gruppenspiele bereitzuhalten und flexibel einzusetzen.

Bei der 5-4-3-2-1-Übung sitzen die Schülerinnen und Schüler im Gesprächskreis. Reihum nennt jeder so schnell wie möglich fünf Sachen, die er gerade sieht (beispielsweise die Mitschüler, ein Fenster), vier Sachen, die er gerade fühlt (beispielsweise den Stuhl, auf dem er sitzt, seine Kleidung), drei Sachen, die er gerade hört (beispielsweise die Vögel, seine Mitschüler), zwei Sachen, die er gerade riecht (beispielsweise das Pausenbrot), und eine Sache, die er gerade schmeckt (beispielsweise die Zahnpasta vom Zähneputzen). Diese Übung hilft dabei, sich ganz bewusst wieder auf einzelne Sachen zu konzentrieren. Sollte die Übung in einer großen Gruppe zu langweilig werden, kann man eine Stoppuhr zum Vergleich der Schülerinnen und Schüler einsetzen.

Das Klatschspiel beginnt ebenfalls im Gesprächskreis. Jeder legt seine linke Hand auf das linke Knie und die rechte Hand auf das rechte Knie des Nachbarn. Die Pädagogin beginnt und klopft auf das linke Knie ihres Nachbarn. Nun geht es darum, dass die Hände genau der Reihenfolge nach auf die entsprechenden Knie klatschen. Um die Übung zu erschweren, kann ein Richtungswechsel eingebaut werden. Zudem sind einfache Bewegungsübungen zu empfehlen. Häufig hilft es bereits, wenn die Schülerinnen und Schüler aufstehen und verschiedene Dehn- und Streckübungen durchführen. Sie können dazu im Raum umhergehen, springen oder sich langsam abklopfen.

Für die didaktisch-methodische Arbeit des Modulsystems sind vier Ansätze besonders zentral. Dazu zählen der »Informierende Unterrichtseinstieg«, das »Lernen an Stationen«, die »Portfolioarbeit« und das »Arbeiten mit Ritualen«. Alle vier Methoden wurden speziell für die Zielgruppe ausgewählt und darauf abgestimmt.

Der Informierende Unterrichtseinstieg

Der Informierende Unterrichtseinstieg ist ein Beispiel eines thematischen Unterrichtseinstiegs mit hoher Lehrerlenkung (Männel 2007). Ziel ist es, den Schülern und Schülerinnen so genau und transparent wie möglich darzulegen, was sie in der kommenden Stunde erwarten wird. Es werden der Verlauf der Stunde, die Unterrichtsziele und die Begründung von deren Notwendigkeit durch die Pädagogin mitgeteilt. Von Vorteil ist es, die Gliederung zu visualisieren und so den Schülerinnen und Schülern die Möglichkeit zu geben, den Ablauf der Stunde ständig vor Augen zu haben.

Die Schülerinnen und Schüler müssen wissen, wie, was und warum sie etwas lernen müssen, damit ihre willkürliche Lernbereitschaft gefordert wird (Grell/Grell 2007). »Der informierende Unterrichtseinstieg beruht auf der Annahme, daß (sic) Menschen gern etwas Sinnvolles tun und daß (sic) daher mehr Schüler ihre Lernbereitschaft von sich aus einschalten werden, wenn sie Ziel und Sinn der Arbeit kennen« (Grell/Grell 2007, S. 106).

Aufgrund der großen Heterogenität innerhalb der Gruppe bezüglich Lernerfahrungen und deutscher Sprachkenntnisse wurde der Informierende Unterrichtseinstieg als didaktisches Mittel ausgewählt. Mithilfe von Symbolkarten kann mit nur wenigen Worten der Ablauf der Stunde verdeutlicht werden. Der Aufbau eines Sicherheitsgefühls und Vertrauen werden gefördert, indem alle Schülerinnen und Schüler den Ablauf der Stunde bereits zu Beginn kennenlernen und sich auch während der Sitzung immer wieder vergewissern können, was als Nächstes folgt.

Im Modulsystem gehört es zum festen Ritual, dass zu Beginn jeder Stunde den Kindern und Jugendlichen mithilfe vertrauter Symbolkarten der Stundenablauf vorgetragen wird. Neben der Sozialform, z. B. der Arbeit im Gesprächskreis, erhalten die Kinder einen kurzen Einblick in die einzelnen Übungen der Stunde. So haben auch Kinder mit noch geringen Sprachkenntnissen die Möglichkeit, sich während des Stundenablaufs zu vergewissern, welche Übung gerade an der Reihe ist und wie weit die Stunde bereits fortgeschritten ist. Es ist zu empfehlen, sich bereits im Vorfeld um Symbolkarten zu bemühen.

Lernen an Stationen

Ebenso wie der Informierende Unterrichtseinstieg wurde die Arbeitsform des »Lernens an Stationen« ausgewählt, um den unterschiedlichen Voraussetzungen der Kinder und Jugendlichen gerecht zu werden. Lernen an Stationen (synonym auch Stationenlernen, Lernzirkel) ist eine Form des offenen Unterrichts, in der den Schülerinnen und Schülern selbstständig zu bearbeitende Lernstationen zur Verfügung gestellt werden. Dazu wird ein Thema in Teilgebiete untergliedert, die an unterschiedlichen Stationen bearbeitet werden können (Schulz 2008). Hervorzuheben ist dabei, dass an den einzelnen Stationen individuell auf die Kinder eingegangen werden kann. Demzufolge unterscheiden sich die Stationen »in Hinblick auf Lernerfahrung, Wissensstände sowie individuelle Aneignungs- und Bearbeitungsmethoden« (Schulz 2008, S. 1) sowie die erforderlichen Deutschkenntnisse. Die Schülerinnen und Schüler arbeiten weitgehend selbstständig an den einzelnen Stationen und können Zugangswege und Lerntempo selbst bestimmen. Das Lernen an Stationen ermöglicht zudem eine intensive Arbeit im persönlichen Einzelkontakt zwischen Pädagogin und Kindern.

Dem Arbeiten an Stationen muss jedoch immer eine ausführliche Einführungsphase vorausgehen, in der die Schülerinnen und Schüler mit der offenen Arbeitsform vertraut werden. Dabei lernen sie den Laufzettel kennen, ein Instrument, das den Fortschritt der einzelnen Kinder am Thema dokumentiert. Auf dem Laufzettel sind zur Übersichtlichkeit sämtliche Arbeitsaufträge vermerkt, unabhängig davon, ob es sich um Stationenarbeit handelt oder nicht.

Bei den Arbeitsaufträgen sollten unterschiedliche Sozialformen genutzt und gefördert werden, z. B. Einzel-, Partner- oder Gruppenarbeit. Abschließend lässt sich festhalten, dass Lernen an Stationen das selbstständige und selbstgesteuerte Lernen und ein hohes Maß an Sozial- und Methodenkompetenz fördert (Schulz 2008).

Der Aufbau einer Stunde, in der mit Stationenlernen gearbeitet wird, ist etwas aufwendiger. Im Vorfeld sollten bereits Gruppentische als Stationstische aufgebaut werden. Auf diesen liegen bereits notwendige Arbeitsmaterialien wie Stifte, Kleber, buntes Papier und DIN-A3-Papier bereit.

Portfolioarbeit

»Ein Portfolio ist eine zielgerichtete Sammlung von Arbeiten, welche die individuellen Bemühungen, Fortschritte und Leistungen der/des Lernenden auf einem oder mehreren Gebieten zeigt. Portfolios dienen der mehr oder weniger selbstbestimmten Darstellung des eigenen Könnens und seiner Weiterentwicklung anhand (selbst) ausgewählter Leistungsprodukte« (Ministerium für Kultus, Jugend und Sport Baden-Württemberg 2009, S. 8).

Das Portfolio ist eine angemessene Form der individuellen Leistungsbeurteilung, die im Einklang mit offenen Lernformen, Gruppenunterricht und Projektarbeit steht. Zudem wird das eigenständige Lernen berücksichtigt. Portfolioarbeit hat vor allem vier Vorteile: Sie motiviert die Schüler und Schülerinnen dazu, sich Lernstoff anzueignen. Außerdem unterstützt die Methode dabei, über den eigenen Lernprozess nachzudenken und diesen selbst zu evaluieren. Des Weiteren werden Lernprozesse in Bereichen dokumentiert, die üblicherweise bei der Leistungsmessung und -beurteilung zu kurz kommen. Letztendlich erleichtert die Portfolioarbeit die Kommunikation mit den Eltern.

Portfolios in der Schule lassen sich grob in zwei Gruppen einteilen: erstens in prozessorientierte Portfolios, zweitens in produkt- bzw. ergebnisorientierte Portfolios, wobei es hier zahlreiche Mischformen gibt und eine einheitliche Typologie sowie ein systematischer Ansatz momentan noch nicht vorhanden sind. Für die Arbeit im Modulsystem ist vor allem das ergebnisorientierte Portfolio zentral. Produkt- oder ergebnisorientierte Portfolios stellen im Allgemeinen Sammlungen von Arbeiten dar, die Schülerinnen und Schülern im Verlauf eines Lernprozesses besonders gut gelungen sind oder für diesen Lernprozess nach Ansicht des Lernenden besonders bedeutsam waren.

Die Sammlung gibt Einblick in die individuellen Stärken und Ressourcen eines Schülers. Die Arbeit mit Portfolios ermöglicht positive Lernerfahrungen, fördert die Eigenverantwortlichkeit und selbstbestimmtes Lernen und macht den Schülerinnen und Schülern die Brauchbarkeit und Qualität ihres Wissens bewusst (Wessel 2007).

Im Rahmen des Modulsystems wurde das Portfolio als Arbeitsform gewählt, um damit insbesondere die Stärken der einzelnen Schüler und Schülerinnen herauszuarbeiten und hervorzuheben. Jedes Kind bekommt zu Beginn eine sogenannte »Besondere Mappe« (Portfoliomappe). In regelmäßigen Reflexionsstunden wählen die Kinder mithilfe der Pädagogin Material aus, das für sie von besonderer Bedeutung ist, und fügen dieses in ihre Mappe ein. Die Auswahl der Werke für die Portfoliomappe fördert die Eigenbeurteilung und Selbstständigkeit der Schülerinnen und Schüler. Die Reflexionsstunden dienen dazu, zusammen mit der Pädagogin die Stärken der Kinder aufzuspüren und eventuelle Wünsche nach Verbesserung auf einem bestimmten Gebiet herauszuarbeiten. Die Portfoliomappe dient damit als ein Dokumentations- und Reflexionsinstrument, das individuell und ganz persönlich von jedem Kind gestaltet werden kann.

Am Ende des Projekts wird zusammen ein Fest gefeiert, bei dem den Schülerinnen und Schülern die Mappe feierlich überreicht wird. Hier wird anhand der Portfolioarbeit von der Pädagogin noch einmal betont, was das Kind schon besonders gut kann, wo seine Stärken liegen, und die Mappe noch einmal gemeinsam betrachtet.

Arbeiten mit Ritualen

Der Einsatz von Ritualen soll den Schülerinnen und Schülern Sicherheit und Halt geben, indem der Beginn und das Ende jeder Sitzung bekannt sind. Gerade für ängstliche Kinder ist es von Vorteil, wenn die Stunde mit etwas Vertrautem beginnt und endet.

Ein zentrales Ritual in der Kinder- wie auch der Jugendgruppe stellt die Begrüßung in den Sprachen der Kinder und Jugendlichen dar. Dazu wird eine Tafelanschrift mit dem Satz »Herzlich willkommen!« vorbereitet. Als Unterrichtsmaterial liegen bereits Karten mit der Übersetzung in über 15 Sprachen vor (siehe »J_V_UM_Sprachkarten_Herzlich willkommen!«). Diese können im Vorfeld bereits auf farbiges Papier gedruckt, laminiert und mit Magnetband versehen werden. Die Karten werden um den Schriftzug an der Tafel angeordnet. In der ersten Stunde prüfen die Schülerinnen und Schüler die Sprachkarten auf Richtigkeit und identifizieren ihre primäre Bezugssprache. Auf farbige Kärtchen schreiben sie ihre Muttersprache und pinnen diese dazu. Gemeinsam begrüßt man sich in allen Sprachen. Diese Begrüßung wiederholt sich zu Beginn jeder Stunde und kann gegebenenfalls später mit anderen Begrüßungsformeln weitergeführt werden. Mit der Zeit werden die Kinder sicherer, und es können andere Sätze zur Begrüßung gewählt werden.

Das gemeinsame Wiederholen in den Muttersprachen vermittelt den Schülerinnen und Schülern das Gefühl, Experte für die eigene Sprache zu sein, und zeigt Wertschätzung für die mehrsprachige Identität der Schülerinnen und Schüler.

Das Gefühlsbarometer dient als Abschlussritual der Stunden. An einer Scheibe mit verschiedenen Smileys (u. a. lachende, weinende, unzufriedene, unentschlossene) können die Schülerinnen und Schüler mithilfe einer Namensklammer ihr Gefühl zu einer bestimmten Situation in der Sitzung wiedergeben. Es kann sich dabei um einen Arbeitsauftrag (z. B. das Anfertigen einer Collage), eine Sozialform (z. B. die Arbeit mit einem Partner) oder auch eine spezifische Situation (z. B. einen Konflikt zwischen zwei Schülern) handeln. Das Gefühlsbarometer dient dazu, den Gefühlen der Schülerinnen und Schüler Beachtung zu schenken. Dabei ist wichtig, dass diese auch die Gefühle anderer wahrnehmen und im Anschluss über die Gefühle sprechen.

Ein weiteres Ritual stellt die »Kleine Ressourcenübung« – ebenfalls in der Begrüßungsphase jeder Stunde – dar. Reihum berichtet jeder über ein kleines persönliches Highlight der vergangenen Woche. Dies kann beispielsweise ein schönes Erlebnis am Wochenende sein. Dabei sollte jedoch insbesondere der Blick auf kleinere, unscheinbare positive Erlebnisse gelenkt werden. Beispielsweise ein gutes Essen, ein freundschaftliches Gespräch oder die besondere Stimmung in der weihnachtlich geschmückten Stadt. Ziel ist es, gerade auch Kleinigkeiten als Ressourcen zu erkennen und in jeder noch so langweiligen Woche auch etwas Positives zu entdecken.

Um Kindern und Jugendlichen, deren Deutschkenntnisse noch schwach sind, die Teilnahme an der Gruppe zu ermöglichen, steht am Beginn jeder Stunde eine kurze Vokabelübung. Die wichtigsten Vokabeln, die zum Verständnis der aktuellen Stunde notwendig sind, werden mit den entsprechenden Schülerinnen und Schülern kurz eingeübt. Dazu liegt für jede Stunde eine Vokabelliste vor, die bereits in die Sprachen Englisch, Dari und Arabisch übersetzt wurde. Für weitere Stunden empfiehlt es sich, ein Wörterbuch bereitzustellen. Die Schülerinnen und Schüler erhalten jede Stunde eine leere Vokabelliste und tragen mithilfe der Pädagogin und der übersetzten Liste in ihrer Sprache die entsprechende Übersetzung ein (siehe »J_V_UM_Vokabeln_Englisch«, »J_V_UM_Vokabeln_Dari«, »J_V_Vokabeln_Arabisch« und »J_V_UM_Vokabeln_Vorlage«). In der Kindergruppe werden zu Beginn jeder Stunde die »Zentralen Begriffe« der Stunde an die Tafel geschrieben und kurz besprochen.

Für jede Stunde liegen ein oder mehrere didaktische Reserven vor. Diese können entweder für die ganze Gruppe oder für einzelne Schüler und Schülerinnen herangezogen werden, wenn vor Stundenende noch Zeit übrig ist. Für jede Stunde ist das Malen von Mandalas als didaktische Reserve aufgeführt.

Unterrichtsentwürfe

In den folgenden Unterrichtsentwürfen werden aufgrund der Übersichtlichkeit sich häufig wiederholende Bezeichnungen abgekürzt werden. Die folgende Tabelle 3 gibt Auskunft über die einzelnen Abkürzungen.

Tabelle 3: Übersicht der Abkürzungen in den Unterrichtsplänen	
ⓘ	Symbol gibt den Umgang mit Nichtmigranten-SuS in der Gruppe an
AB	Arbeitsblatt
IU	Informierender Unterrichtseinstieg
J	Jugend
K	Kinder
LAS	Lernen an Stationen
P	Pädagogin/Pädagoge
UM	Unterrichtsmaterial
UP	Unterrichtsplan
SuS	Schülerinnen und Schüler

Der Name der Arbeitsblätter bzw. Unterrichtsmaterialien setzt sich wie folgt zusammen:
J_01_AB_Name: Jugendgruppe + Stunde 1 + Arbeitsblatt + Name
K_01_UM_Name: Kindergruppe + Stunde 1 + Unterrichtsmaterial + Name

Vorbereitungen zur Durchführung aller Module als Projektgruppe

Möchte man das Modulsystem als regelmäßig stattfindendes Gruppenangebot über mehrere Wochen anbieten, dann lohnt es sich, bereits im Vorfeld einige Vorbereitungen zu treffen, die im Folgenden ausführlicher beschrieben werden.

Bei der Planung des Projekts sollte hinsichtlich der Dauer berücksichtigt werden, dass Stunden krankheitsbedingt beziehungsweise wegen schulinterner Veranstaltungen ausfallen können. Zudem zeichnen sich die Stunden insbesondere bei der Jugendgruppe durch eine große Anzahl an Übungen pro Stunde aus. In der Regel werden diese nicht alle verwendet, da immer eine Anpassung an die aktuelle Gruppenkonstellation erfolgen muss. Dennoch bietet es sich an, zwei bis drei Pufferstunden einzurechnen, in denen möglicherweise Materialien fertiggestellt oder Stunden nachgeholt werden können.

Zur Durchführung der Gruppe reicht ein durchschnittlich eingerichteter Klassenraum mit Tafel, Tischen und Stühlen aus. Im Idealfall sind ausreichend Stühle vorhanden, sodass bereits im Vorfeld ein Gesprächskreis und ein Arbeitsbereich mit Tischen aufgebaut werden können. Besonders schön ist es, wenn die Gruppe in einem unterrichtsuntypischen Raum, wie beispielsweise dem Leseraum oder dem Streitschlichterraum, stattfinden kann.

Zudem erleichtert ein Materialkoffer mit Farbstiften, Scheren, Klebern, Kugelschreibern, Moderationskarten, Magneten, einem Gesprächsball, diversen Papierarten (liniert und weiß; DIN A4 und DIN A3), Steinen oder Männchen bzw. für die Kindergruppe in Dinosaurierform die Arbeit mit der Gruppe. Für die Kindergruppe werden zusätzlich noch Stempelkissen und Stempel, möglichst als Dinosaurier, benötigt. Des Weiteren wird eine Stellwand mit Pinn-Nadeln benötigt.

Für die Kindergruppe sollte zudem ein Stoffdinosaurier vorliegen. Dieser dient als Identifikationsfigur und spricht die Kinder auf kindgerechte Art und Weise an. Zudem bietet das Stofftier die Möglichkeit, stellvertretend für die Kinder selbst in schwierigen Situationen zu antworten. Der Dino wird in der Kindergruppe zudem als Gesprächsball eingesetzt.

Es zeigte sich, dass es für eine intensive Arbeit mit den Kindern und Jugendlichen besonders hilfreich ist, wenn die Pädagogin/Lehrerin durch eine weitere Person unterstützt wird. So arbeiten wir mit einer leitenden Pädagogin und einer Assistentin. Dies ist nicht zwingend erforderlich, aber gerade für die Auseinandersetzung mit persönlichen Themen häufig hilfreich.

Das Unterrichtsmaterial muss zum Teil gekauft, zum Teil ausgedruckt und gebastelt werden. Für jede Stunde gibt eine Tabelle zu Beginn Auskunft über das Unterrichtsmaterial und die Arbeitsblätter der jeweiligen Stunde. Diese können unter www.beltz.de/material heruntergeladen und ausgedruckt werden. Zudem muss in einigen Stunden zusätzliches Material bereitgestellt werden.

Nach der Zusammenstellung einer Gruppe lohnt es sich, einige Materialien im Vorfeld bereitzustellen. Vor Beginn der Jugendgruppe sollten sämtliche Arbeitsblätter zu einem Arbeitsheft gebunden werden. Es liegt dafür ein eigenes Titelblatt (siehe »J_V_UM_Titelblatt«) vor, welches an die jeweilige Gruppe angepasst werden kann. Außerdem sollten die leeren Vokabelblätter (siehe »J_V_AB_Vokabeln_Vorlage«) hinzugefügt werden.

Für die Kindergruppe ist dies nicht nötig, da mithilfe des Portfolios eine individuelle Mappe zusammengestellt wird. Hier sollten hingegen für jeden Teilnehmer eine DIN-A3-Sammelmappe und ein Schnellhefter vorhanden sein.

Zudem ist es empfehlenswert, das als Datei vorliegende Unterrichtsmaterial auszudrucken und zu laminieren. Material, das an der Tafel angebracht wird, kann bereits mit Magnetband versehen werden.

Des Weiteren muss ein Gefühlsbarometer angefertigt werden. Zum Abschluss jeder Stunde wird mit dessen Hilfe veranschaulicht, wie sich die Jugendlichen gerade in einer bestimmten Phase der Stunde gefühlt haben. Ein Gefühlsbarometer kann beispielsweise aus einer Scheibe mit Smileys bestehen. Jeder Jugendliche hängt ein Schild mit seinem Namen an das zu seiner Stimmung passende Gesicht. In Gruppen, deren Mitglieder einander noch fremd sind, kann das Namensschild (siehe »J_V_UM_ Namensschilder«) auch während der ganzen Stunde getragen werden.

Für den Informierenden Unterrichtseinstieg werden Symbolkarten eingesetzt, um den Schülern bereits bei Stundenbeginn visuell den Ablauf der Stunde darzustellen. Dazu können Symbolkarten selbstständig angefertigt oder käuflich erworben werden. Gute Erfahrungen haben wir beispielsweise mit den Signalkarten »Es geht auch ohne Worte« von Wolfgang Hund und »Klasse organisieren ohne Worte« von Lena Morgenthau gemacht. Zudem sollte eine Symbolkarte für das Gefühlsbarometer angefertigt werden.

Insbesondere bei Gruppen mit einem hohen Maß an Heterogenität hinsichtlich des Lerntempos bietet es sich an, als didaktische Reserve Mandalas zum Ausmalen vorlegen zu können. Diese können frei im Internet heruntergeladen oder käuflich erworben werden.

Sollte die Gruppe aus Kindern und Jugendlichen unterschiedlicher Klassen bestehen, lohnt es sich, eine Anwesenheitsliste anzufertigen (siehe »K_V_UM_Anwesenheitsliste«). Das eigenständige Eintragen der Schülerinnen und Schüler gibt den Lehrern wie den Kindern selbst einen Überblick über die Fehlzeiten. Beispielsweise kann bei wenigen Fehlzeiten den Schülerinnen und Schülern der Erhalt einer Teilnehmerurkunde (siehe »J_11_UM_Urkunde«) am Ende des Projekts in Aussicht gestellt werden.

Unterrichtsentwurf Kinder

Stunde 1 / Modul Einführung

Thema
Kennenlernen

Titel
»Wir lernen uns kennen«

Ziel
Die Gruppenteilnehmer lernen einander kennen, sie erfahren die Namen der anderen und die Ziele des Projekts. Die Funktion der Besonderen Mappe als Sammelmappe für die eigene Identitätsfindung wird erläutert. Während der Einführung in die Besondere Mappe lernen die Schüler und Schülerinnen die Leit- und Identifikationsfigur »Dino« kennen.

Übersicht über die Arbeitsblätter und das Unterrichtsmaterial

Stunde	Inhalt	Dokumentenname	Materialtyp
01	Das sind wir	K_01_AB_Das sind wir	Arbeitsblatt
01	Das bin ich	K_01_AB_Das bin ich	Arbeitsblatt
01	Kennenlern-Bingo	K_01_AB_Kennenlern-Bingo	Arbeitsblatt
01	Zielkarten	K_01_UM_Zielkarten	Unterrichtsmaterial

Regelmäßig benötigtes Material
- K_V_UM_Sprachkarten_Herzlich willkommen
- K_V_UM_Anwesenheitsliste
- K_V_UM_Laufzettel
- Symbolkarten
- Symbolkarte Gefühlsbarometer
- Säckchen mit Namensschildern
- Materialkoffer
- Mandala als didaktische Reserve
- Wörterbücher
- Besondere Mappe
- Sammelmappe mit Schnellhefter
- Präsentationsstuhl
- Stoffdinosaurier (Dino)
- Gefühlsbarometer

Zusätzliches Material
Die Karten aus K_01_UM_Zielkarten liegen im Idealfall farbig gedruckt und laminiert vor.

Stunde	1
Modul	Einführung
Titel der Stunde	Wir lernen uns kennen
Schwerpunktlernziel	Die Gruppenteilnehmer lernen einander kennen, erfahren die Namen der anderen und die Ziele des Projekts. Die Funktion der Besonderen Mappe als Sammelmappe für die eigene Identitätsfindung wird erläutert. Während der Einführung in die Besondere Mappe lernen die SuS die Leit- und Identifikationsfigur »Dino« kennen.
Thema der Stunde	Kennenlernen

Zeit	Ablauf der Stunde	didaktisch-methodischer Kommentar	schülerbezogener Kommentar	Medien/Sozialform	Materialien	persönliche Kommentare
Vorbereitung	Tafelanschrift: »Herzlich willkommen«; Karten in den Sprachen der SuS (außen links)	Vorbereitung der Stunde		Tafel	• K_V_UM_Sprachkarten_Herzlich willkommen	
Vorbereitung	• Gesprächskreis, Stationstische/Gruppentisch • Säckchen mit Namensschildern in der Mitte • Kamera liegt bereit.	Vorbereitung der Stunde			• Säckchen mit Namensschildern • Kamera	
10	• offene Anfangsphase • Evtl. müssen einzelne Schüler in ihren Klassen abgeholt werden (siehe Liste).	offene Anfangsphase, positive Atmosphäre schaffen	Schüler- und Lehrerorientierung			
10	• Begrüßung der SuS an der Tür • Verweisen auf den Gesprächskreis • P bereits im Gesprächskreis	Begrüßung	P als Modell gibt Sicherheit			
10	• Begrüßung mithilfe der Tafelanschrift »Herzlich willkommen« • Kontrolle durch die SuS • Wiederholen in den Sprachen der SuS • SuS schreiben »Herzlich willkommen« in ihrer Sprache auf Karten und heften diese an die Tafel. • Gemeinsam wiederholt die Gruppe den Willkommensgruß in allen Sprachen der SuS.	Schüler prüfen die Sprachen, identifizieren ihre primäre Bezugssprache. SuS als Experten ihrer Sprache (Identität)	Wertschätzung der mehrsprachigen Identität; SuS als Experten ihrer Sprache (Identität) ⓘ Nichtmigranten-SuS: Verwendung einer bereits erlernten Sprache	Gesprächskreis/Tafel	• K_V_UM_Sprachkarten_Herzlich willkommen • Filzstifte • Kärtchen	

Zeit	Ablauf der Stunde	didaktisch-methodischer Kommentar	schülerbezogener Kommentar	Medien/Sozialform	Materialien	persönliche Kommentare
10	**Begrüßung und kurze Vorstellung mithilfe des Dinos** • P stellt sich ggf. der Gruppe vor. • Dino stellt sich ebenfalls vor: kommt von weit her wie viele in der Gruppe, hat einen weiten Weg zurückgelegt und viel erlebt. Berichtet was er gern mag. • Auskunft über die Dauer der Gruppenstunden • Mitteilen von Wochentag und Uhrzeit, Verweis auf Pünktlichkeit • Ausprobieren der Anwesenheitsliste mit den Stempeln	Begrüßung, lehrerzentrierte Phase		Gesprächskreis (alle können sich sehen, auf Augenhöhe)	• K_V_UM_Anwesenheitsliste • Dinostempel, Stempelkissen	
	Verteilung der Namensschilder • Dino beginnt, zieht ein Namensschild aus dem Säckchen und überreicht es dem Besitzer. • Dino beginnt ein Gespräch mit dem Schüler: Name, Herkunft etc. • Dann zieht der Schüler selbst ein Namensschild, überreicht es dem Besitzer und beginnt ein kurzes Gespräch. • Das Spiel wird fortgesetzt, bis jeder ein Namensschild hat.	Vorstellung und Kennenlernen der SuS		Gesprächskreis	• Namensschilder • Säckchen	
10	**Vorstellung der Programmziele und des zeitlichen Umfangs** • stummer Impuls: Zeigen der ersten Karte, einige Minuten abwarten, danach Diskussion über das Bild • P: »Wir wollen dass es euch gut geht. Ihr sollt erfahren, wann ihr euch wohlfühlt und was euch Spaß macht« • Zeigen der zweiten Karte, einige Minuten abwarten, danach Diskussion über das Bild • P: »In diesem Kurs könnt ihr mehr über euch selbst und andere erfahren: Wer bin ich? Wer bist du? Wir sprechen über Schule, Freizeit, Wünsche und Träume. Wir hoffen, dass ihr viel Spaß habt und es euch gut gefällt«	Transparenz über Ziele und Struktur		Gesprächskreis	• K_01_UM_Zielkarten	

Zeit	Ablauf der Stunde	didaktisch-methodischer Kommentar	schülerbezogener Kommentar	Medien/ Sozialform	Materialien	persönliche Kommentare
Wählen Sie a) oder b) 10	**a) Erzählrunde: Wer bin ich?** • Der Gesprächsball wird zugeworfen, und die SuS nennen ihren Namen und sagen, wer ihn ausgesucht hat, ob sie einen Spitznamen oder Zweitnamen haben, etc. • Möglicherweise kann P bereits im Vorfeld die Bedeutung der Namen der Teilnehmer im Internet recherchieren.	Kennenlernen in der Gruppe; S-Interaktion	Wertschätzung der persönlichen Identität durch die Bedeutung des Namens; Stärkung des Selbstwertgefühls/ Identitätsbildung Gruppenbildungsphase	Gesprächskreis (im Stehen)	• Dino als Gesprächsball	
	b) Das sind wir • SuS erhalten das AB. • Mithilfe des Stempelkissens hinterlässt jeder auf den AB der anderen SuS seinen Daumenabdruck und schreibt seinen Namen daneben. • Wenn noch Zeit ist, kann das Bild ausgemalt werden.	Direkte SuS-Interaktion und Kennenlernen der Gruppenteilnehmer		Gruppenarbeit	• K_o1_AB_ Das sind wir • Stifte • Stempelkissen	
5	**Vorstellung der Besonderen Mappe** • »Jeder von euch bekommt zwei Mappen, die Sammelmappe und die Besondere Mappe (herzeigen). • In der Sammelmappe sammeln wir alle Sachen, die du machst. • Für die Besondere Mappe wählen wir Arbeitsergebnisse aus, die dir besonders wichtig sind. • Wir heben dort Dinge auf, in denen du besonders viel über dich und andere erfahren hast. • Es geht nicht darum, besonders schön zu malen, sondern etwas über sich selbst herauszufinden. • Wir werden uns immer wieder zusammensetzen und überlegen, was in die Besondere Mappe kommen soll. • Wer die Mappe fertig hat, bekommt eine Urkunde. • Die Besondere Mappe bleibt die ganze Zeit in der Schule und am Ende des Projekts könnt ihr sie mit nach Hause nehmen.«	Einführung in die Portfolioarbeit		Frontalphase im Gesprächskreis	• Besondere Mappe • Sammelmappe	

Zeit	Ablauf der Stunde	didaktisch-methodischer Kommentar	schülerbezogener Kommentar	Medien/ Sozialform	Materialien	persönliche Kommentare
10	**Einführung: Lernen an Stationen** • »Wir haben heute verschiedene Arbeitsaufträge zur Auswahl, an denen du arbeiten kannst. • Wir erklären dir zuerst, was du an den einzelnen Tischen machen kannst. • Such dir danach den Tisch aus, der dir am besten gefällt. • Du hast heute Zeit, an einem Tisch zu arbeiten. Falls du nicht fertig wirst, kannst du die Arbeit in den nächsten Stunden fertigstellen. • Wenn du bei einem Tisch fertig bist, dann trägst du das in deinen Laufzettel ein.«	Einführung in das Lernen an Stationen		Frontalphase im Gesprächskreis	• K_V_UM_Laufzettel	
25; LAS (Lernen an Stationen)	**a) Mein Name** Als Titelblatt für die Besondere Mappe wird der Name auf einem Blatt Papier aufwendig gestaltet. Dieses kann nach Fertigstellung aufgeklebt werden.	Identifikation mit der Besonderen Mappe		LAS	• DIN-A4-Papier • große Auswahl an Buntstiften etc.	
	b) Das bin ich Die SuS erhalten das AB und füllen es selbstständig aus.	kindgerechter Steckbrief zur eigenen Person über persönliche Vorlieben und Abneigungen	Anregen zur Selbstreflexion Sollte einigen SuS diese Übung zu kindisch sein, kann sie durch den Steckbrief aus der Jugendgruppe »J_01_AB_Steckbrief« ersetzt werden!	LAS	• K_01_AB_ Das bin ich • Stifte	
10 (evtl. in Reflexion 1)	Präsentationsphase mit Präsentationsstuhl (falls die Arbeitsaufträge bereits fertiggestellt werden konnten. Ansonsten Mitnahme in die Reflexionsstunde 1)	Wertschätzung der Arbeitsergebnisse		Gesprächskreis	• Präsentationsstuhl	
5	Einzelfotos und Gruppenfoto	Gruppengefühl herstellen	Visualisieren; positive Erfahrung		• Kamera	

Zeit	Ablauf der Stunde	didaktisch-methodischer Kommentar	schülerbezogener Kommentar	Medien/ Sozialform	Materialien	persönliche Kommentare
didaktische Reserve	**Gruppenbild** • Die SuS versammeln sich um ein großes Papier, jedem wird der Bereich vor ihm als Malbereich zugeteilt. • Jeder malt nun auf den Platz vor sich ein kleines Bild im ganz eigenen Stil. • Nach fünf Minuten wird das Bild im Kreis gedreht, und es wird am Bild des Nachbarn weitergemalt. Dabei muss sich jeder möglichst an den Malstil des Zeichners anpassen. • Das Bild wird so lange weitergedreht, bis jeder bei jedem Bild gemalt hat.	Respekt für das Bild des anderen, Einfühlen in andere	Bei größeren Gruppen können mehrere Malgruppen gebildet werden. Pro Bild können je nach Bildgröße ca. vier bis sechs SuS malen.	Gruppentisch	• möglichst großes Papier, z. B. Flipchart • Stifte	
didaktische Reserve	**Kennenlern-Bingo** • Durch Erfragen der Mitschüler füllen die SuS das Arbeitsblatt schnellstmöglich aus. • Wer als Erster in allen Feldern einen Namen stehen hat, hat gewonnen. Achtung! Der eigene Name darf nicht verwendet werden.	Kennenlernen der Mitschüler		Gesprächskreis	• K_o1_AB_Kennenlern-Bingo	
didaktische Reserve	Mandala malen	didaktische Reserve	Phase der Entspannung; Förderung der Kreativität	Tisch	• Mandalas	
5	Eintragen in den Laufzettel		hilft den SuS, den individuellen Lernstand zu überblicken	LAS	• K_V_UM_Laufzettel	
5	**Gefühlsbarometer** • SuS werden gefragt, wie sie sich in einer bestimmten Situation (evtl. vorgeben) gefühlt haben. • Sie heften ihre Namensschilder an den entsprechenden Smiley auf dem Gefühlsbarometer.	Einführung des Abschlussrituals	Gefühlen der SuS Beachtung schenken		• Gefühlsbarometer • Namensschilder	

Stunde 2 / Modul Heimat

Thema und Titel
Herkunftsland: »Wo komme ich her?«

Ziel
Ziel dieser Stunde ist das Teilen von Erinnerungen an die eigene Heimat oder die Heimat der Eltern oder Großeltern mit anderen. Es sollen dabei explizit positive Erinnerung hervorgerufen werden. Das subjektive Wohlbefinden wird gesteigert, indem die Jugendlichen sich als Spezialisten für ihre Heimat fühlen und die Kenntnisse über zwei Kulturen als Ressource erkennen.

ⓘ Nichtmigranten-SuS: Die Übungen bieten sich vor allem für Gruppen mit einer großen Anzahl an SuS mit Migrationshintergrund an. Es sollte im Vorfeld kurz besprochen werden, ob Nichtmigrantenkinder durch Verwandte oder enge Bekannte eine Beziehung zu einem anderen Land aufbauen können. Möglicherweise ist es hilfreich, wenn den SuS bereits in der ersten Stunde als Arbeitsauftrag mit nach Hause gegeben wird, sich über die Migrationsgeschichte eines engen Verwandten oder Bekannten zu informieren. Einige Übungen zur Heimat der SuS können ebenso mit Deutschland als Heimatland durchgeführt werden.

Arbeitsblätter und Unterrichtsmaterial

Stunde	Inhalt	Dokumentenname	Materialtyp
02	Symbolkarten Collage	K_02_UM_Symbolkarten_Collage	Unterrichtsmaterial

Regelmäßig benötigtes Material
- K_V_UM_Sprachkarten_Herzlich willkommen
- K_V_UM_Anwesenheitsliste
- K_V_UM_Laufzettel
- Symbolkarten
- Symbolkarte Gefühlsbarometer
- Säckchen mit Namensschildern
- Materialkoffer
- Mandala als didaktische Reserve
- Wörterbücher
- Besondere Mappe
- Sammelmappe mit Schnellhefter
- Präsentationsstuhl
- Stoffdinosaurier (Dino)
- Gefühlsbarometer

Zusätzliches Material
- Für diese Stunde wird eine Weltkarte benötigt.
- Plastikdinos
- bunte Bänder, im Idealfall eine Farbe pro Kind
- Für die Collage zum Heimatland werden positive Bilder und Zeitungsausschnitte zu den jeweiligen Heimatländern der SuS benötigt.

Stunde	2
Modul	Heimat
Titel der Stunde	Wo komme ich her?
Schwerpunktlernziel	Ziel dieser Stunde ist das Teilen von Erinnerungen an die eigene Heimat oder die Heimat der Eltern oder Großeltern mit anderen. Es sollen dabei explizit positive Erinnerung hervorgerufen werden. Das subjektive Wohlbefinden wird gesteigert, indem die Jugendlichen sich als Spezialisten für ihre Heimat fühlen und die Kenntnisse über zwei Kulturen als Ressource erkennen.
Thema der Stunde	Herkunftsland

Zeit	Ablauf der Stunde	didaktisch-methodischer Kommentar	schülerbezogener Kommentar	Medien/ Sozialform	Materialien	persönliche Kommentare
Vorbereitung	• Tafelanschrift: »Herzlich willkommen«; Karten in den Sprachen der SuS (außen links) • **Stundenablauf mit Symbolkarten** (innen rechts): – Symbolkarte Gesprächskreis – Symbolkarte Einzelarbeit – Symbolkarte Präsentation – Symbolkarte Gefühlsbarometer	Vorbereitung der Stunde		Tafel	• K_V_UM_Sprachkarten_Herzlich willkommen • Symbolkarte Gesprächskreis • Symbolkarte Einzelarbeit • Symbolkarte Präsentation • Symbolkarte Gefühlsbarometer	
Vorbereitung	• Gesprächskreis, Gruppentische • Säckchen mit Namensschildern in der Mitte • Kamera	Vorbereitung der Stunde			• Säckchen mit Namensschildern • Kamera	
5	• offene Anfangsphase • Evtl. müssen einzelne SuS in ihren Klassen abgeholt werden (siehe Liste).	offene Anfangsphase, positive Atmosphäre schaffen	Schüler- und Lehrerorientierung			

Zeit	Ablauf der Stunde	didaktisch-methodischer Kommentar	schülerbezogener Kommentar	Medien/Sozialform	Materialien	persönliche Kommentare
10	• Begrüßung der SuS an der Tür • Anwesenheitsliste mit Dinostempel • Verweisen auf den Gesprächskreis • P bereits im Gesprächskreis	Begrüßung	P als Modell gibt Sicherheit.	Gesprächskreis	• K_V_UM_Anwesenheitsliste • Dinostempel, Stempelkissen	
	• Begrüßung mithilfe der Tafelanschrift • Wiederholen in den Sprachen der SuS	Anfangsritual, SuS prüfen die Sprachen, identifizieren ihre primäre Bezugssprache. SuS als Experten ihrer Sprache (Identität)	Wertschätzung der mehrsprachigen Identität; Kinder als Experten ihrer Sprache (Identität), Kompetenzorientierung	Gesprächskreis/Tafel	• K_V_UM_Sprachkarten_Herzlich willkommen	
	• Namensschilder werden verteilt • Begrüßung evtl. neuer Schüler, Erklärung der Ziele			Gesprächskreis	• Namensschilder	
10	**Kleine Ressourcenübung** Reihum berichtet jeder ein kleines Highlight der vergangenen Woche.	SuS lernen, auch Kleinigkeiten als positives Erlebnis und somit als Ressource zu schätzen.		Gesprächskreis		
5	**Stundenablauf mit Symbolkarten und dem Dino** • Tafelanschrift: Wo komme ich her? Ablauf mithilfe der Symbolkarten (siehe oben)	Informierender Unterrichtseinstieg, Transparenz über Struktur und Stundenablauf	Struktur gibt Sicherheit.	Tafel; Frontalphase	• Symbolkarten (siehe oben)	
5	**Zentrale Begriffe: Worum geht es heute?** • Die zentralen Begriffe der Stunde werden an die Tafel geschrieben und kurz besprochen. • Heimat, Gedanken, Weg, Erinnerungen	Um Verständigungsschwierigkeiten vorzubeugen, werden die zentralen Begriffe der Stunde kurz erläutert.	Berücksichtigung der unterschiedlichen Deutschniveaus der SuS	Tafel; Frontalphase		

Zeit	Ablauf der Stunde	didaktisch-methodischer Kommentar	schülerbezogener Kommentar	Medien/Sozialform	Materialien	persönliche Kommentare
20	**Die Weltkarte** • **Einführende Worte** – »Auf dieser Landkarte wollen wir alle Wege zeigen, die ihr schon zurückgelegt habt.« – »Ihr habt schon viele Wege zurückgelegt, viel geschafft. Wir wollen sehen, wo jeder herkommt und auf welchen Wegen er nach HH gekommen ist.« • Dino fängt an, indem die persönliche Reise aufgezeigt wird (z. B. vom Nordpol): Positives + Negatives verbalisieren • Mit Bändern werden Ausgangs- und Zielstadt sowie die Zwischenstationen markiert. • SuS zeigen ihren Weg und Zwischenstationen (bzw. den von engen Verwandten) auf.	kulturelle Vielfalt der Klasse bewusst machen, Schwerpunktlernziel: Wegerfahrungen; positive Erfahrungen in den Vordergrund stellen. Visualisieren einer individuellen Wegerfahrung. Identitätsförderung, visueller Impuls	Dino als Modell, um emotionale Sicherheit zu geben. Wertschätzung der Heterogenität der Schüler ⓘNichtmigranten-SuS: Aufzeigen der Migration eines engen Verwandten oder Bekannten	an der Weltkarte	• Weltkarte • Stellwand • bunte Bänder • Filzstifte	
25	**Collage: Gedanken an die Heimat** • **Einführende Worte** – »Heute machen wir ein spezielles Bild von deiner Heimat oder der Heimat deiner Eltern. – Erinnere dich, wie sah dein Heimatland aus? Was für schöne Erinnerungen hast du? Ihr sollt eure schönen Gedanken und Erinnerungen aufschreiben. – Wenn du in Deutschland geboren bist, kannst du natürlich auch dazu Bilder malen. – Du kannst Bilder aufkleben, malen, schreiben oder Fotos aufkleben. • In deiner Collage müssen drei Themen abgebildet sein. Karten (K_o2_UM_Symbolkarten_Collage) mit folgendem Inhalt werden an die Tafel gehängt: – Landschaft (Blumen, Pflanzen) – Tiere – Essen – Feste – Familie – Haus – mein Lied – Lieblingsspiel • Es wäre toll, wenn euch noch mehr einfällt.« • Zeitrahmen aufzeigen • individuelle Begleitung und Reflexionsgespräche	Teilen der Gedanken an die Heimat und verbalisieren/didaktische Reserve	ⓘNichtmigranten-SuS: Unabhängig, ob mit oder ohne Migrationshintergrund, können SuS ein Bild über die persönliche Heimat machen. Möglicherweise sind in Deutschland geborene SuS in eine andere Stadt gezogen oder erleben den Bauernhof der Großmutter als Heimatort.	Einzelarbeit	• Scheren • Kleber • DIN-A3-Papier • große Auswahl an Buntstiften • Zeitungen und Internet-Ausdrucke zu den Herkunftsländern • K_o2_UM_Symbolkarten_Collage	

Zeit	Ablauf der Stunde	didaktisch-methodischer Kommentar	schülerbezogener Kommentar	Medien/ Sozialform	Materialien	persönliche Kommentare
10 (evtl. in Reflexion 1)	**»Hier komme ich her«** • Diskussion in Form eines Marktplatzes: Die eine Hälfte präsentiert, die andere hört zu. • Wer präsentiert, nimmt auf dem Präsentationsstuhl Platz. • Plastikdino auf den Ort mit der größten Erinnerung stellen und beschreiben (Text, mündlich)	didaktischen Schwerpunkt setzen durch Aufstellen der Steine	Versprachlichung, Förderung der Sprachhandlungskompetenz. Mehrkanaliges Lernen: visuell und mündlich	Diskussion	• Plastikdino • Präsentationsstuhl	
didaktische Reserve	**Namensübung** • P wirft den Ball einem der SuS zu und sagt dabei: »Ich heiße X und werfe den Ball zu Y.« • Der Schüler, der den Ball gefangen hat, wirft ihn weiter und sagt dabei: »Ich heiße Y, habe den Ball von X und werfe ihn zu Z.« • So wird der Ball immer weiter geworfen, und es wird immer schwieriger, sich die Reihenfolge des Balls zu merken.	Förderung des Gruppengefühls und Unterstützung des Namenlernens		Gesprächskreis (stehend)	• Stoffdino	
5	Eintragen in den Laufzettel		hilft den SuS, den individuellen Lernstand zu überblicken	LAS	• K_V_UM_Laufzettel	
5	**Gefühlsbarometer** • SuS werden gefragt, wie sie sich in einer bestimmten Situation (evtl. vorgeben) gefühlt haben. • Sie heften ihre Namensschilder an den entsprechenden Smiley auf dem Gefühlsbarometer.	Abschlussritual/individuelles Feedback	Gefühlen der SuS Beachtung schenken		• Gefühlsbarometer • Namensschilder	

Stunde 3 / Modul Deutschland

Thema und Titel
Das Leben in Deutschland: »Wie lebe ich hier?«

Ziel
Nachdem in der vorangegangenen Stunde die Heimat im Mittelpunkt stand, richtet sich Stunde 3 an die aktuelle Lebenssituation der SuS in Deutschland. Bei Gruppen mit SuS, die erst vor Kurzem nach Deutschland gekommen sind, tauschen sich die SuS über das Leben in einem neuen Land und die dabei beobachteten Unterschiede aus. Sie sammeln Tipps und Ideen zum Einleben in die neue Kultur, welche auf den eigenen Erfahrungen der Jugendlichen basieren. Bei Gruppen mit SuS, die bereits länger in Deutschland leben, steht der Freizeitgedanke im Vordergrund. Diese soll bewusst wahrgenommen werden.

Arbeitsblätter und Unterrichtsmaterial

Stunde	Inhalt	Dokumentenname	Materialtyp
03	Eindrücke	K_03_AB_Eindrücke	Arbeitsblatt
03	Eindrücke	K_03_UM_Eindrücke	Unterrichtsmaterial
03	Hobby	K_03_UM_Hobby	Unterrichtsmaterial

Regelmäßig benötigtes Material
- K_V_UM_Sprachkarten_Herzlich willkommen
- K_V_UM_Anwesenheitsliste
- K_V_UM_Laufzettel
- Symbolkarten
- Symbolkarte Gefühlsbarometer
- Säckchen mit Namensschildern
- Materialkoffer
- Mandala als didaktische Reserve
- Wörterbücher
- Besondere Mappe
- Sammelmappe mit Schnellhefter
- Präsentationsstuhl
- Stoffdinosaurier (Dino)
- Gefühlsbarometer

Zusätzliches Material
- DIN-A3-Papier

Stunde	3
Modul	Deutschland
Titel der Stunde	Wie lebe ich hier?
Schwerpunktlernziel	Nachdem in der vorangegangenen Stunde die Heimat im Mittelpunkt stand, richtet sich Stunde 3 an die aktuelle Lebenssituation der SuS in Deutschland. Bei Gruppen mit SuS, die erst vor Kurzem nach Deutschland gekommen sind, tauschen sich die SuS über das Leben in einem neuen Land und die dabei beobachteten Unterschiede aus. Sie sammeln Tipps und Ideen zum Einleben in die neue Kultur, welche auf den eigenen Erfahrungen der Jugendlichen basieren. Bei Gruppen mit SuS, die bereits länger in Deutschland leben, steht der Freizeitgedanke im Vordergrund. Diese soll bewusst wahrgenommen werden.
Thema der Stunde	Das Leben in Deutschland

Zeit	Ablauf der Stunde	didaktisch-methodischer Kommentar	schülerbezogener Kommentar	Medien/ Sozialform	Materialien	persönliche Kommentare
Vorbereitung	• Tafelanschrift: »Herzlich willkommen«; Karten in den Sprachen der SuS (außen links) • **Stundenablauf mit Symbolkarten** (innen rechts): – Symbolkarte Partnerarbeit: Reise in die Vergangenheit – Symbolkarte Gruppenarbeit: Freizeit-Pantomime – Symbolkarte Gruppendiskussion: Mein Nachmittag – Symbolkarte Gefühlsbarometer	Vorbereitung der Stunde		Tafel	• K_V_UM_Sprachkarten_Herzlich willkommen • Symbolkarte Partnerarbeit • Symbolkarte Gruppenarbeit • Symbolkarte Gruppendiskussion • Symbolkarte Gefühlsbarometer	
Vorbereitung	• Gesprächskreis, Partnertische/Gruppentische • Säckchen mit Namensschildern in der Mitte • Kamera	Vorbereitung der Stunde			• Säckchen mit Namensschildern • Kamera	
5	• offene Anfangsphase • Evtl. müssen einzelne SuS in ihren Klassen abgeholt werden (siehe Liste).	offene Anfangsphase, positive Atmosphäre schaffen	Schüler- und Lehrerorientierung			

Zeit	Ablauf der Stunde	didaktisch-methodischer Kommentar	schülerbezogener Kommentar	Medien/ Sozialform	Materialien	persönliche Kommentare
10	• Begrüßung der SuS an der Tür • Anwesenheitsliste mit Dinostempel • Verweisen auf den Gesprächskreis • P bereits im Gesprächskreis	Begrüßung	P als Modell gibt Sicherheit	Gesprächs-kreis	• K_V_UM_Anwesen-heitsliste • Dinostempel, Stempelkissen	
	• Begrüßung mithilfe der Tafelanschrift • Wiederholen in den Sprachen der SuS	Anfangsritual. SuS prüfen die Sprachen, identifizieren ihre primäre Bezugssprache. SuS als Experten ihrer Sprache (Identität)	Wertschätzung der mehrsprachigen Identität; Kinder als Experten ihrer Sprache (Identität), Kompetenzorientierung	Gesprächs-kreis/Tafel	• K_V_UM_Sprachkar-ten_Herzlich willkommen	
	Namensschilder werden verteilt.			Gesprächs-kreis	• Namens-schilder	
10	**Kleine Ressourcenübung** Reihum berichtet jeder ein kleines Highlight der vergangenen Woche.	SuS lernen, auch Kleinigkeiten als positives Erlebnis und somit als Ressource zu schätzen.		Gesprächs-kreis		
5	**Stundenablauf mit Symbolkarten und dem Dino** • Tafelanschrift: Wie lebe ich hier? • Ablauf mithilfe der Symbolkarten (siehe oben)	Informierender Unterrichtseinstieg, Transparenz über Struktur und Stundenablauf	Struktur gibt Sicherheit.	Tafel; Fron-talphase	• Symbolkarten (siehe oben)	
5	**Zentrale Begriffe: Worum geht es heute?** • Die zentralen Begriffe der Stunde werden an die Tafel geschrieben und kurz besprochen. • reisen, ankommen, gestern und heute, meine Stadt	Um Verständigungsschwierigkeiten vorzubeugen, werden die zentralen Begriffe der Stunde kurz erläutert.	Berücksichtigung der unterschiedlichen Deutschniveaus der SuS	Tafel; Fron-talphase		

Zeit	Ablauf der Stunde	didaktisch-methodischer Kommentar	schülerbezogener Kommentar	Medien/Sozialform	Materialien	persönliche Kommentare
40	**Diskussion: In Hamburg ankommen – eine Reise in die Vergangenheit** • »Wir machen eine Reise in die Vergangenheit. Schließt die Augen und denkt an den ersten Tag in Deutschland. Als ihr mit dem Auto, Zug, Flugzeug, Schiff angekommen seid. Was habt ihr gesehen, gehört, gerochen, gedacht, gefühlt, erlebt?« • kurzes Zusammentragen der Erlebnisse **Partnerarbeit** • Tafelanschrift mit K_o3_UM_Eindrücke: Was hast du ... gesehen, gehört, gerochen, gedacht, gefühlt, erlebt? • Dino als Modell macht vor, wie er sich bei der Ankunft in Deutschland gefühlt hat. • Die SuS erhalten das K_o3_AB_Eindrücke und malen oder schreiben ihre Antworten. • Präsentation mithilfe des Präsentationsstuhls	stummer/offener Impuls; Sammlungsphase; je nach zeitlichen Möglichkeiten werden zwei oder mehr Antworten vorgestellt.	Schülerorientierung; Partnerarbeit gibt Sicherheit. ①Nichtmigranten-SuS: Diese Übung eignet sich besonders gut für SuS, die neu in Deutschland sind. Ersatzweise kann die Übung mit einem (Urlaubs-)Land durchgeführt werden. Bei Gruppen mit wenigen SuS, die nach Deutschland migriert sind, bietet es sich an, die Übung zu ersetzen.	Gesprächskreis/Partnerarbeit	• K_o3_UM_Eindrücke • K_o3_AB_Eindrücke • Stifte	
	Freizeit-Pantomime • Alle SuS schließen ihre Augen und werden aufgefordert, an ihre Lieblingsfreizeitbeschäftigung zu denken. • P beginnt, pantomimisch ihre Freizeitvorliebe darzustellen, z. B. Gärtnern. • SuS müssen nun die Freizeitbeschäftigung erraten. • Der Reihe nach stellt jeder Schüler seine Lieblingsfreizeitbeschäftigung vor. • Die Begriffe werden an der Tafel zusammengetragen.	nonverbale Kommunikationsmöglichkeit zum Thema Freizeit		Gesprächskreis (stehend)		
	Mein Nachmittag • Die SuS versammeln sich um ein großes DIN-A3-Blatt, in dessen Mitte »Mein Nachmittag« geschrieben wird. • Es wird an die vorangegangene Übung Freizeit-Pantomime angeknüpft und über verschiedene Freizeitmöglichkeiten gesprochen. • Dazu werden nach und nach die Karten (K_o3_UM_Hobby) aufgedeckt. • Die Ideen und Überlegungen der SuS, was man am Nachmittag in der eigenen Stadt machen kann, werden auf dem Blatt notiert.	Sammlung einer möglichst großen Anzahl an Freizeitmöglichkeiten in der eigenen Stadt	SuS können sich austauschen und vom Wissen und von den Erfahrungen der Mitschüler lernen.	Gruppentisch	• K_o3_UM_Hobby • DIN-A3-Blatt • bunte Stifte	

Wählen Sie zwei von drei Übungen aus

Zeit	Ablauf der Stunde	didaktisch-methodi-scher Kommentar	schülerbezogener Kommentar	Medien/ Sozialform	Materialien	persönliche Kommentare
5	**Arbeitsauftrag für die nächste Stunde** SuS bringen einen Gegenstand mit, der sie an ihr Lieblingsfest erinnert (z. B. eine Rakete für Silvester, ein Geschenk, das sie zum letzten Zuckerfest erhalten haben, das Hochzeitsfoto eines Verwandten).					
5	Eintragen in den Laufzettel		hilft den SuS, den indi-viduellen Lernstand zu überblicken	LAS	• K_V_UM_Lauf-zettel	
5	**Gefühlsbarometer** • SuS werden gefragt, wie sie sich in einer bestimmten Situa-tion (evtl. vorgeben) gefühlt haben. • Sie heften ihre Namensschilder an den entsprechenden Smiley auf dem Gefühlsbarometer.	Abschlussritual/indivi-duelles Feedback	Gefühlen der SuS Beachtung schenken		• Gefühlsbaro-meter • Namens-schilder	

Stunde 4 / Modul Deutschland

Thema und Titel
Feierliche Anlässe in verschiedenen Kulturen: »Meine Feste«

Ziel
Die Gruppe wird angeregt, sich mit ihrer kulturellen Vielfalt auseinanderzusetzen, zum Beispiel werden kulturelle und religiöse Gemeinsamkeiten und Unterschiede thematisiert. In der Kindergruppe wird die eigene Kultur anhand der Feste und Feierlichkeiten veranschaulicht. Die SuS erfahren die Wertschätzung ihrer Kultur und erleben diese als Ressource.

Diese Stunde eignet sich besonders schön für die Arbeit mit SuS unterschiedlicher Kulturen. Insbesondere die Vertretung der hiesigen Kultur ist wünschenswert. Stellvertretend kann die Pädagogin die hiesige Kultur repräsentieren, sollte kein SuS dies tun.

Arbeitsblätter und Unterrichtsmaterial

Stunde	Inhalt	Dokumentenname	Materialtyp
04	Meine Feste	K_04_AB_Feste	Arbeitsblatt
04	Karten zu Festen	K_04_UM_Feste_Karten	Unterrichtsmaterial

Regelmäßig benötigtes Material
- K_V_UM_Sprachkarten_Herzlich willkommen
- K_V_UM_Anwesenheitsliste
- K_V_UM_Laufzettel
- Symbolkarten
- Symbolkarte Gefühlsbarometer
- Säckchen mit Namensschildern
- Materialkoffer
- Mandala als didaktische Reserve
- Wörterbücher
- Besondere Mappe
- Sammelmappe mit Schnellhefter
- Präsentationsstuhl
- Stoffdinosaurier (Dino)
- Gefühlsbarometer

Zusätzliches Material
Bereits in der Stunde zuvor erhalten die SuS den Arbeitsauftrag, zum nächsten Mal einen Gegenstand mitzubringen, der sie an ein schönes Fest erinnert (z. B. eine Rakete für Silvester, ein Geschenk, das sie zum letzten Zuckerfest erhalten haben, das Hochzeitsfoto eines Verwandten). Zudem sollte die Pädagogin einige Gegenstände als Reserve bereithalten. Dazu sollte das Unterrichtsmaterial K_04_UM_Feste_Karten doppelseitig ausgedruckt und ggf. laminiert vorliegen. Auf der Vorderseite befinden sich Namen unterschiedlicher Feste, auf der Rückseite eine kurze Information für die Pädagogin, worum es sich bei dem Fest handelt.

Stunde	4
Modul	Deutschland
Titel der Stunde	Meine Feste
Schwerpunktlernziel	Die Gruppe wird angeregt, sich mit ihrer kulturellen Vielfalt auseinanderzusetzen, zum Beispiel werden kulturelle und religiöse Gemeinsamkeiten und Unterschiede thematisiert. In der Kindergruppe wird die eigene Kultur anhand der Feste und Feierlichkeiten veranschaulicht. Die SuS erfahren die Wertschätzung ihrer Kultur und erleben diese als Ressource.
Thema der Stunde	feierliche Anlässe in verschiedenen Kulturen

Zeit	Ablauf der Stunde	didaktisch-methodischer Kommentar	schülerbezogener Kommentar	Medien/ Sozialform	Materialien	persönliche Kommentare
Vorbereitung	• Tafelanschrift: »Herzlich willkommen«; Karten in den Sprachen der SuS (außen links) • **Stundenablauf mit Symbolkarten** (innen rechts): – Symbolkarte Gesprächskreis: Religiöse Gegenstände – Symbolkarte Einzelarbeit: Meine Feste – Symbolkarte Gruppendiskussion: Präsentation – Symbolkarte Abschlussfest – Symbolkarte Gefühlsbarometer			Tafel	• K_V_UM_Sprachkarten_Herzlich willkommen • Symbolkarte Gesprächskreis • Symbolkarte Einzelarbeit • Symbolkarte Gruppendiskussion • Symbolkarte Abschlussfest • Symbolkarte Gefühlsbarometer	
Vorbereitung	• Gesprächskreis, Partnertische • Säckchen mit Namensschildern in der Mitte • Kamera	Vorbereitung der Stunde			• Säckchen mit Namensschildern • Kamera	

Zeit	Ablauf der Stunde	didaktisch-methodischer Kommentar	schülerbezogener Kommentar	Medien/ Sozialform	Materialien	persönliche Kommentare
5	• offene Anfangsphase • Evtl. müssen einzelne SuS in ihren Klassen abgeholt werden (siehe Liste).	offene Anfangsphase, positive Atmosphäre schaffen	Schüler- und Lehrerorientierung			
10	• Begrüßung der SuS an der Tür • Anwesenheitsliste mit Dinostempel • Verweisen auf den Gesprächskreis • P bereits im Gesprächskreis	Begrüßung	P als Modell gibt Sicherheit	Gesprächskreis	• K_V_UM_Anwesenheitsliste • Dinostempel, Stempelkissen	
	• Begrüßung mithilfe der Tafelanschrift • Wiederholen in den Sprachen der SuS	Anfangsritual. SuS prüfen die Sprachen, identifizieren ihre primäre Bezugssprache. SuS als Experten ihrer Sprache (Identität)	Wertschätzung der mehrsprachigen Identität; Kinder als Experten ihrer Sprache (Identität), Kompetenzorientierung	Gesprächskreis/Tafel	• K_V_UM_Sprachkarten_Herzlich willkommen	
	Namensschilder werden verteilt.			Gesprächskreis	• Namensschilder	
10	**Kleine Ressourcenübung** Reihum berichtet jeder ein kleines Highlight der vergangenen Woche.	SuS lernen, auch Kleinigkeiten als positives Erlebnis und somit als Ressource zu schätzen.		Gesprächskreis		
5	**Stundenablauf mit Symbolkarten und dem Dino** • Tafelanschrift: Meine Feste! • Ablauf mithilfe der Symbolkarten (siehe oben)	Informierender Unterrichtseinstieg, Transparenz über Struktur und Stundenablauf	Struktur gibt Sicherheit.	Tafel; Frontalphase	• Symbolkarten (siehe oben)	
5	**Zentrale Begriffe: Worum geht es heute?** • Die zentralen Begriffe der Stunde werden an die Tafel geschrieben und kurz besprochen. • Feste feiern, Glaube, Religion	Um Verständigungsschwierigkeiten vorzubeugen, werden die zentralen Begriffe der Stunde kurz erläutert.	Berücksichtigung der unterschiedlichen Deutschniveaus der SuS	Tafel; Frontalphase		

Zeit	Ablauf der Stunde	didaktisch-methodischer Kommentar	schülerbezogener Kommentar	Medien/ Sozialform	Materialien	persönliche Kommentare
15	**Gruppengespräch: Meine Feste** • Die SuS legen ihre mitgebrachten Gegenstände dazu und berichten kurz über das Fest. • Nun werden die Karten K_o4_UM_Feste ausgelegt. • Dino beginnt und stellt sein Geburtstagsfest vor. • Fragen zu den Karten werden beantwortet: »Welches Fest wurde noch nicht erwähnt? Welche Feste kennst du? Welche feierst du selbst? Was macht man am Festtag? Wer ist dabei?«	Wertschätzung der Bräuche und Sitten in den Kulturen der SuS, Kennenlernen von Ritualen und Festen der Mitschüler		Gesprächs-kreis	• K_o4_UM_Feste_Karten • Stoffdino • mitgebrachte Gegenstände der SuS und ggf. der Pädagogin	
20	**Meine Feste** Die SuS bearbeiten das Arbeitsblatt selbstständig und malen oder beschreiben dort ihr Lieblingsfest.		Schülerorientierung; Einzelarbeit schafft Sicherheit.	Einzel-arbeit	• K_o4_AB_Feste	
10 (evtl. in der Reflexion 1)	Präsentationsphase auf dem Präsentationsstuhl			Gesprächs-kreis	• Präsentations-stuhl	
10	**Planung Abschlussfest** • Die SuS diskutieren, welche Bräuche und Sitten an ihren Festen ihnen besonders wichtig sind. Welche davon könnte man in das Abschlussfest integrieren? • P trägt die Ideen auf einem DIN-A3-Blatt zusammen.	gemeinsames Gruppenerlebnis herstellen		Gesprächs-kreis	• DIN-A3-Blatt	
5	Eintragen in den Laufzettel		hilft den SuS, den individuellen Lernstand zu überblicken	LAS	• K_V_UM_Laufzettel	
5	**Gefühlsbarometer** • SuS werden gefragt, wie sie sich in einer bestimmten Situation (evtl. vorgeben) gefühlt haben. • Sie heften ihre Namensschilder an die entsprechenden Symbole auf dem Gefühlsbarometer.	Abschlussritual/individuelles Feedback	Gefühlen der SuS Beachtung schenken		• Gefühls-barometer • Namens-schilder	

Stunde 5 / Reflexion

Thema und Titel
Reflexion 1

Ziel
Die Reflexionsstunde bietet die Möglichkeit, Arbeiten aus den vorangegangenen Stunden fertigzustellen. Wesentlicher Bestandteil der Stunde ist die gemeinsame Reflexion von SuS und P. In dieser werden die wichtigsten Arbeiten für die Besondere Mappe zusammengestellt.

Arbeitsblätter und Unterrichtsmaterial

Stunde	Inhalt	Dokumentenname	Materialtyp
05	Stundenschilder	K_05_UM_Stundenschilder	Unterrichtsmaterial

Regelmäßig benötigtes Material
- K_V_UM_Sprachkarten_Herzlich willkommen
- K_V_UM_Anwesenheitsliste
- K_V_UM_Laufzettel
- Säckchen mit Namensschildern
- Materialkoffer
- Mandala als didaktische Reserve
- Wörterbücher
- Besondere Mappe
- Sammelmappe mit Schnellhefter
- Präsentationsstuhl
- Stoffdinosaurier (Dino)
- Gefühlsbarometer

Zusätzliches Material
Brettspiele oder Puzzle als didaktische Reserve bereithalten

Anmerkung
Ab Stunde 5 wird die offene Anfangsphase weggelassen, da die SuS nun bereits die regelmäßigen Gruppenstunden verinnerlicht haben und mit der Umgebung vertraut sind.

Stunde	5
Titel der Stunde	**Reflexion**
	Reflexion 1
Schwerpunktlernziel	Die Reflexionsstunde bietet die Möglichkeit, Arbeiten aus den vorangegangenen Stunden fertigzustellen. Wesentlicher Bestandteil der Stunde ist die gemeinsame Reflexion von SuS und P. In dieser werden die wichtigsten Arbeiten für die Besondere Mappe zusammengestellt.
Thema der Stunde	Reflexion

Zeit	Ablauf der Stunde	didaktisch-methodischer Kommentar	schülerbezogener Kommentar	Medien/Sozialform	Materialien	persönliche Kommentare
Vorbereitung	• Tafelanschrift: »Herzlich willkommen«; Karten in den Sprachen der SuS (außen links) • Symbolkarte Gefühlsbarometer	Vorbereitung der Stunde		Tafel	• K_V_UM_Sprachkarten_Herzlich willkommen • Symbolkarte Gefühlsbarometer	
Vorbereitung	• Gesprächskreis, Stationstische, etwas abseits ein Besprechungstisch mit zwei einander gegenüberstehenden Stühlen • K_o5_UM_Stundenschilder auf jedem Tisch verteilen • Säckchen mit Namensschildern in der Mitte	Vorbereitung der Stunde			• Säckchen mit Namensschildern • K_o5_UM_Stundenschilder	
10	• Begrüßung der SuS an der Tür • Anwesenheitsliste mit Dinostempel • Verweisen auf den Gesprächskreis • P bereits im Gesprächskreis	Begrüßung	P als Modell gibt Sicherheit	Gesprächskreis	• K_V_UM_Anwesenheitsliste • Dinostempel, Stempelkissen	

Zeit	Ablauf der Stunde	didaktisch-methodischer Kommentar	schülerbezogener Kommentar	Medien/Sozialform	Materialien	persönliche Kommentare
	• Begrüßung mithilfe der Tafelanschrift • Wiederholen in den Sprachen der SuS	Anfangsritual. SuS prüfen die Sprachen, identifizieren ihre primäre Bezugssprache. SuS als Experten ihrer Sprache (Identität)	Wertschätzung der mehrsprachigen Identität; Kinder als Experten ihrer Sprache (Identität), Kompetenzorientierung	Gesprächskreis/Tafel	• K_V_UM_Sprachkarten_Herzlich willkommen	
	Namensschilder werden verteilt.			Gesprächskreis	• Namensschilder	
10	**Kleine Ressourcenübung** Reihum berichtet jeder ein kleines Highlight der vergangenen Woche.	SuS lernen, auch Kleinigkeiten als positives Erlebnis und somit als Ressource zu schätzen.		Gesprächskreis		
60	**Fertigstellen der Arbeiten aus den Vorstunden** • Die Laufzettel der SuS werden verteilt, und gemeinsam werden die Arbeiten besprochen, die fertiggestellt werden sollen. • Die SuS entscheiden sich, an welchem Tisch sie weiterarbeiten möchten. • Es ist nicht notwendig, dass alle SuS alle Arbeitsblätter bearbeiten. **Mögliche Arbeiten zum Fertigstellen** • »Mein Name« (Std. 1) • K_01_AB_Das bin ich • K_01_AB_Das sind wir • »Collage: Gedanken an die Heimat« (Std. 2) • K_03_AB_Eindrücke • K_04_AB_Feste	Fertigstellen begonnener Arbeiten	Beachtung des individuellen Lerntempos der SuS	Einzelarbeit an den Stationstischen	• K_V_UM_Laufzettel der SuS • Sammelmappe mit Arbeitsblättern der SuS • Besondere Mappen der SuS	

Zeit	Ablauf der Stunde	didaktisch-methodischer Kommentar	schülerbezogener Kommentar	Medien/ Sozialform	Materialien	persönliche Kommentare
	P/SuS-Reflexion • Gleichzeitig gehen SuS und P die Arbeiten des Schülers durch. • Welchen Fortschritt sieht der Schüler selbst in seiner Arbeit? Welche Arbeit wird selbst als besonders gelungen betrachtet? Welche Ressourcen haben sich in den Arbeiten gezeigt? • Gemeinsam werden die Werke für die Besondere Mappe ausgewählt.	Reflexion der Werke der SuS	Wertschätzung der erbrachten Leistungen der SuS; SuS erkennen selbst den persönlichen Fortschritt		• Sammelmappe mit Arbeitsblättern der SuS • Besondere Mappen der SuS	
didaktische Reserve	Brettspiel oder Puzzle				• Brettspiele und Puzzle	
didaktische Reserve	Gestaltung der Besonderen Mappe				• Besondere Mappen	
5	Eintragen in den Laufzettel		hilft den SuS, den individuellen Lernstand zu überblicken	LAS	• K_V_UM_Laufzettel	
5	**Gefühlsbarometer** • SuS werden gefragt, wie sie sich in einer bestimmten Situation (evtl. vorgeben) gefühlt haben. • Sie heften ihre Namensschilder an die entsprechenden Symbole auf dem Gefühlsbarometer.	Abschlussritual/individuelles Feedback	Gefühlen der SuS Beachtung schenken		• Gefühlsbarometer • Namensschilder	

Stunde 6 / Modul Identität

Thema und Titel
Individuelle Eigenschaften und persönliche Stärken: »Ich bin ich 1«

Ziel
Die SuS lernen verstehen, was die eigene Identität ausmacht. Dabei sollen insbesondere die eigenen Stärken benannt werden, und es soll darüber reflektiert werden, welche Eigenschaften und Fähigkeiten ausgebaut werden sollen.

Arbeitsblätter und Unterrichtsmaterial

Stunde	Inhalt	Dokumentenname	Materialtyp
06	Körperumrisse	K_06_UM_Körperumriss	Unterrichtsmaterial
06	Mein Lebensweg	K_06_AB_Lebensweg	Arbeitsblatt
06	So ist das bei mir	K_06_AB_Fähigkeiten	Arbeitsblatt
06	Schatztruhe	K_06_UM_Schatztruhe	Arbeitsblatt
06	Wunderspiegel	K_06_AB_Wunderspiegel	Arbeitsblatt

Regelmäßig benötigtes Material
- K_V_UM_Sprachkarten_Herzlich willkommen
- K_V_UM_Anwesenheitsliste
- K_V_UM_Laufzettel
- Symbolkarten
- Symbolkarte Gefühlsbarometer
- Säckchen mit Namensschildern
- Materialkoffer
- Mandala als didaktische Reserve
- Wörterbücher
- Besondere Mappe
- Sammelmappe mit Schnellhefter
- Präsentationsstuhl
- Stoffdinosaurier (Dino)
- Gefühlsbarometer

Zusätzliches Material
- K_06_UM_Körperumriss und K_06_UM_Schatzkiste müssen vorab ausgedruckt und laminiert werden. Diese liegen später als Tischvorlage auf den Stationstischen aus.
- große Papierrolle oder Flipchart
- Kreppband
- kleine Schatztruhen aus Pappe oder Holz
- Material zum Bemalen und Bekleben (Pailletten, Stoffe, Papier)
- kleine Handspiegel

Anmerkung
Das Thema Identität ist ein zentrales Element dieses Projekts. Demnach erstreckt es sich über zwei Doppelstunden, Stunde 6 und Stunde 7. Für beide Stunden ist die Verwendung der Methode des »Lernens an Stationen« charakteristisch.

Stunde	6
Modul	Identität
Titel der Stunde	Ich bin ich 1
Schwerpunktlernziel	Die SuS lernen verstehen, was die eigene Identität ausmacht. Dabei sollen insbesondere die eigenen Stärken benannt werden, und es soll darüber reflektiert werden, welche Eigenschaften und Fähigkeiten ausgebaut werden sollen.
Thema der Stunde	individuelle Eigenschaften und persönliche Stärken

Zeit	Ablauf der Stunde	didaktisch-methodischer Kommentar	schülerbezogener Kommentar	Medien/ Sozialform	Materialien	persönliche Kommentare

Vorbe-reitung	• Tafelanschrift: »Herzlich willkommen«; Karten in den Sprachen der SuS (außen links)
	• **Stundenablauf mit Symbolkarten** (innen rechts):
	  – Symbolkarte Stationslernen
	  – Symbolkarte Gefühlsbarometer
		Vorbereitung der Stunde		Tafel	• K_V_UM_ Sprachkarten Herzlich willkommen
					• Symbolkarte Stationslernen
					• Symbolkarte Gefühlsbarometer	

Vorbe-reitung	• Gesprächskreis aufstellen, Stationstische • Lernen an Stationen aufbauen • Säckchen mit Namensschildern in der Mitte	Vorbereitung der Stunde			• Säckchen mit Namensschildern	
10	• Begrüßung der SuS an der Tür • Anwesenheitsliste mit Dinostempel • Verweisen auf den Gesprächskreis • P bereits im Gesprächskreis	Begrüßung	P als Modell gibt Sicherheit.	Gesprächskreis	• K_V_UM_ Anwesenheitsliste • Dinostempel, Stempelkissen	

Zeit	Ablauf der Stunde	didaktisch-methodischer Kommentar	schülerbezogener Kommentar	Medien/ Sozialform	Materialien	persönliche Kommentare
	• Begrüßung mithilfe der Tafelanschrift • Wiederholen in den Sprachen der SuS	Anfangsritual. SuS prüfen die Sprachen, identifizieren ihre primäre Bezugssprache. SuS als Experten ihrer Sprache (Identität)	Wertschätzung der mehrsprachigen Identität; Kinder als Experten ihrer Sprache (Identität), Kompetenzorientierung	Gesprächskreis/Tafel	• K_V_UM_Sprachkarten_Herzlich willkommen	
	Namensschilder werden verteilt.			Gesprächskreis	• Namensschilder	
10	**Kleine Ressourcenübung** Reihum berichtet jeder ein kleines Highlight der vergangenen Woche.	SuS lernen, auch Kleinigkeiten als positives Erlebnis und somit als Ressource zu schätzen.		Gesprächskreis		
5	**Stundenablauf mit Symbolkarten und dem Dino** • Tafelanschrift: Ich bin ich • Ablauf mithilfe der Symbolkarten (siehe oben)	Informierender Unterrichtseinstieg, Transparenz über Struktur und Stundenablauf.	Struktur gibt Sicherheit.	Tafel; Frontalphase	• Symbolkarten (siehe oben)	
5	**Zentrale Begriffe: Worum geht es heute?** • Die zentralen Begriffe der Stunde werden an die Tafel geschrieben und kurz besprochen. • Wer bin ich? Was kann ich gut? Was wünsche ich mir?			Tafel		
	LAS • Die Laufzettel werden verteilt. • Die Regeln des LAS werden kurz wiederholt.			Gesprächskreis	• K_V_UM_Laufzettel	
60 LAS	• **Körperumriss** Zwei SuS malen gegenseitig ihre Körperumrisse auf ein Blatt Papier. Wer möchte, kann sich noch ausmalen oder Körperteile beschriften. Die Bilder werden aufgehängt.	Visualisieren der eigenen Identität	SuS nehmen sich und ihre Identität ganzheitlich wahr.	Partnerarbeit/LAS	• Stifte • Papierrolle • Kreppband • K_o6_UM_Körperumriss (ausgedruckt und laminiert als Tischvorlage)	

Zeit	Ablauf der Stunde	didaktisch-methodischer Kommentar	schülerbezogener Kommentar	Medien/ Sozialform	Materialien	persönliche Kommentare
	Mein Weg Malen, Schreiben oder Erzählen des Lebenswegs mithilfe des AB	Visualisieren des Lebensweges, Migration als Teil davon	ⓘ Nichtmigranten-SuS: Das Feld »Heimat« kann mit dem Ort der ersten Lebensjahre ersetzt werden.	Einzelarbeit/LAS	• K_o6_AB_Lebensweg	
	Und das kann ich schon alles Die SuS füllen das AB zu Ressourcen selbständig aus und fügen eigene Fähigkeiten und Stärken hinzu.	Bewusstmachen der eigenen Fähigkeiten und Stärken		Einzelarbeit/LAS	• K_o6_AB_Fähigkeiten	
	Schatztruhe Die SuS bemalen und bekleben eine Schatztruhe. Auf Zettel werden die persönlichen Wünsche der Kinder geschrieben und in der Schatzkiste versteckt.	Bewusstmachen der eigenen Wünsche und Hoffnungen, Blick in die Zukunft		Einzelarbeit/LAS	• Schatztruhen • Material zum Bemalen und Bekleben • K_o6_UM_Schatztruhe (ausgedruckt und laminiert als Tischvorlage)	
	Wunderspiegel Die SuS erhalten kleine Spiegel und bearbeiten damit das AB.	Visualisieren der eigenen Identität		Einzelarbeit/LAS	• K_o6_AB_Wunderspiegel • kleiner Spiegel	
5	Eintragen in den Laufzettel		hilft den SuS, den individuellen Lernstand zu überblicken	LAS	• K_V_UM_Laufzettel	
5	**Gefühlsbarometer** • Die SuS werden gefragt, wie sie sich in einer bestimmten Situation (evtl. vorgeben) gefühlt haben. • Sie heften ihre Namensschilder an den entsprechenden Smiley auf dem Gefühlsbarometer.	Abschlussritual/individuelles Feedback	Gefühlen der SuS Beachtung schenken		• Gefühlsbarometer • Namensschilder	

Stunde 7 / Modul Identität

Thema und Titel
Individuelle Eigenschaften und persönliche Stärken: »Ich bin ich 2« (Fortsetzung von Stunde 6)

Ziel
Die SuS lernen verstehen, was die eigene Identität ausmacht. Dabei sollen insbesondere die eigenen Stärken benannt werden, und es soll darüber reflektiert werden, welche Eigenschaften und Fähigkeiten ausgebaut werden sollen.

Arbeitsblätter und Unterrichtsmaterial

Stunde	Inhalt	Dokumentenname	Materialtyp
07	Körperumrisse	K_06_UM_Körperumriss	Unterrichtsmaterial
07	Mein Lebensweg	K_06_AB_Lebensweg	Arbeitsblatt
07	So ist das bei mir	K_06_AB_Fähigkeiten	Arbeitsblatt
07	Schatztruhe	K_06_UM_Schatztruhe	Arbeitsblatt
07	Wunderspiegel	K_06_AB_Wunderspiegel	Arbeitsblatt

Da es sich bei Stunde 6 und Stunde 7 um eine Doppelstunde handelt, wiederholen sich hier die Arbeitsmaterialien aus der vorangegangenen Stunde 6.

Regelmäßig benötigtes Material
- K_V_UM_Sprachkarten_Herzlich willkommen
- K_V_UM_Anwesenheitsliste
- K_V_UM_Laufzettel
- Symbolkarten
- Symbolkarte Gefühlsbarometer
- Säckchen mit Namensschildern
- Materialkoffer
- Mandala als didaktische Reserve
- Wörterbücher
- Besondere Mappe
- Sammelmappe mit Schnellhefter
- Präsentationsstuhl
- Stoffdinosaurier (Dino)
- Gefühlsbarometer

Zusätzliches Material
- K_06_UM_Körperumriss und K_06_UM_Schatzkiste müssen vorab ausgedruckt und laminiert werden. Diese liegen später als Tischvorlage auf den Stationstischen aus.
- große Papierrolle oder Flipchart-Papier
- Kreppband
- kleine Schatztruhen aus Pappe oder Holz
- Material zum Bemalen und Bekleben (Pailletten, Stoffe, Papier etc.)
- kleine Handspiegel

Stunde	7
Modul	Identität
Titel der Stunde	Ich bin ich 2
Schwerpunktlernziel	Die SuS lernen verstehen, was die eigene Identität ausmacht. Dabei sollen insbesondere die eigenen Stärken benannt werden, und es soll darüber reflektiert werden, welche Eigenschaften und Fähigkeiten ausgebaut werden sollen.
Thema der Stunde	individuelle Eigenschaften und persönliche Stärken

Zeit	Ablauf der Stunde	didaktisch-methodischer Kommentar	schülerbezogener Kommentar	Medien/ Sozialform	Materialien	persönliche Kommentare
Vorbereitung	• Tafelanschrift: »Herzlich willkommen«; Karten in den Sprachen der SuS (außen links) • **Stundenablauf mit Symbolkarten** (innen rechts): – Symbolkarte Stationslernen – Symbolkarte Gefühlsbarometer	Vorbereitung der Stunde		Tafel	• K_V_UM_ Sprachkarten_Herzlich willkommen • Symbolkarte Stationslernen • Symbolkarte Gefühlsbarometer	
Vorbereitung	• Gesprächskreis, Stationstische • Lernen an Stationen aufbauen • Säckchen mit Namensschildern in der Mitte	Vorbereitung der Stunde			• Säckchen mit Namensschildern	
10	• Begrüßung der SuS an der Tür • Anwesenheitsliste mit Dinostempel • Verweisen auf den Gesprächskreis • P bereits im Gesprächskreis	Begrüßung	P als Modell gibt Sicherheit	Gesprächskreis	• K_V_UM_ Anwesenheitsliste • Dinostempel, Stempelkissen	

Zeit	Ablauf der Stunde	didaktisch-methodischer Kommentar	schülerbezogener Kommentar	Medien/ Sozialform	Materialien	persönliche Kommentare
	• Begrüßung mithilfe der Tafelanschrift • Wiederholen in den Sprachen der SuS	Anfangsritual. SuS prüfen die Sprachen, identifizieren ihre primäre Bezugssprache. SuS als Experten ihrer Sprache (Identität)	Wertschätzung der mehrsprachigen Identität; Kinder als Experten ihrer Sprache (Identität), Kompetenzorientierung	Gesprächskreis/Tafel	• K_V_UM_Sprachkarten_Herzlich willkommen	
	Namensschilder werden verteilt.			Gesprächskreis	• Namensschilder	
10	**Kleine Ressourcenübung** Reihum berichtet jeder ein kleines Highlight der vergangenen Woche.	SuS lernen, auch Kleinigkeiten als positives Erlebnis und somit als Ressource zu schätzen.		Gesprächskreis		
5	**Stundenablauf mit Symbolkarten und dem Dino** • Tafelanschrift: Ich bin ich, Fortsetzung der Stunde • Ablauf mithilfe der Symbolkarten (siehe oben)	Informierender Unterrichtseinstieg, Transparenz über Struktur und Stundenablauf.	Struktur gibt Sicherheit	Tafel; Frontalphase	• Symbolkarten (siehe oben)	
	LAS • Die Laufzettel werden verteilt. • Wiederholung des Stundeninhalts der vergangenen Stunde und der Regeln des LAS • Klären möglicher Fragen			Gesprächskreis	• K_V_UM_Laufzettel	
60 LAS	**a) Körperumriss** Zwei SuS malen gegenseitig ihre Körperumrisse auf ein Blatt Papier. Wer möchte, kann sich noch ausmalen oder Körperteile beschriften. Die Bilder werden aufgehängt.	Visualisieren der eigenen Identität	SuS nehmen sich und ihre Identität ganzheitlich wahr.	Partnerarbeit/LAS	• Stifte • Papierrolle • Kreppband • K_o6_UM_Körperumriss (ausgedruckt und laminiert als Tischvorlage)	

Zeit	Ablauf der Stunde	didaktisch-methodischer Kommentar	schülerbezogener Kommentar	Medien/ Sozialform	Materialien	persönliche Kommentare
	b) Mein Weg Malen, Schreiben oder Erzählen des Lebenswegs mithilfe des AB	Visualisieren des Lebenswegs, Migration als Teil davon	ⓘNichtmigranten-SuS: Das Feld »Heimat« kann mit dem Ort der ersten Lebensjahre ersetzt werden.	Einzelarbeit/LAS	• K_o6_AB_ Lebensweg	
	c) So ist das bei mir Die SuS füllen das AB zu Ressourcen selbstständig aus und fügen eigene Fähigkeiten und Stärken hinzu.	Bewusstmachen der eigenen Fähigkeiten und Stärken		Einzelarbeit/LAS	• K_o6_AB_ Fähigkeiten	
	d) Schatztruhe Die SuS bemalen und bekleben eine Schatztruhe. Auf Zettel werden die persönlichen Wünsche der Kinder geschrieben und in der Schatzkiste versteckt.	Bewusstmachen der eigenen Wünsche und Hoffnungen, Blick in die Zukunft		Einzelarbeit/LAS	• Schatztruhe • Material zum Bemalen und Bekleben • K_o6_UM_ Schatztruhe (ausgedruckt und laminiert als Tischvorlage)	
	e) Wunderspiegel Die SuS erhalten kleine Spiegel und bearbeiten damit das AB.	Visualisieren der eigenen Identität		Einzelarbeit/LAS	• K_o6_AB_ Wunderspiegel • kleiner Spiegel	
20	Präsentation der Arbeiten durch Rundgang durch die Stationen	Wertschätzung der Arbeiten der SuS				
3	Eintragen in den Laufzettel		hilft den SuS, den individuellen Lernstand zu überblicken	LAS	• K_V_UM_Laufzettel	
3	**Gefühlsbarometer** • SuS werden gefragt, wie sie sich in einer bestimmten Situation (evtl. vorgeben) gefühlt haben. • Sie heften ihre Namensschilder an die entsprechenden Symbole auf dem Gefühlsbarometer.	Abschlussritual/individuelles Feedback	Gefühlen der SuS Beachtung schenken		• Gefühlsbarometer • Namensschilder	

Stunde 8 / Modul Gefühle

Thema und Titel
Wortfeld Gefühle: »Wir entdecken Gefühle 1«

Ziel
Die SuS erwerben Begriffe, um ihre Gefühle auszudrücken. Ziel ist es, die eigenen Gefühle zu benennen und diese eigenen Erfahrungen zuzuordnen. Mithilfe der Figur »Hund Anton« können die SuS stellvertretend ihre Gefühle ausdrücken.

Arbeitsblätter und Unterrichtsmaterial

Stunde	Inhalt	Dokumentenname	Materialtyp
o8	Antonkarten	K_o8_UM_Antonkarten	Unterrichtsmaterial
o8	Antwortkarten	K_o8_UM_Antwortkarten	Unterrichtsmaterial
o8	Gefühle	K_o8_AB_Gefühle	Arbeitsblatt
o8	Lösungsblatt	K_o8_UM_Lösungsblatt	Unterrichtsmaterial

Regelmäßig benötigtes Material
- K_V_UM_Sprachkarten_Herzlich willkommen
- K_V_UM_Anwesenheitsliste
- K_V_UM_Laufzettel
- Symbolkarten
- Symbolkarte Gefühlsbarometer
- Säckchen mit Namensschildern
- Materialkoffer
- Mandala als didaktische Reserve
- Wörterbücher
- Besondere Mappe
- Sammelmappe mit Schnellhefter
- Präsentationsstuhl
- Stoffdinosaurier (Dino)
- Gefühlsbarometer

Zusätzliches Material
- Ein Gefühlswürfel muss angefertigt werden. Dazu werden sechs Hunde, die unterschiedliche Gefühle verkörpern, von der letzten Seite des Arbeitsblatts »K_08_AB_Gefühle« ausgeschnitten und auf einen etwas größeren Schaumstoffwürfel geklebt. Idealerweise werden die sechs Kärtchen im Vorfeld laminiert.
- Das Vorlesen einer Fantasiereise hat für viele Kinder und Jugendliche eine beruhigende und entspannende Wirkung. Fantasiereisen finden sich im Internet oder in zahlreichen Büchern (beispielsweise Murdock 2009). Für die didaktische Reserve dieser Stunde bietet es sich an, eine Fantasiereise zum Themenfeld »Innere Gefühlswelt« bereitzuhalten.

Stunde	8
Modul	Gefühle
Titel der Stunde	Wir entdecken Gefühle 1
Schwerpunktlernziel	Die SuS erwerben Begriffe, um ihre Gefühle auszudrücken. Ziel ist es, die eigenen Gefühle zu benennen und diese eigenen Erfahrungen zuzuordnen.
Thema der Stunde	Wortfeld Gefühle

Zeit	Ablauf der Stunde	didaktisch-methodischer Kommentar	schülerbezogener Kommentar	Medien/Sozialform	Materialien	persönliche Kommentare

Vorbereitung	• Tafelanschrift: »Herzlich willkommen«; Karten in den Sprachen der SuS (außen links)
	• **Stundenablauf mit Symbolkarten** (innen rechts):
	  – Symbolkarte Gesprächskreis
	  – Symbolkarte Partnerarbeit
	  – Symbolkarte Gesprächskreis
	  – Symbolkarte Gefühlsbarometer
		Vorbereitung der Stunde		Tafel	• K_V_UM_Sprachkarten_Herzlich willkommen
					• Symbolkarte Gesprächskreis
					• Symbolkarte Partnerarbeit
					• Symbolkarte Gefühlsbarometer	

Vorbereitung	• Gesprächskreis aufstellen, Partnertische • Säckchen mit Namensschildern in der Mitte	Vorbereitung der Stunde			• Säckchen mit Namensschildern	
10	• Begrüßung der SuS an der Tür • Anwesenheitsliste mit Dinostempel • Verweisen auf den Gesprächskreis • P bereits im Gesprächskreis	Begrüßung	P als Modell gibt Sicherheit	Gesprächskreis	• K_V_UM_Anwesenheitsliste • Dinostempel, Stempelkissen	

Zeit	Ablauf der Stunde	didaktisch-methodischer Kommentar	schülerbezogener Kommentar	Medien/Sozialform	Materialien	persönliche Kommentare
	• Begrüßung mithilfe der Tafelanschrift • Wiederholen in den Sprachen der SuS	Anfangsritual. SuS prüfen die Sprachen, identifizieren ihre primäre Bezugssprache. SuS als Experten ihrer Sprache (Identität)	Wertschätzung der mehrsprachigen Identität; Kinder als Experten ihrer Sprache (Identität), Kompetenzorientierung	Gesprächskreis/Tafel	• K_V_UM_Sprachkarten_Herzlich willkommen	
	Namensschilder werden verteilt.			Gesprächskreis	• Namensschilder	
10	**Kleine Ressourcenübung** Reihum berichtet jeder ein kleines Highlight der vergangenen Woche.	SuS lernen, auch Kleinigkeiten als positives Erlebnis und somit als Ressource zu schätzen.		Gesprächskreis		
5	**Stundenablauf mit Symbolkarten und dem Dino** • Tafelanschrift: Wir entdecken Gefühle • Ablauf mithilfe der Symbolkarten (siehe oben)	Informierender Unterrichtseinstieg, Transparenz über Struktur und Stundenablauf	Struktur gibt Sicherheit	Tafel; Frontalphase	• Symbolkarten (siehe oben)	
5	**Zentrale Begriffe: Worum geht es heute?** • Die zentralen Begriffe der Stunde werden an die Tafel geschrieben und kurz besprochen. • schöne und schlechte Gefühle			Tafel		
15	**Gefühlsratespiel** • Die SuS erhalten eine Karte mit dem Hund Anton. • P macht vor: Karte wird in die Mitte gelegt, damit sie jeder betrachten kann. • Gemeinsam wird überlegt, wie das Gefühl auf der Karte heißt. Achtung, häufig gibt es mehrere Bezeichnungen, und es gibt nicht die endgültig richtige Lösung • Antwortkarten werden aufgedeckt • Satz wird anhand des eben benannten Gefühls vervollständigt. • Reihum werden alle Gefühle benannt.	Lernen, Gefühle in Deutschen verbal auszudrücken	Bewusstmachen der eigenen Gefühle und der Gefühle anderer! Insbesondere, eine Situation für das Gefühl zu finden, ist teilweise sehr persönlich. Wenn ein Schüler dies nicht möchte, kann ein Mitschüler die Aufgabe übernehmen!	Gesprächskreis	• K_08_UM_Antonkarten • K_08_UM_Antwortkarten	

Zeit	Ablauf der Stunde	didaktisch-methodischer Kommentar	schülerbezogener Kommentar	Medien/ Sozialform	Materialien	persönliche Kommentare
20	**Partnerarbeit: Gefühle** • Arbeitsblatt Gefühle wird ausgeteilt und in Kleingruppen bearbeitet. • P hängt Hunde in der richtigen Reihenfolge mit Nummern verdeckt an die Tafel. • Wer fertig ist, kann sich die Lösung an der Tafel ansehen und die Karten aufkleben. • kurze Präsentation	fremde Gefühle erkennen und benennen können	Selbstkontrolle der SuS durch eigenständiges Kontrollieren an der Tafel	Kleingruppe	• K_o8_AB_ Gefühle • K_o8_AB_ Antonkarten • K_o8_UM_ Lösungsblatt	
15	**Gefühlspantomime** • Ein Schüler würfelt mit dem Gefühlswürfel. Die anderen dürfen das Ergebnis nicht sehen. • Pantomimisch wird das Gefühl dargestellt. Die restlichen SuS raten, um welches Gefühl es sich handelt.	einüben, Gefühle nachzuspielen und bei anderen zu erkennen		Gesprächskreis	• Gefühlswürfel	
didaktische Reserve	**Fantasiereise** • Die SuS verteilen sich im Raum und schließen die Augen. • Die Fantasiereise wird vorgelesen. • Die SuS malen ein Bild zur Fantasiereise.	Entspannungsübung, SuS wird die Kraft der eigenen Gedanken bewusst.	Nicht jedem fällt es leicht, sich auf die Übung einzulassen. Die SuS können die Augen ggf. offen lassen, sollen die anderen dabei jedoch nicht stören. Z. B. bietet es sich an, dass diese Kinder mit dem Rücken zu den anderen sitzen.	Jeder Schüler findet eine für sich bequeme Position (sitzend, liegend etc.).	• Ausdruck einer Fantasiereise	
5	Eintragen in den Laufzettel		hilft den SuS, den individuellen Lernstand zu überblicken	LAS	• K_V_UM_Laufzettel	
5	**Gefühlsbarometer** • SuS werden gefragt, wie sie sich in einer bestimmten Situation (evtl. vorgeben) gefühlt haben. • Sie heften ihre Namensschilder an die entsprechenden Smileys auf dem Gefühlsbarometer.	Abschlussritual/individuelles Feedback	Gefühlen der SuS Beachtung schenken		• Gefühlsbarometer • Namensschilder	

Stunde 9 / Modul Gefühle

Thema und Titel
Wortfeld Gefühle: »Wir entdecken Gefühle 2«

Ziel
Die SuS erwerben Begriffe, um ihre Gefühle auszudrücken. Ziel ist es, die eigenen Gefühle zu benennen und diese eigenen Erfahrungen zuzuordnen.

Arbeitsblätter und Unterrichtsmaterial

Stunde	Inhalt	Dokumentenname	Materialtyp
09	Steine	K_09_UM_Stein	Unterrichtsmaterial
09	Traurig und fröhlich	K_09_AB_Traurig_fröhlich	Unterrichtsmaterial

Regelmäßig benötigtes Material
- K_V_UM_Sprachkarten_Herzlich willkommen
- K_V_UM_Anwesenheitsliste
- K_V_UM_Laufzettel
- Symbolkarten
- Symbolkarte Gefühlsbarometer
- Säckchen mit Namensschildern
- Materialkoffer
- Mandala als didaktische Reserve
- Wörterbücher
- Besondere Mappe
- Sammelmappe mit Schnellhefter
- Präsentationsstuhl
- Stoffdinosaurier (Dino)
- Gefühlsbarometer

Zusätzliches Material
- Wasserschüssel
- kleine Steine
- Das Vorlesen einer Fantasiereise hat auf viele Kinder und Jugendliche eine beruhigende und entspannende Wirkung. Fantasiereisen finden sich im Internet oder in zahlreichen Büchern (beispielsweise Murdock 2009). Für diese Stunde bietet sich eine Fantasiereise an, die vor allem positive und fröhliche Gefühle weckt. Die SuS sollen auf keinen Fall mit einer traurigen Stimmung aus der Gruppe gehen.

Stunde	9
Modul	Gefühle
Titel der Stunde	Wir entdecken Gefühle 2
Schwerpunktlernziel	Die SuS erwerben Begriffe, um ihre Gefühle auszudrücken. Ziel ist es, die eigenen Gefühle zu benennen und diese eigenen Erfahrungen zuzuordnen.
Thema der Stunde	Wortfeld Gefühle

Zeit	Ablauf der Stunde	didaktisch-methodischer Kommentar	schülerbezogener Kommentar	Medien/Sozialform	Materialien	persönliche Kommentare
Vorbereitung	• Tafelanschrift: »Herzlich willkommen«; Karten in den Sprachen der SuS (außen links) • **Stundenablauf mit Symbolkarten** (innen rechts): – Symbolkarte Gesprächskreis: Gefühlsstein – Symbolkarte Einzelarbeit: Traurig & fröhlich – Symbolkarte Entspannung: Fantasiereise – Symbolkarte Gefühlsbarometer	Vorbereitung der Stunde		Tafel	• K_V_UM_Sprachkarten_Herzlich willkommen • Symbolkarte Gesprächskreis • Symbolkarte Einzelarbeit • Symbolkarte Entspannung • Symbolkarte Gefühlsbarometer	
Vorbereitung	• Gesprächskreis aufstellen, Partnertische • Säckchen mit Namensschildern in der Mitte	Vorbereitung der Stunde			• Säckchen mit Namensschildern	
10	• Begrüßung der SuS an der Tür • Anwesenheitsliste mit Dinostempel • Verweisen auf den Gesprächskreis • P bereits im Gesprächskreis	Begrüßung	P als Modell gibt Sicherheit	Gesprächskreis	• K_V_UM_Anwesenheitsliste • Dinostempel, Stempelkissen	

Zeit	Ablauf der Stunde	didaktisch-methodischer Kommentar	schülerbezogener Kommentar	Medien/ Sozialform	Materialien	persönliche Kommentare
	• Begrüßung mithilfe der Tafelanschrift • Wiederholen in den Sprachen der SuS	Anfangsritual. SuS prüfen die Sprachen, identifizieren ihre primäre Bezugssprache. SuS als Experten ihrer Sprache (Identität)	Wertschätzung der mehrsprachigen Identität; Kinder als Experten ihrer Sprache (Identität), Kompetenzorientierung	Gesprächskreis/Tafel	• K_V_UM_Sprachkarten_Herzlich willkommen	
	Namensschilder werden verteilt.			Gesprächskreis	• Namensschilder	
10	**Kleine Ressourcenübung** Reihum berichtet jeder ein kleines Highlight der vergangenen Woche.	SuS lernen, auch Kleinigkeiten als positives Erlebnis und somit als Ressource zu schätzen.		Gesprächskreis		
5	**Stundenablauf mit Symbolkarten und dem Dino** • Tafelanschrift: Wir entdecken Gefühle 2 • Ablauf mithilfe der Symbolkarten (siehe oben)	Informierender Unterrichtseinstieg, Transparenz über Struktur und Stundenablauf	Struktur gibt Sicherheit.	Tafel; Frontalphase	• Symbolkarten (siehe oben)	
5	**Zentrale Begriffe: Worum geht es heute?** • Die zentralen Begriffe der Stunde werden an die Tafel geschrieben und kurz besprochen. • schöne und schlechte Gefühle			Tafel		
15	**Gefühlsstein** • Die SuS sitzen auf dem Boden. In der Mitte steht ein Topf mit Wasser. Jedes Kind erhält einen Kieselstein. • Der Dino beginnt und erzählt, während der Kieselstein ins Wasser geworfen wurde, wann er das letzte Mal traurig war. • Die SuS fahren damit fort. • Am Ende dürfen die Steine mit nach Hause genommen werden.	Verbalisieren persönlicher Gefühle in der Gruppe	Über ein trauriges Erlebnis zu berichten ist für viele SuS nicht einfach und sollte auf keinen Fall erzwungen werden. Dennoch sollte die P darauf vorbereitet sein, dass die Kinder sehr Ergreifendes berichten!	Gesprächskreis (am Boden)	• Wasserschüssel • kleine Steine • K_og_UM_Stein	

Zeit	Ablauf der Stunde	didaktisch-methodischer Kommentar	schülerbezogener Kommentar	Medien/ Sozialform	Materialien	persönliche Kommentare
20	**Traurig und fröhlich** Die SuS schreiben, malen oder erzählen mithilfe des AB, was sie traurig und fröhlich macht.	detaillierte Beschreibung der eigenen Gefühle bewusst in Einzelarbeit	Gute Begleitung vonseiten der P ist notwendig. Um mit einen guten Gefühl aus der Stunde zu gehen, sollte der Teil über die fröhlichen Gefühle am Ende gemacht werden.	Einzelarbeit	• K_09_AB_Traurig_fröhlich • Stifte	
15	**Fantasiereise** • Die SuS verteilen sich im Raum und schließen die Augen. • Die Fantasiereise wird vorgelesen. • Die SuS malen ein Bild zur Fantasiereise.	Entspannungsübung, SuS wird die Kraft der eigenen Gedanken bewusst.	Nicht jedem fällt es leicht, sich auf die Übung einzulassen. Die SuS können die Augen ggf. offen lassen, sollen die anderen dabei jedoch nicht stören. Z. B. bietet es sich an, dass diese Kinder mit dem Rücken zu den anderen sitzen.	Jeder Schüler findet eine für sich bequeme Position. SuS werden angeregt auch schulunübliche Positionen, wie liegend, einzunehmen	• Ausdruck einer Fantasiereise	
5	Eintragen in den Laufzettel		hilft den SuS den individuellen Lernstand zu überblicken	LAS	• K_V_UM_Laufzettel	
5	**Gefühlsbarometer** • SuS werden gefragt, wie sie sich in einer bestimmten Situation (evtl. vorgeben) gefühlt haben. • Sie heften ihre Namensschilder an den entsprechenden Smiley auf dem Gefühlsbarometer.	Abschlussritual/individuelles Feedback	Gefühlen der SuS Beachtung schenken		• Namensschilder	

Stunde 10 / Reflexion

Thema und Titel
Reflexion 2

Ziel
Die Reflexionsstunde bietet die Möglichkeit, Arbeiten aus den vorangegangenen Stunden fertigzustellen. Wesentlicher Bestandteil der Stunde ist die gemeinsame Reflexion von SuS und P. In dieser werden die wichtigsten Arbeiten für die Besondere Mappe zusammengestellt.

Arbeitsblätter und Unterrichtsmaterial

Stunde	Inhalt	Dokumentenname	Materialtyp
10	Stundenschilder	K_10_UM_Stundenschilder	Unterrichtsmaterial

Regelmäßig benötigtes Material
- K_V_UM_Sprachkarten_Herzlich willkommen
- K_V_UM_Anwesenheitsliste
- K_V_UM_Laufzettel
- Säckchen mit Namensschildern
- Materialkoffer
- Mandala als didaktische Reserve
- Wörterbücher
- Besondere Mappe
- Sammelmappe mit Schnellhefter
- Präsentationsstuhl
- Stoffdinosaurier (Dino)
- Gefühlsbarometer

Zusätzliches Material
Brettspiele oder Puzzle als didaktische Reserve bereithalten

Stunde	10
Titel der Stunde	Reflexion
	Reflexion 2
Schwerpunktlernziel	Die Reflexionsstunde bietet die Möglichkeit, Arbeiten aus den vorangegangenen Stunden fertigzustellen. Wesentlicher Bestandteil der Stunde ist die gemeinsame Reflexion von SuS und P. In dieser werden die wichtigsten Arbeiten für die Besondere Mappe zusammengestellt.
Thema der Stunde	Reflexion

Zeit	Ablauf der Stunde	didaktisch-methodischer Kommentar	schülerbezogener Kommentar	Medien/ Sozialform	Materialien	persönliche Kommentare
Vor- bereitung	• Tafelanschrift: »Herzlich willkommen«; Karten in den Spra- chen der SuS (außen links)	Vorbereitung der Stunde		Tafel	• K_V_UM_ Sprachkar- ten_Herzlich willkommen	
Vor- bereitung	• Gesprächskreis, Stationstische, etwas abseits ein Bespre- chungstisch mit zwei einander gegenüberstehenden Stüh- len • K_10_UM_Stundenschilder auf jedem Tisch verteilen • Säckchen mit Namensschildern in der Mitte	Vorbereitung der Stunde			• Säckchen mit Namens- schildern • K_10_UM_ Stunden- schilder	
10	• Begrüßung der SuS an der Tür • Anwesenheitsliste mit Dinostempel • Verweisen auf den Gesprächskreis • P bereits im Gesprächskreis	Begrüßung	P als Modell gibt Sicherheit.	Gesprächs- kreis	• K_V_UM_ Anwesen- heitsliste • Dinostempel, Stempelkissen	
	• Begrüßung mithilfe der Tafelanschrift • Wiederholen in den Sprachen der SuS	Anfangsritual SuS prüfen die Spra- chen, identifizieren ihre primäre Bezugs- sprache. SuS als Ex- perten ihrer Sprache (Identität)	Wertschätzung der mehrsprachigen Identi- tät; Kinder als Experten ihrer Sprache (Identi- tät), Kompetenzorien- tierung	Gesprächs- kreis/Tafel	• K_V_UM_ Sprachkar- ten_Herzlich willkommen	

Zeit	Ablauf der Stunde	didaktisch-methodischer Kommentar	schülerbezogener Kommentar	Medien/Sozialform	Materialien	persönliche Kommentare
	Namensschilder werden verteilt.			Gesprächskreis	• Namens-schilder	
10	**Kleine Ressourcenübung** Reihum berichtet jeder ein kleines Highlight der vergangenen Woche.	SuS lernen, auch Kleinigkeiten als positives Erlebnis und somit als Ressource zu schätzen.		Gesprächskreis		
60	**Fertigstellen der Arbeiten aus den Vorstunden** • Die Laufzettel der SuS werden verteilt, und gemeinsam werden die Arbeiten besprochen, die fertiggestellt werden sollen • Die SuS entscheiden sich, an welchem Tisch sie weiterarbeiten möchten. • Es ist nicht notwendig, dass alle SuS alle Arbeitsblätter bearbeiten. **Mögliche Arbeiten zum Fertigstellen** • K_o6_AB_Lebensweg • K_o6_AB_Fähigkeiten • K_o6_AB_Wunderspiegel • K_o6_UM_Körperumrisse • K_o6_UM_Schatztruhe • K_o8_AB_Gefühle • K_o9_AB_Traurig_fröhlich	Fertigstellen begonnener Arbeiten	Beachtung des individuellen Lerntempos der SuS	Einzelarbeit an den Stationstischen	• K_V_UM_Laufzettel der SuS • Sammelmappe mit Arbeitsblättern der SuS • Besondere Mappen der SuS	
	P/SuS-Reflexion • Gleichzeitig gehen SuS und P die Arbeiten der SuS durch. • Welchen Fortschritt sehen die SuS selbst in ihrer Arbeit? Welche Arbeit wird selbst als besonders gelungen betrachtet? Welche Ressourcen haben sich in den Arbeiten gezeigt? • Gemeinsam werden die Werke für die Besondere Mappe ausgewählt.	Reflexion der Werke der SuS	Wertschätzung der erbrachten Leistungen der SuS; SuS erkennen selbst den persönlichen Fortschritt		• Sammelmappe mit Arbeitsblättern der SuS • Besondere Mappen der SuS	

Zeit	Ablauf der Stunde	didaktisch-methodischer Kommentar	schülerbezogener Kommentar	Medien/ Sozialform	Materialien	persönliche Kommentare
didaktische Reserve	Brettspiel oder Puzzle				• Brettspiele und Puzzle	
didaktische Reserve	Gestaltung der Besonderen Mappe				• Besondere Mappen	
5	Eintragen in den Laufzettel		hilft den SuS, den individuellen Lernstand zu überblicken	LAS	• K_V_UM_Laufzettel	
5	**Gefühlsbarometer** • SuS werden gefragt, wie sie sich in einer bestimmten Situation (evtl. vorgeben) gefühlt haben. • Sie heften ihre Namensschilder an die entsprechenden Symbole auf dem Gefühlsbarometer.	Abschlussritual/individuelles Feedback	Gefühlen der SuS Beachtung schenken		• Gefühlsbarometer • Namensschilder	

Stunde 11 / Modul Soziales Umfeld

Thema und Titel
Beziehungen zu Gleichaltrigen: »Meine Freunde«

Ziel
Der Austausch positiver Erfahrungen zum Thema Freundschaft wird angeregt. Die unterstützende Funktion von Freundschaft soll bewusst werden. Die Fähigkeit, neue Freundschaften zu knüpfen und alte Freundschaften beizubehalten, soll eingeübt werden.

Arbeitsblätter und Unterrichtsmaterial

Stunde	Inhalt	Dokumentenname	Materialtyp
11	Freunde damals und heute	K_11_UM_Karten_Damals_heute	Unterrichtsmaterial
11	Mein Freund, meine Freundin	K_11_AB_Mein Freund	Arbeitsblatt
11	Telefonliste	K_11_AB_Telefonliste	Arbeitsblatt
11	Zwei Maler	K_11_UM_Maler	Unterrichtsmaterial
11	Den Weg zeigen	K_11_UM_Weg	Unterrichtsmaterial
11	Weil du mein Freund bist – Geschenk basteln	K_11_UM_Geschenk	Unterrichtsmaterial

Regelmäßig benötigtes Material
- K_V_UM_Sprachkarten_Herzlich willkommen
- K_V_UM_Anwesenheitsliste
- K_V_UM_Laufzettel
- Symbolkarten
- Symbolkarte Gefühlsbarometer
- Säckchen mit Namensschildern
- Materialkoffer
- Mandala als didaktische Reserve
- Wörterbücher
- Besondere Mappe
- Sammelmappe mit Schnellhefter
- Präsentationsstuhl
- Stoffdinosaurier (Dino)
- Gefühlsbarometer

Zusätzliches Material
- Wasserkrug und Gläser
- K_11_UM_Maler, K_11_UM_Weg und K_11_UM_Geschenk müssen vorab ausgedruckt und laminiert werden. Diese liegen später als Tischvorlage auf den Stationstischen aus.
- einfacher Würfel
- Hindernisse für den Parcours
- Augenbinden
- leere Streichholzschachteln
- Material zum Bekleben (buntes Papier, Pailletten etc.)

Stunde	11
Modul	**Soziales Umfeld**
Titel der Stunde	**Meine Freunde**
Schwerpunktlernziel	Der Austausch positiver Erfahrungen zum Thema Freundschaft wird angeregt. Die unterstützende Funktion von Freundschaft soll bewusst werden. Die Fähigkeit, neue Freundschaften zu knüpfen und alte Freundschaften beizubehalten, soll eingeübt werden.
Thema der Stunde	Beziehungen zu Gleichaltrigen

Zeit	Ablauf der Stunde	didaktisch-methodischer Kommentar	schülerbezogener Kommentar	Medien/ Sozialform	Materialien	persönliche Kommentare
Vorbereitung	• Tafelanschrift: »Herzlich willkommen«; Karten in den Sprachen der SuS (außen links) • **Stundenablauf mit Symbolkarten** (innen rechts): – Symbolkarte Gesprächskreis: Meine Freunde hier und damals – Symbolkarte Stationslernen: LAS – Symbolkarte Präsentation – Symbolkarte Gefühlsbarometer	Vorbereitung der Stunde		Tafel	• K_V_UM_Sprachkarten_Herzlich willkommen • Symbolkarte Gesprächskreis • Symbolkarte Stationslernen • Symbolkarte Präsentation • Symbolkarte Gefühlsbarometer	
Vorbereitung	• Gesprächskreis, Stationstische • Säckchen mit Namensschildern in der Mitte	Vorbereitung der Stunde			• Säckchen mit Namensschildern	
10	• Begrüßung der SuS an der Tür • Anwesenheitsliste mit Dinostempel • Verweisen auf den Gesprächskreis • P bereits im Gesprächskreis	Begrüßung	P als Modell gibt Sicherheit.	Gesprächskreis	• K_V_UM_Anwesenheitsliste • Dinostempel, Stempelkissen	

Zeit	Ablauf der Stunde	didaktisch-methodischer Kommentar	schülerbezogener Kommentar	Medien/ Sozialform	Materialien	persönliche Kommentare
	• Begrüßung mithilfe der Tafelanschrift • Wiederholen in den Sprachen der SuS	Anfangsritual SuS prüfen die Sprachen, identifizieren ihre primäre Bezugssprache. SuS als Experten ihrer Sprache (Identität)	Wertschätzung der mehrsprachigen Identität; Kinder als Experten ihrer Sprache (Identität), Kompetenzorientierung	Gesprächskreis/Tafel	• K_V_UM_Sprachkarten_Herzlich willkommen	
	Namensschilder werden verteilt			Gesprächskreis	• Namensschilder	
10	**Kleine Ressourcenübung** Reihum berichtet jeder ein kleines Highlight der vergangenen Woche.	SuS lernen, auch Kleinigkeiten als positives Erlebnis und somit als Ressource zu schätzen.		Gesprächskreis		
5	**Stundenablauf mit Symbolkarten und dem Dino** • Tafelanschrift: Meine Freunde • Ablauf mithilfe der Symbolkarten (siehe oben)	Informierender Unterrichtseinstieg, Transparenz über Struktur und Stundenablauf	Struktur gibt Sicherheit.	Tafel; Frontalphase	• Symbolkarten (siehe oben)	
5	**Zentrale Begriffe: Worum geht es heute?** • Die zentralen Begriffe der Stunde werden an die Tafel geschrieben und kurz besprochen. • Freunde, Freund, Freundin, Freundschaft			Tafel		

Zeit	Ablauf der Stunde	didaktisch-methodischer Kommentar	schülerbezogener Kommentar	Medien/Sozialform	Materialien	persönliche Kommentare
15	**Meine Freunde hier und damals** • Gesprächskreis mit kleinem Tisch in der Mitte, Wasserkrug und Gläser stehen darauf. • Einleitung: Thema Freundschaften • Anhand der gefüllten Wassergläser wird die Frage beantwortet (P als Modell): »Wo hattest du mehr Freunde? In der Heimat oder in Deutschland?« • Zusatzfragen werden aufgedeckt und der Reihe nach beantwortet. • P notiert wichtige Aspekte auf Karten.	Die Übung dient dazu, seine bestehenden sowie seine alten Freundschaften zu überdenken.	① Nichtmigranten-SuS bzw. SuS, die in Deutschland geboren sind: Anstelle von alten Freundschaften in der Heimat können grundsätzlich Freundschaften in der Vergangenheit vor Augen geführt werden, die anders waren als heute.	Gesprächskreis	• Wasserkrug • Gläser • K_11_UM_Karten_Damals_heute	
LAS: 25	**a) Mein Freund, meine Freundin** Die SuS denken mithilfe des AB über eine enge Freundschaft nach.	Bewusstmachen einer engen Freundschaft und Rückblick auf gemeinsam verbrachte Zeit		LAS/Einzelarbeit	• K_11_AB_Mein Freund	
	b) Telefonliste Zusammenstellen einer Telefonliste mit allen Nummern der Gruppenteilnehmer	Förderung einer gemeinsamen Freizeitgestaltung und neuer Freundschaften in der Gruppe	Auch in Zeiten von Handys wissen jüngere SuS z. T. nicht die Telefonnummern ihrer Eltern. Sollte dies der Fall sein, erhalten die SuS den Arbeitsauftrag, diese zu erfragen.	LAS/Einzelarbeit	• K_11_AB_Telefonliste	
	c) Zwei Maler SuS malen abwechselnd an einem Bild. Gewechselt wird, wenn eines der Kinder dreimal eine Sechs gewürfelt hat. Siehe UM dazu.	Gemeinsames positives Ergebnis schaffen durch Gruppenbild	Förderung von Kooperationsfähigkeit und Rücksichtnahme	LAS/Partnerarbeit	• K_11_UM_Maler • Würfel • Stifte • großes Blatt Papier	

Zeit	Ablauf der Stunde	didaktisch-methodischer Kommentar	schülerbezogener Kommentar	Medien/ Sozialform	Materialien	persönliche Kommentare
	d) Den Weg zeigen Einem Schüler werden die Augen verbunden, der andere führt ihn durch den Raum. Siehe UM.	Vertrauen in andere aufbauen		LAS/Partnerarbeit	• K_11_UM_Weg • Hindernisse • Augenbinde	
	e) Weil du mein Freund bist Mithilfe einer Streichholzschachtel basteln die SuS für einen engen Freund ein Geschenk. Siehe UM.	Freundschaften festigen durch Freundschaftsbekundung		LAS/Einzelarbeit	• K_11_UM_Geschenk • Streichholzschachteln • Kleber & Schere • Material zum Bekleben • Stifte	
10	Präsentationsphase der heutigen Ergebnisse mit dem Präsentationsstuhl	Wertschätzung der Arbeiten der SuS		Gesprächskreis	• Präsentationsstuhl	
didaktische Reserve	**Freundschaftsspiel** Die SuS sitzen im Kreis und geben einander mit der Nase eine Streichholzschachtel weiter.	Rücksicht auf den anderen nehmen, Gruppengefühl stärken, Kooperationsfähigkeit ausbauen		Gesprächskreis	• Streichholzschachtel	
5	Eintragen in den Laufzettel		hilft den SuS, den individuellen Lernstand zu überblicken	LAS	• K_V_UM_Laufzettel	
5	**Gefühlsbarometer** • SuS werden gefragt, wie sie sich in einer bestimmten Situation (evtl. vorgeben) gefühlt haben. • Sie heften ihre Namensschilder an die entsprechenden Smileys auf dem Gefühlsbarometer.	Abschlussritual/individuelles Feedback	Gefühle der SuS Beachtung schenken		• Gefühlsbarometer • Namensschilder	

Stunde 12 / Modul Soziales Umfeld

Thema und Titel
Familiäres Beziehungsgefüge: »Meine Familie«

Ziel
Die SuS erforschen die eigene Familienstruktur, vergleichen sie mit anderen und denken darüber nach, auf welche Weise die Familie unabhängig von ihrer Zusammensetzung zum Wohlbefinden ihrer Mitglieder beiträgt.

Arbeitsblätter und Unterrichtsmaterial

Stunde	Inhalt	Dokumentenname	Materialtyp
12	Zusammen sein	K_12_AB_Zusammen sein	Arbeitsblatt
12	Glückliche Familie	K_12_AB_Glückliche Familie	Arbeitsblatt
12	Lieblingsmensch	K_12_AB_Lieblingsmensch	Arbeitsblatt
12	Trauminsel	K_12_AB_Trauminsel	Unterrichtsmaterial

Regelmäßig benötigtes Material
- K_V_UM_Sprachkarten_Herzlich willkommen
- K_V_UM_Anwesenheitsliste
- K_V_UM_Laufzettel
- Symbolkarten
- Symbolkarte Gefühlsbarometer
- Säckchen mit Namensschildern
- Materialkoffer
- Mandala als didaktische Reserve
- Wörterbücher
- Besondere Mappe
- Sammelmappe mit Schnellhefter
- Präsentationsstuhl
- Stoffdinosaurier (Dino)
- Gefühlsbarometer

Zusätzliches Material
In dieser Stunde wird sehr viel gemalt werden. Demzufolge sollten ausreichend farbige Stifte zur Verfügung stehen, möglicherweise auch spezielle Farben wie z. B. Wasserfarben oder Aquarellstifte.

Stunde	12
Modul	Soziales Umfeld
Titel der Stunde	Meine Familie
Schwerpunktlernziel	Die SuS erforschen die eigene Familienstruktur, vergleichen sie mit anderen und denken darüber nach, auf welche Weise die Familie unabhängig von ihrer Zusammensetzung zum Wohlbefinden ihrer Mitglieder beiträgt.
Thema der Stunde	familiäres Beziehungsgefüge

Zeit	Ablauf der Stunde	didaktisch-methodischer Kommentar	schülerbezogener Kommentar	Medien/ Sozialform	Materialien	persönliche Kommentare
Vorbereitung	• Tafelanschrift: »Herzlich willkommen«; Karten in den Sprachen der SuS (außen links) • **Stundenablauf mit Symbolkarten** (innen rechts): – Symbolkarte Einzelarbeit: Tierfamilie – Symbolkarte Stationslernen: LAS – Symbolkarte Präsentation – Symbolkarte Gefühlsbarometer	Vorbereitung der Stunde		Tafel	• K_V_UM_ Sprachkarten_Herzlich willkommen • Symbolkarte Einzelarbeit • Symbolkarte Stationslernen • Symbolkarte Präsentation • Symbolkarte Gefühlsbarometer	
Vorbereitung	• Gesprächskreis, Stationstische • Säckchen mit Namensschildern in der Mitte	Vorbereitung der Stunde			• Säckchen mit Namensschildern	
10	• Begrüßung der SuS an der Tür • Anwesenheitsliste mit Dinostempel • Verweisen auf den Gesprächskreis • P bereits im Gesprächskreis	Begrüßung	P als Modell gibt Sicherheit	Gesprächskreis	• K_V_UM_ Anwesenheitsliste • Dinostempel, Stempelkissen	

Zeit	Ablauf der Stunde	didaktisch-methodischer Kommentar	schülerbezogener Kommentar	Medien/ Sozialform	Materialien	persönliche Kommentare
	• Begrüßung mithilfe der Tafelanschrift • Wiederholen in den Sprachen der SuS	Anfangsritual SuS prüfen die Sprachen, identifizieren ihre primäre Bezugssprache. SuS als Experten ihrer Sprache (Identität)	Wertschätzung der mehrsprachigen Identität; Kinder als Experten ihrer Sprache (Identität), Kompetenzorientierung	Gesprächskreis/Tafel	• K_V_UM_ Sprachkarten_Herzlich willkommen	
	Namensschilder werden verteilt.			Gesprächskreis	• Namensschilder	
10	Kleine Ressourcenübung Reihum berichtet jeder ein kleines Highlight der vergangenen Woche.	SuS lernen, auch Kleinigkeiten als positives Erlebnis und somit als Ressource zu schätzen.		Gesprächskreis		
5	**Stundenablauf mit Symbolkarten und dem Dino** • Tafelanschrift: Meine Familie • Ablauf mithilfe der Symbolkarten (siehe oben)	Informierender Unterrichtseinstieg, Transparenz über Struktur und Stundenablauf.	Struktur gibt Sicherheit.	Tafel; Frontalphase	• Symbolkarten (siehe oben)	
5	**Zentrale Begriffe: Worum geht es heute?** • Die zentralen Begriffe der Stunde werden an die Tafel geschrieben und kurz besprochen. • Familie, Gefühle, Vertrauen			Tafel		
20	**Meine Tierfamilie** • Die SuS malen ihre Familie in Form von Tieren (z. B. den kleinen Bruder als lustigen Affen oder den Opa als klugen Fuchs). • P gehen herum und sprechen darüber mit den SuS.	Wahrnehmen der unterschiedlichen Rollen und Charaktere in der Familie	Gerade bei schwierigen Familienkonstellationen ist diese Übung nicht einfach und benötigt viel Einfühlungsvermögen und Rücksichtnahme der P.	Einzelarbeit	• Stifte • Papier	

Zeit	Ablauf der Stunde	didaktisch-methodischer Kommentar	schülerbezogener Kommentar	Medien/Sozialform	Materialien	persönliche Kommentare
LAS: 20	**a) Zusammen sein** SuS malen ein schönes Erlebnis ihrer Familie.	positive Erlebnisse mit der Familie ins Gedächtnis rufen	Bei Problemen innerhalb der Familie, z. B. bei Scheidungsfamilien, bestimmt der SuS selbst, welche Angehörigen er auf das Bild malt. Ein schönes Familienerlebnis kann z. B. auch ein Ausflug mit der Oma sein.	LAS/Einzelarbeit	• K_12_AB_Zusammen sein	
	b) Glückliche Familie SuS reflektieren, was eine glückliche Familie ausmacht. Welche Rahmenbedingungen oder Verhaltensweisen der Familienmitglieder müssen gegeben sein?	Reflexion positiver Beziehungen innerhalb der Familie		LAS/Einzelarbeit	• K_12_AB_Glückliche Familie	
	c) Meine Trauminsel Die SuS malen ihre Trauminsel. Sie selbst entscheiden, welche wesentlichen Dinge und Menschen mit auf die Insel müssen. Im Anschluss können die einzelnen Inseln der SuS über Brücken verbunden werden.	Reflexion über Dinge und Personen, die einem wichtig sind	Bei der Insel sollte es sich um eine fiktive Insel und keine bereits bewohnte Insel handeln.	LAS/Einzelarbeit	• K_12_AA_Trauminsel	
	d) Mein Lieblingsmensch SuS überlegen sich eine wichtige Bezugsperson und malen diese.	Definieren einer wichtigen Bezugsperson		LAS/Einzelarbeit	• K_12_AB_Lieblingsmensch	
10	Präsentationsphase der heutigen Ergebnisse mit dem Präsentationsstuhl	Wertschätzung der Arbeiten der SuS		Gesprächskreis	• Präsentationsstuhl	
5	Eintragen in den Laufzettel		Hilft den SuS den individuellen Lernstand zu überblicken	LAS	• K_V_UM_Laufzettel	
5	**Gefühlsbarometer** • SuS werden gefragt, wie sie sich in einer bestimmten Situation (evtl. vorgeben) gefühlt haben. • Sie heften ihre Namensschilder an die entsprechenden Smileys auf dem Gefühlsbarometer.	Abschlussritual/individuelles Feedback	Gefühlen der SuS Beachtung schenken		• Gefühlsbarometer • Namensschilder	

Stunde 13 / Reflexion

Thema und Titel
Reflexion 3

Ziel
Die Reflexionsstunde bietet die Möglichkeit, Arbeiten aus den vorangegangenen Stunden fertigzustellen. Wesentlicher Bestandteil der Stunde ist die gemeinsame Reflexion von SuS und P. In dieser werden die wichtigsten Arbeiten für die Besondere Mappe zusammengestellt.

Arbeitsblätter und Unterrichtsmaterial

Stunde	Inhalt	Dokumentenname	Materialtyp
13	Stundenschilder	K_13_UM_Stundenschilder	Unterrichtsmaterial

Regelmäßig benötigtes Material
- K_V_UM_Sprachkarten_Herzlich willkommen
- K_V_UM_Anwesenheitsliste
- K_V_UM_Laufzettel
- Säckchen mit Namensschildern
- Materialkoffer
- Mandala als didaktische Reserve
- Wörterbücher
- Besondere Mappe
- Sammelmappe mit Schnellhefter
- Präsentationsstuhl
- Stoffdinosaurier (Dino)
- Gefühlsbarometer

Zusätzliches Material
Brettspiele oder Puzzle als didaktische Reserve bereithalten

Stunde	13
Titel der Stunde	Reflexion
	Reflexion 3
Schwerpunktlernziel	Die Reflexionsstunde bietet die Möglichkeit, Arbeiten aus den vorangegangenen Stunden fertigzustellen. Wesentlicher Bestandteil der Stunde ist die gemeinsame Reflexion von SuS und P. In dieser werden die wichtigsten Arbeiten für die Besondere Mappe zusammengestellt
Thema der Stunde	Reflexion

Zeit	Ablauf der Stunde	didaktisch-methodischer Kommentar	schülerbezogener Kommentar	Medien/ Sozialform	Materialien	persönliche Kommentare
Vorbereitung	• Tafelanschrift: »Herzlich willkommen«; Karten in den Sprachen der SuS (außen links)	Vorbereitung der Stunde		Tafel	• K_V_UM_Sprachkarten_Herzlich willkommen	
Vorbereitung	• Gesprächskreis aufstellen, Stationstische, etwas abseits ein Besprechungstisch mit zwei einander gegenüberstehenden Stühlen • K_1o_UM_Stundenschilder auf jedem Tisch verteilen • Säckchen mit Namensschildern in der Mitte	Vorbereitung der Stunde			• Säckchen mit Namensschildern • K_1o_UM_Stundenschilder	
10	• Begrüßung der SuS an der Tür • Anwesenheitsliste mit Dinostempel • Verweisen auf den Gesprächskreis • P bereits im Gesprächskreis	Begrüßung	P als Modell gibt Sicherheit	Gesprächskreis	• K_V_UM_Anwesenheitsliste • Dinostempel, Stempelkissen	
	• Begrüßung mithilfe der Tafelanschrift • Wiederholen in den Sprachen der SuS	Anfangsritual SuS prüfen die Sprachen, identifizieren ihre primäre Bezugssprache. SuS als Experten ihrer Sprache (Identität)	Wertschätzung der mehrsprachigen Identität; Kinder als Experten ihrer Sprache (Identität), Kompetenzorientierung	Gesprächskreis/Tafel	• K_V_UM_Sprachkarten_Herzlich willkommen	

Zeit	Ablauf der Stunde	didaktisch-methodischer Kommentar	schülerbezogener Kommentar	Medien/ Sozialform	Materialien	persönliche Kommentare
	Namensschilder werden verteilt.			Gesprächskreis	• Namensschilder	
10	**Kleine Ressourcenübung** Reihum berichtet jeder ein kleines Highlight der vergangenen Woche.	SuS lernen, auch Kleinigkeiten als positives Erlebnis und somit als Ressource zu schätzen.		Gesprächskreis		
60	**Fertigstellen der Arbeiten aus den Vorstunden** • Die Laufzettel der SuS werden verteilt, und gemeinsam werden die Arbeiten besprochen, die fertiggestellt werden sollen. • Die SuS entscheiden sich, an welchem Tisch sie weiterarbeiten möchten. • Es ist nicht notwendig, dass alle SuS alle Arbeitsblätter bearbeiten. **Mögliche Arbeiten zum Fertigstellen** • K_11_AB_Mein Freund • K_11_AB_Telefonliste • K_11_UM_Maler • K_11_UM_Geschenk • K_12_AB_Zusammen sein • K_12_AB_Glückliche Familie • K_12_AB_Lieblingsmensch • K_12_AB_Trauminsel • »Meine Tierfamilie« (Std. 12)	Fertigstellen begonnener Arbeiten	Beachtung des individuellen Lerntempos der SuS	Einzelarbeit an den Stationstischen	• K_V_UM_Laufzettel der SuS • Sammelmappe mit Arbeitsblättern der SuS • Besondere Mappe der SuS	
	P/SuS-Reflexion • Gleichzeitig gehen SuS und P die Arbeiten des Schülers durch. • Welchen Fortschritt sieht der Schüler selbst in seiner Arbeit? Welche Arbeit wird selbst als besonders gelungen betrachtet? Welche Ressourcen haben sich in den Arbeiten gezeigt? • Gemeinsam werden die Werke für die Besondere Mappe ausgewählt.	Reflexion der Werke der SuS	Wertschätzung der erbrachten Leistungen der SuS; SuS erkennen selbst den persönlichen Fortschritt.		• Sammelmappe mit Arbeitsblättern der SuS • Besondere Mappen der SuS	

Zeit	Ablauf der Stunde	didaktisch-methodischer Kommentar	schülerbezogener Kommentar	Medien/ Sozialform	Materialien	persönliche Kommentare
didaktische Reserve	Brettspiel oder Puzzle				• Brettspiele und Puzzle	
didaktische Reserve	Gestaltung der Besonderen Mappe				• Besondere Mappen	
5	Eintragen in den Laufzettel		hilft den SuS, den individuellen Lernstand zu überblicken	LAS	• K_V_UM_Laufzettel	
5	**Gefühlsbarometer** • SuS werden gefragt, wie sie sich in einer bestimmten Situation (evtl. vorgeben) gefühlt haben. • Sie heften ihre Namensschilder an die entsprechenden Smileys auf dem Gefühlsbarometer.	Abschlussritual/individuelles Feedback	Gefühlen der SuS Beachtung schenken		• Gefühlsbarometer • Namensschilder	

Stunde 14 / Modul Abschluss

Thema und Titel
Rückblick und Ausblick: »Wir blicken zurück und schauen nach vorn«

Ziel
Die vorletzte Stunde zielt darauf ab, die Inhalte der vergangenen Stunden zusammen-zufassen. Schwierigkeiten und Probleme werden ebenso thematisiert wie offene Fra-gen und Anregungen. Zudem werden Überlegungen zur Zukunft der SuS angestellt.

Arbeitsblätter und Unterrichtsmaterial

Stunde	Inhalt	Dokumentenname	Materialtyp
14	Fragekarten	K_14_UM_Frage-Karten	Unterrichtsmaterial
14	Activity-Spiel	K_14_UM_Malzeigsprech-Spiel	Unterrichtsmaterial

Regelmäßig benötigtes Material
- K_V_UM_Sprachkarten_Herzlich willkommen
- K_V_UM_Anwesenheitsliste
- K_V_UM_Laufzettel
- Symbolkarten
- Symbolkarte Gefühlsbarometer
- Säckchen mit Namensschildern
- Materialkoffer
- Mandala als didaktische Reserve
- Wörterbücher
- Besondere Mappe
- Sammelmappe mit Schnellhefter
- Präsentationsstuhl
- Stoffdinosaurier (Dino)
- Gefühlsbarometer

Zusätzliches Material
- PC-Zugang, falls möglich
- ausgedrucktes Abschlussfoto für alle SuS, falls möglich
- K_01_UM_Zielkarten
- Collagen der SuS
- Plakat »Mein Nachmittag«
- ABs »K_04_AB_Feste«
- Diverse Arbeiten der SuS vom LAS aus Std. 6 + 7
- K_08_UM_Antonkarten
- Schüssel mit Steinen
- Wasserkrug und Gläser
- Bilder der Familien als Tiere
- eventuell Anleitung für Papierflieger aus dem Internet
- schönes Briefpapier
- die Karten des Malzeigsprech-Spiels, K_14_UM_Malzeigsprech-Spiel, müssen ausgedruckt und zurechtgeschnitten werden.

Stunde	14
Modul	Abschluss
Titel der Stunde	Wir blicken zurück und schauen nach vorn
Schwerpunktlernziel	Die vorletzte Stunde zielt darauf ab, die Inhalte der vergangenen Stunde zusammenzufassen. Schwierigkeiten und Probleme werden ebenso thematisiert wie offene Fragen und Anregungen. Zudem werden Überlegungen zur Zukunft der SuS angestellt.
Thema der Stunde	Rückblick und Ausblick

Zeit	Ablauf der Stunde	didaktisch-methodischer Kommentar	schülerbezogener Kommentar	Medien/Sozialform	Materialien	persönliche Kommentare

Vorbereitung	• Tafelanschrift: »Herzlich willkommen«; Karten in den Sprachen der SuS (außen links)
	• **Stundenablauf mit Symbolkarten** (innen rechts):
	  – Symbolkarte Gesprächskreis: Fotorückblick
	  – Symbolkarte Stationslernen: Rückblick
	  – Symbolkarte Einzelarbeit: Blick in die Zukunft/So stark bin ich
	  – Symbolkarte Gefühlsbarometer
		Vorbereitung der Stunde		Tafel	• K_V_UM_Sprachkarten_Herzlich willkommen
					• Symbolkarte Gesprächskreis
					• Symbolkarte Stationslernen
					• Symbolkarte Einzelarbeit
					• Symbolkarte Gefühlsbarometer	

Vorbereitung	• Gesprächskreis, Stationstische/Gruppentisch • Säckchen mit Namensschildern in der Mitte	Vorbereitung der Stunde			• Säckchen mit Namensschildern	
10	• Begrüßung der SuS an der Tür • Anwesenheitsliste mit Dinostempel • Verweisen auf den Gesprächskreis • P bereits im Gesprächskreis	Begrüßung	P als Modell gibt Sicherheit	Gesprächskreis	• K_V_UM_Anwesenheitsliste • Dinostempel, Stempelkissen	

Zeit	Ablauf der Stunde	didaktisch-methodischer Kommentar	schülerbezogener Kommentar	Medien/ Sozialform	Materialien	persönliche Kommentare
	• Begrüßung mithilfe der Tafelanschrift • Wiederholen in den Sprachen der SuS	Anfangsritual SuS prüfen die Sprachen, identifizieren ihre primäre Bezugssprache. SuS als Experten ihrer Sprache (Identität)	Wertschätzung der mehrsprachigen Identität; Kinder als Experten ihrer Sprache (Identität), Kompetenzorientierung	Gesprächskreis/Tafel	• K_V_UM_Sprachkarten_Herzlich willkommen	
	Namensschilder werden verteilt.			Gesprächskreis	• Namensschilder	
10	**Kleine Ressourcenübung** Reihum berichtet jeder ein kleines Highlight der vergangenen Woche.	SuS lernen, auch Kleinigkeiten als positives Erlebnis und somit als Ressource zu schätzen.		Gesprächskreis		
5	**Stundenablauf mit Symbolkarten und dem Dino** • Tafelanschrift: Wir blicken zurück und schauen nach vorn. • Ablauf mithilfe der Symbolkarten (siehe oben)	Informierender Unterrichtseinstieg, Transparenz über Struktur und Stundenablauf	Struktur gibt Sicherheit.	Tafel; Frontalphase	• Symbolkarten (siehe oben)	
5	**Zentrale Begriffe: Worum geht es heute?** • Die zentralen Begriffe der Stunde werden an die Tafel geschrieben und kurz besprochen. • Vergangenheit, Gegenwart, eigene Stärken			Tafel		
10	**Fotorückblick** • Am PC werden die Fotos aus den vergangenen Gruppenstunden angeschaut. • Die SuS erhalten ihr eigenes Foto.	visueller Rückblick über die gemeinsamen Gruppenstunden		am PC	• PC-Zugang • ausgedruckte Fotos	

Zeit	Ablauf der Stunde	didaktisch-methodischer Kommentar	schülerbezogener Kommentar	Medien/Sozialform	Materialien	persönliche Kommentare
15	**Rückblick über die Stunden** • Aus jeder Stunde wird ein zentrales Element herausgenommen. Diese liegen auf einzelnen Tischen verteilt – 1. St: Zielkarten (K_01_UM_Zielkarten) – 2. St: Collagen der SuS – 3. St: Plakat »Mein Nachmittag« – 4. St: ABs »K_04_AB_Feste« – 6.+7. St: diverse Arbeiten der SuS vom LAS – 8.+9. St: K_08_UM_Antonkarten; Schüssel mit Steinen – 11. St: Wasserkrug und Gläser – 12. St: Bilder der Familien als Tiere – Jeder Schüler sucht sich eine Stunde aus und beantwortet die Fragen an der Tafel (Minipräsentation).	intensiver Rückblick über die einzelnen Stunden		Einzel- oder Kleingruppenarbeit, je nach Gruppengröße	• K_01_UM_Zielkarten • Collagen der SuS • Plakat »Mein Nachmittag« • ABs »K_04_AB_Feste« • diverse Arbeiten der SuS vom LAS aus Std. 6 + 7 • K_08_UM_Antonkarten • Schüssel mit Steinen • Wasserkrug und Gläser • Bilder der Familien als Tiere • K_14_UM_Fragekarten	
Wählen Sie a) oder b) 20	**a) So stark bin ich** • Die SuS basteln Papierflieger (Anleitung zu diversen Varianten finden sich im Internet). • Danach bemalen die SuS ihre Flieger und schreiben ihre Stärken und Ressourcen darauf. Insbesondere sollte betont werden, welche Fähigkeiten neu erlernt wurden (Verbindung mit Besonderer Mappe).	Bewusstwerden der eigenen Stärken und Ressourcen, insbesondere der neu hinzugewonnenen		Einzelarbeit	• Papier • Schere • Stifte	
	b) Ein Blick in die Zukunft • Tafelanschrift: Im Jahr 2021 • SuS schließen kurz die Augen: »Stell dir vor, es ist das Jahr 2021, und alles ist gut gelaufen. Wie sieht dein Leben aus?«	reflektieren, welche Ziele in der Zukunft noch erreicht werden müssen und auf		Einzelarbeit	• schönes Briefpapier • Stifte	

Zeit	Ablauf der Stunde	didaktisch-methodischer Kommentar	schülerbezogener Kommentar	Medien/ Sozialform	Materialien	persönliche Kommentare
	• Gemeinsames Nachgespräch: Welche Bereiche könnte man ins Auge fassen (Familie, Beruf, Lebensform, eigene Stärken)? • SuS werden aufgefordert, einen Brief aus der Zukunft, dem Jahr 2021, an sich selbst zu schreiben. • Jeder Brief beginnt: »Lieber xy, heute ist der 15.11.2021. Ich schreibe dir einen Brief aus meinem Leben.« • SuS erhalten schönes Briefpapier und haben 20 Minuten Zeit zum Schreiben. • Im Anschluss werden die Briefe in einen Umschlag gesteckt und an sich selbst adressiert • Die P schickt die Briefe in einigen Monaten tatsächlich mit der Post an die SuS.	welchem Weg dies gelingen kann				
5	Präsentationsphase der heutigen Ergebnisse mit dem Präsentationsstuhl	Wertschätzung der Arbeiten der SuS		Gesprächskreis	• Präsentationsstuhl	
didaktische Reserve	**Malzeigsprech-Spiel** • Die SuS werden in zwei Gruppen geteilt. • Die Karten des Spiels sind mit den Symbolen »Pantomime«, »Sprechen« oder »Malen« gekennzeichnet. Dies bedeutet, dass der genannte Begriff entweder pantomimisch, ausschließlich durch Erzählen oder ausschließlich durch Malen dargestellt werden muss. • Die erste Gruppe beginnt, und ein Schüler muss seinen Mitschülern in höchstens drei Minuten den ersten Begriff darstellen. Schafft er dies, erhält die Gruppe einen Punkt. • Nun ist die gegnerische Gruppe an der Reihe. • Die Gruppe, die als Erste zehn Punkte hat, hat gewonnen.	spielerische Wiederholung der wesentlichen Wörter der vergangenen Stunden		Gruppenarbeit	• K_14_UM_Malzeigsprech-Spiel, als Karten geschnitten • Papier • Stift	
5	Eintragen in den Laufzettel		hilft den SuS, den individuellen Lernstand zu überblicken	LAS	• K_V_UM_Laufzettel	
5	**Gefühlsbarometer** • SuS werden gefragt, wie sie sich in einer bestimmten Situation (evtl. vorgeben) gefühlt haben. • Sie heften ihre Namensschilder an die entsprechenden Smileys auf dem Gefühlsbarometer.	Abschlussritual/individuelles Feedback	Gefühlen der SuS Beachtung schenken		• Gefühlsbarometer • Namensschilder	

Stunde 15 / Modul Abschluss

Thema und Titel
Abschlussfest: »Wir feiern zusammen«

Ziel
Der Abschied soll gemeinsam gefeiert werden. Dazu erhalten die SuS als Erstes ihre Urkunde, ihr Namensschild, die Besondere Mappe und die Sammelmappe. Später kann eine gemeinsame Unternehmung folgen, beispielsweise ein gemeinsames Gruppenfrühstück oder ein Ausflug. Bei der Planung des Abschlussfestes sollten die Ideen der SuS aus dem Plakat in der Stunde 4 in den Ablauf integriert werden. Beispielsweise können die Kinder traditionelles Essen oder Spiele mitbringen.

Arbeitsblätter und Unterrichtsmaterial

Stunde	Inhalt	Dokumentenname	Materialtyp
15	Urkunde	K_15_UM_Urkunde	Unterrichtsmaterial

Regelmäßig benötigtes Material
- K_V_UM_Sprachkarten_Herzlich willkommen
- K_V_UM_Anwesenheitsliste
- K_V_UM_Laufzettel
- Säckchen mit Namensschildern
- Materialkoffer
- Mandala als didaktische Reserve
- Wörterbücher
- Besondere Mappe
- Sammelmappe mit Schnellhefter
- Präsentationsstuhl
- Stoffdinosaurier (Dino)

Zusätzliches Material
Für jeden Schüler muss bereits im Vorfeld eine individuelle Urkunde mithilfe der Vorlage, K_15_UM_Urkunde, angefertigt werden.

Stunde	15
Modul	Abschluss
Titel der Stunde	Wir feiern zusammen
Schwerpunktlernziel	Der Abschied soll gemeinsam gefeiert werden. Dazu erhalten die SuS als Erstes ihre Urkunde, ihr Namensschild, die Besondere Mappe und die Sammelmappe. Später kann eine gemeinsame Unternehmung folgen, beispielsweise ein gemeinsames Gruppenfrühstück oder ein Ausflug. Bei der Planung des Abschlussfestes sollten die Ideen der SuS aus dem Plakat in der Stunde 4 in den Ablauf integriert werden. Beispielsweise können die Kinder traditionelles Essen oder Spiele mitbringen.
Thema der Stunde	Abschlussfest

Zeit	Ablauf der Stunde	didaktisch-methodischer Kommentar	schülerbezogener Kommentar	Medien/ Sozialform	Materialien	persönliche Kommentare
Vorbereitung	• Tafelanschrift: »Herzlich willkommen«; Karten in den Sprachen der SuS (außen links)	Vorbereitung der Stunde		Tafel	• K_V_UM_Sprachkarten_Herzlich willkommen	
Vorbereitung	• Gesprächskreis • Säckchen mit Namensschildern in der Mitte	Vorbereitung der Stunde			• Säckchen mit Namensschildern	
10	• Begrüßung der SuS an der Tür • Anwesenheitsliste mit Dinostempel • Verweisen auf den Gesprächskreis • P bereits im Gesprächskreis	Begrüßung	P als Modell gibt Sicherheit.	Gesprächskreis	• K_V_UM_Anwesenheitsliste • Dinostempel, Stempelkissen	
	• Begrüßung mithilfe der Tafelanschrift • Wiederholen in den Sprachen der SuS	Anfangsritual SuS prüfen die Sprachen, identifizieren ihre primäre Bezugssprache. SuS als Experten ihrer Sprache (Identität)	Wertschätzung der mehrsprachigen Identität; Kinder als Experten ihrer Sprache (Identität), Kompetenzorientierung	Gesprächskreis/Tafel	• K_V_UM_Sprachkarten_Herzlich willkommen	

Zeit	Ablauf der Stunde	didaktisch-methodischer Kommentar	schülerbezogener Kommentar	Medien/ Sozialform	Materialien	persönliche Kommentare
	Namensschilder werden verteilt.			Gesprächs-kreis	• Namens-schilder	
10	**Kleine Ressourcenübung** Reihum berichtet jeder ein kleines Highlight der vergangenen Woche.	SuS lernen, auch Kleinigkeiten als positives Erlebnis und somit als Ressource zu schätzen.		Gesprächs-kreis		
10	**Urkundenverleihung** • Feierlich wird die Urkunde übergeben und hervorgehoben, welche Ressourcen die einzelne SuS vorweisen. • Die SuS erhalten die Besondere Mappe, die Sammelmappe und die Namensschilder zum Mitnehmen zurück.	Wertschätzung der der erbrachten Leistungen der SuS in den vergangenen Stunden		Gesprächs-kreis	• K_15_UM_ Urkunde für jeden SuS individualisiert • Arbeitshefte • Arbeiten der SuS • Namens-schilder	
60	**Gemeinsame Unternehmung mit der Gruppe** beispielsweise gemeinsames Frühstück oder gemeinsames Picknick im Park					

Unterrichtsentwurf Jugend

Stunde 1 / Modul Einführung

Thema
Kennenlernen

Titel
»Wir lernen uns kennen«

Ziel
Ziel der Stunde ist es, dass die Gruppenteilnehmer sich gegenseitig kennenlernen und mit den Namen der anderen vertraut werden. Zudem wird über die Ziele und den Rahmen des Projekts aufgeklärt.

Übersicht über die Arbeitsblätter und das Unterrichtsmaterial

Stunde	Inhalt	Dokumentenname	Materialtyp
01	Ziele	J_01_AB_Ziele	Arbeitsblatt
01	Steckbrief	J_01_AB_Steckbrief	Arbeitsblatt
01	Kennenlern-Bingo	J_01_AB_Kennlern-Bingo	Arbeitsblatt
01	Zielkarten	J_01_UM_Zielkarten	Unterrichtsmaterial

Regelmäßig benötigtes Material
- J_V_UM_Sprachkarten_Herzlich willkommen
- Symbolkarten
- Symbolkarte Gefühlsbarometer
- Säckchen mit Namensschildern
- Materialkoffer
- Arbeitshefte für Jugendliche
- Mandala als didaktische Reserve
- Wörterbücher
- Gefühlsbarometer

Zusätzliches Material
Die Karten aus J_01_UM_Zielkarten liegen im Idealfall farbig gedruckt und laminiert vor.

Stunde	1
Modul	**Einführung**
Titel der Stunde	**Wir lernen uns kennen**
Schwerpunktlernziel	Die Gruppenmitglieder lernen sich gegenseitig kennen und erfahren die Namen der Teilnehmer. Zudem wird erklärt, worum es in dem Projekt geht.
Thema der Stunde	Kennenlernen

Zeit	Ablauf der Stunde	didaktisch-methodischer Kommentar	schülerbezogener Kommentar	Medien/Sozialform	Materialien	persönliche Kommentare
Vorbereitung	• Tafelanschrift: »Herzlich willkommen«; Karten in den Sprachen der SuS (außen links) • **Stundenablauf mit Symbolkarten** (innen rechts): – Symbolkarte Gesprächskreis: Wer bin ich? – Symbolkarte Partnerarbeit: Mein Steckbrief – Symbolkarte Präsentation – Symbolkarte Gefühlsbarometer	Vorbereitung der Stunde		Tafel	• J_V_UM_Sprachkarten_Herzlich willkommen • Symbolkarte Gesprächskreis • Symbolkarte Partnerarbeit • Symbolkarte Präsentation • Symbolkarte Gefühlsbarometer	
Vorbereitung	• Gesprächskreis aufstellen, Paartische • Säckchen mit Namenschildern in der Mitte • Kamera liegt bereit.	Vorbereitung der Stunde			• Säckchen mit Namensschildern • Kamera	
10	• offene Anfangsphase • Evtl. müssen einzelne Schüler in ihren Klassen abgeholt werden (siehe Liste).	offene Anfangsphase, positive Atmosphäre schaffen	Schüler- und Lehrerorientierung			
10	• Begrüßung der SuS an der Tür • Anwesenheitsliste • Verweisen auf den Gesprächskreis • P bereits im Gesprächskreis	Begrüßung	P als Modell gibt Sicherheit			

Zeit	Ablauf der Stunde	didaktisch-methodischer Kommentar	schülerbezogener Kommentar	Medien/Sozialform	Materialien	persönliche Kommentare
	• Begrüßung mithilfe der Tafelanschrift Herzlich willkommen • Kontrolle durch die SuS • Wiederholen in den Sprachen der SuS • SuS schreiben »Herzlich willkommen« in ihrer Sprache auf Karten und heften diese an die Tafel. • Gemeinsam wiederholt die Gruppe den Willkommensgruß in allen Sprachen der SuS.	Schüler prüfen die Sprachen, identifizieren ihre primäre Bezugssprache. SuS als Experten ihrer Sprache (Identität)	Wertschätzung der mehrsprachigen Identität; SuS als Experten ihrer Sprache (Identität) ⑦Nichtmigranten-SuS: Verwendung einer bereits erlernten Sprache	Gesprächskreis/Tafel	• J_V_UM_Sprachkarten_Herzlich willkommen • Filzstifte • Kärtchen	
	Begrüßung und kurze Vorstellung • P stellt sich ggf. der Gruppe vor. • Auskunft über die Dauer der Gruppenstunden • Mitteilen von Wochentag und Uhrzeit, Hinweis auf Pünktlichkeit • Hinweis auf Anwesenheitsliste und Erhalt einer Urkunde, wenn man weniger als dreimal gefehlt hat	Begrüßung, lehrerzentrierte Phase		Gesprächskreis (alle können sich sehen, auf Augenhöhe)	• Anwesenheitsliste	
	Verteilung der Namensschilder • Ein S zieht ein Namensschild aus dem Sack und überreicht es dem Besitzer. • Dieser zieht ebenfalls ein Namensschild und erfragt den Besitzer.	Vorstellung		Gesprächskreis	• Namensschilder • Säckchen	
10	**Vorstellung der Programmziele und des zeitlichen Umfangs** • stummer Impuls: Zeigen der ersten Karte, einige Minuten abwarten. Danach Diskussion über das Bild • P: »Wir wollen dass es euch gut geht. Ihr sollt erfahren, wann ihr euch wohlfühlt und was euch Spaß macht« • Zeigen der zweiten Karte, einige Minuten abwarten. Danach Diskussion über das Bild • P: »In diesem Kurs könnt ihr mehr über euch selbst und andere erfahren: Wer bin ich? Wer bist du? Wir sprechen über Schule, Freizeit, Wünsche und Träume. Wir hoffen, dass ihr viel Spaß habt und es euch gut gefällt«	Transparenz über Ziele und Struktur		Gesprächskreis	• J_o1_UM_Zielkarten	

Zeit	Ablauf der Stunde	didaktisch-methodischer Kommentar	schülerbezogener Kommentar	Medien/ Sozialform	Materialien	persönliche Kommentare
5	**Stundenablauf mit Symbolkarten** • Tafelanschrift: Wir lernen uns kennen • Ablauf mithilfe der Symbolkarten (s. o.)	Informierender Unterrichtseinstieg, Transparenz über Struktur und Stundenablauf	Struktur gibt Sicherheit.	Tafel	• s. o.	
10	**Erzählrunde: Wer bin ich?** • Der Gesprächsball wird zugeworfen, und die SuS nennen ihren Namen und sagen, wer ihn ausgesucht hat, ob sie einen Spitznamen haben, einen zweiten Namen etc. • Möglicherweise kann P bereits im Vorfeld die Bedeutung der Namen der Teilnehmer im Internet recherchieren.	Kennenlernen in der Gruppe; S-Interaktion	Wertschätzung der persönlichen Identität durch die Bedeutung des Namens; Stärkung des Selbstwertgefühls/ Identitätsbildung Gruppenbildungsphase	Gesprächskreis (im Stehen)	• Gesprächsball	
20	**Partnerarbeit: »Mein Steckbrief«** • Die SuS werden in Zweiergruppen aufgeteilt • gegenseitiges Ausfüllen der AB • Zusätzliche Fragen können überlegt (Popstar, Film etc.) und an die Tafel geschrieben werden. • Fragen, die einem unangenehm sind, müssen nicht beantwortet werden. • Porträtfotos für den Steckbrief werden gemacht.	vertieftes Kennenlernen; Modelllernen, Verbalisieren der Ergebnisse, Sprachförderung	Partnerarbeit gibt Sicherheit, nicht ständig im Mittelpunkt; SuS können sich gegenseitig helfen; personale und soziale Kompetenzen	Partnerarbeit an Paartischen	• J_01_AB_Steckbrief • Kugelschreiber	
10	Präsentation der Arbeit: Jeder stellt seinen Partner durch ein bis zwei Merkmale vor.		ermutigen, ausführlich zu berichten. Je nach Sprachkenntnissen der SuS mehrere oder weniger Merkmale präsentieren	Gesprächskreis		
5	**Arbeitsheft** • Die SuS erhalten das Arbeitsheft. • Jeder schreibt seinen Namen auf das Heft. • Hinweis auf Ziele (bereits oben besprochen) • Das Arbeitsheft darf am Ende des Projekts mit nach Hause genommen werden. Jede Woche in der Ablage aufbewahren	Sicherung der Ergebnisse	ästhetische Gestaltung	Gesprächskreis	• Arbeitsheft • J_01_UM_Ziele	
5	Gruppenfoto aufnehmen, das später auf das Titelblatt des Arbeitshefts geklebt wird	Gruppengefühl herstellen	Visualisieren; positive Erfahrung		• Kamera	

Zeit	Ablauf der Stunde	didaktisch-methodischer Kommentar	schülerbezogener Kommentar	Medien/ Sozialform	Materialien	persönliche Kommentare
didaktische Reserve	**Kennenlern-Bingo** • Durch Befragen der Mitschüler füllen die SuS das Arbeitsblatt schnellstmöglich aus. • Wer als Erster in allen Feldern einen Namen stehen hat, hat gewonnen. • Achtung! Der eigene Name darf nicht verwendet werden.	Kennenlernen der Mitschüler		Gesprächskreis	• J_01_AB_Kennenlern-Bingo	
didaktische Reserve	Mandala malen	didaktische Reserve	Phase der Entspannung; Förderung der Kreativität	Tisch	• Mandalas	
didaktische Reserve	**Vokabelübung** • Die SuS füllen mithilfe des Wörterbuchs die Vokabelliste aus. • Im Anschluss überprüfen die SuS die Angaben anhand des Lösungsblatts.		ⓘNichtmigranten-SuS: Übung nicht verwenden	Tisch	• J_V_UM_Vokabeln_Vorlage • J_V_UM_Vokabeln_Dari • J_V_UM_Vokabeln_Arabisch • J_V_UM_Vokabeln_Englisch • Wörterbücher	
5	**Gefühlsbarometer** • SuS werden gefragt, wie sie sich in einer bestimmten Situation (evtl. vorgeben) gefühlt haben. • Sie heften ihre Namensschilder an den entsprechenden Smiley auf dem Gefühlsbarometer.	Einführung des Abschlussrituals	Gefühlen der SuS Beachtung schenken		• Gefühlsbarometer • Namensschilder	

Stunde 2 / Modul Heimat

Thema und Titel
Herkunftsland: »Wo komme ich her?«

Ziel
Ziel dieser Stunde ist das Teilen von Erinnerungen an die eigene Heimat oder die Heimat der Eltern oder Großeltern mit anderen. Es sollen dabei explizit positive Erinnerungen hervorgerufen werden. Das subjektive Wohlbefinden wird gesteigert, indem die Jugendlichen sich als Spezialisten für ihre Heimat fühlen und die Kenntnisse über zwei Kulturen als Ressource erkennen.
ⓘ Nichtmigranten-SuS: Die Übungen bieten sich vor allem für Gruppen mit einer großen Anzahl an SuS mit Migrationshintergrund an. Es sollte im Vorfeld kurz besprochen werden, ob Nichtmigrantenkinder durch Verwandte oder enge Bekannte eine Beziehung zu einem anderen Land aufbauen können. Möglicherweise ist es hilfreich, wenn den SuS bereits in der ersten Stunde als Arbeitsauftrag mit nach Hause gegeben wird, sich über die Migrationsgeschichte eines engen Verwandten oder Bekannten zu informieren. Einige Übungen zur Heimat der SuS können ebenso mit Deutschland als Heimatland durchgeführt werden.

Regelmäßig benötigtes Material
- J_V_UM_Sprachkarten_Herzlich willkommen
- Symbolkarten
- Symbolkarte Gefühlsbarometer
- Säckchen mit Namensschildern
- Materialkoffer
- Arbeitshefte für Jugendliche
- Mandala als didaktische Reserve
- Wörterbücher
- Gefühlsbarometer

Zusätzliches Material
- Für diese Stunde wird eine Weltkarte benötigt.
- Stellwand für Weltkarte
- bunte Bänder, im Idealfall eine Farbe pro Jugendlichen
- Für die Collage zum Heimatland werden positive Bilder und Zeitungsausschnitte zu den jeweiligen Heimatländern der SuS benötigt.
- Fotos der Jugendlichen aus der ersten Stunde sowie das Gruppenbild müssen nachgemacht werden und in Stunde 2 vorliegen.

Stunde	2
Modul	**Heimat**
Titel der Stunde	**Wo komme ich her?**
Schwerpunktlernziel	Ziel dieser Stunde ist das Teilen von Erinnerungen an die eigene Heimat oder die Heimat der Eltern oder Großeltern mit anderen. Es sollen dabei explizit positive Erinnerungen hervorgerufen werden. Das subjektive Wohlbefinden wird gesteigert, indem die Jugendlichen sich als Spezialisten für ihre Heimat fühlen und die Kenntnisse über zwei Kulturen als Ressource erkennen.
Thema der Stunde	Herkunftsland

Zeit	Ablauf der Stunde	didaktisch-methodischer Kommentar	schülerbezogener Kommentar	Medien/ Sozialform	Materialien	persönliche Kommentare
Vorbereitung	• Stellwand aufstellen • Tafelanschrift: »Herzlich willkommen«; Karten in den Sprachen der SuS (außen links) • **Stundenablauf mit Symbolkarten** (innen rechts): – Symbolkarte Gesprächskreis – Symbolkarte Einzelarbeit: Collage – Symbolkarte Präsentation – Symbolkarte Gefühlsbarometer	Vorbereitung der Stunde		Tafel	• Stellwand • J_V_UM_Sprachkarten_Herzlich willkommen • Symbolkarte Gesprächskreis • Symbolkarte Einzelarbeit • Symbolkarte Präsentation • Symbolkarte Gefühlsbarometer	
Vorbereitung	• Gesprächskreis, Gruppentische • Säckchen mit Namensschildern in der Mitte • Kamera liegt bereit.	Vorbereitung der Stunde			• Säckchen mit Namensschildern • Kamera	
5	• offene Anfangsphase • Evtl. müssen einzelne SuS in ihren Klassen abgeholt werden (siehe Liste).	offene Anfangsphase, positive Atmosphäre schaffen	Schüler- und Lehrerorientierung			

Zeit	Ablauf der Stunde	didaktisch-methodischer Kommentar	schülerbezogener Kommentar	Medien/ Sozialform	Materialien	persönliche Kommentare
10	• Begrüßung der SuS an der Tür • Anwesenheitsliste • Verweisen auf den Gesprächskreis • P bereits im Gesprächskreis	Begrüßung	P als Modell gibt Sicherheit	Gesprächs-kreis		
	• Begrüßung mithilfe der Tafelanschrift • Wiederholen in den Sprachen der SuS	Anfangsritual SuS prüfen die Sprachen, identifizieren ihre primäre Bezugssprache. SuS als Experten ihrer Sprache (Identität)	Wertschätzung der mehrsprachigen Identität; Kinder als Experten ihrer Sprache (Identität), Kompetenzorientierung	Gesprächs-kreis/Tafel	• _I_V_UM_ Sprachkar-ten_Herzlich willkommen	
	• Namensschilder und Arbeitsheft werden verteilt. • Begrüßung evtl. neuer Schüler, Erklärung der Ziele • Foto auf Steckbrief kleben und evtl. Gruppenfoto			Gesprächs-kreis		
10	**Kleine Ressourcenübung** • Reihum berichtet jeder ein kleines Highlight der vergangenen Woche.	SuS lernen, auch Kleinigkeiten als positives Erlebnis und somit als Ressource zu schätzen.		Gesprächs-kreis		
5	**Stundenablauf mit Symbolkarten** • Tafelanschrift: Wo komme ich her? Ablauf mithilfe der Symbolkarten (s. o.)	Informierender Unterrichtseinstieg, Transparenz über Struktur und Stundenablauf.	Struktur gibt Sicherheit.	Tafel; Frontalphase	• Siehe oben.	
10	**Kurze Vokabelübung (bei Bedarf)** • Es werden zwei Sprachgruppen gebildet (an je einem Tisch). Pro Tisch eine Betreuerin • Betreuerin legt Vokabelliste vor und liest deutsches Wort vor. • SuS antworten in ihrer Sprache und überprüfen dies anhand des Lösungsblatts. • Liegt kein Lösungsblatt in der Sprache vor, muss ein Wörterbuch zurate gezogen werden.	SuS erhalten die notwendigsten Vokabeln, um diese Stunde verfolgen zu können.		Frontalphase	• _I_V_UM_Vokabeln_Vorlage • _I_V_UM_Vokabeln_Dari • _I_V_UM_Vokabeln_Arabisch • _I_V_UM_Vokabeln_Englisch • Wörterbücher	

Zeit	Ablauf der Stunde	didaktisch-methodischer Kommentar	schülerbezogener Kommentar	Medien/Sozialform	Materialien	persönliche Kommentare
15	**Die Weltkarte** • Einführende Worte – »Auf dieser Landkarte wollen wir alle Wege zeigen, die ihr schon zurückgelegt habt. – Ihr habt schon viele Wege zurückgelegt, viel geschafft. Wir wollen sehen, wo jeder herkommt und auf welchen Wegen er nach HH gekommen ist.« • P fängt an, indem die Reise eines Verwandten aufgezeigt wird: Positives + Negatives verbalisieren • Mit Bändern werden Ausgangs- und Zielstadt sowie die Zwischenstationen markiert • SuS zeigen ihren Weg und Zwischenstationen (bzw. den von engen Verwandten) auf. • Weltkarte: Jeder trägt seinen Weg individuell ein.	kulturelle Vielfalt der Klasse bewusst machen, Schwerpunktlernziel: Wegerfahrungen. Positive Erfahrungen in den Vordergrund stellen. Visualisieren einer individuellen Wegerfahrung. Identitätsförderung, visueller Impuls	P als Modell, um emotionale Sicherheit zu geben. Wertschätzung der Heterogenität der Schüler ① Nichtmigranten-SuS: Aufzeigen der Migration eines engen Verwandten oder Bekannten	An der Weltkarte	• Weltkarte • Stellwand • bunte Bänder • Filzstifte • J_o2_AB_Weltkarte	
30	**Collage: Gedanken an die Heimat** • Einführende Worte – »Heute machen wir ein spezielles Bild von deiner Heimat, eine Collage über deine Heimat – Wir schauen nun auf den Wegbeginn. Erinnere dich, wie sah dein Heimatland aus? Was für schöne Erinnerungen hast du? Ihr sollt eure schönen Gedanken und Erinnerungen aufschreiben. – Du kannst Bilder aufkleben, malen, schreiben, Fotos aufkleben … • In deiner Collage müssen fünf Themen abgebildet sein (anschreiben): – Landschaft (Blumen, Pflanzen) – Tiere – Essen – Feste – Familie – Haus – Musik – Lieblingsort • Es wäre toll, wenn euch noch mehr einfällt.« • Eigene Fotos können integriert werden/Bild von Bild • Zeitrahmen aufzeigen	Teilen der Gedanken an die Heimat und Verbalisieren/didaktische Reserve	① Nichtmigranten-SuS: Unabhängig, ob mit oder ohne Migrationshintergrund, können SuS ein Bild ihrer persönlichen Heimat machen. Möglicherweise sind in Deutschland geborene SuS in eine andere Stadt gezogen oder erleben den Bauernhof der Großmutter als Heimatort.	Einzelarbeit	• Scheren • Kleber • Zeitungen und Internetausdrucke zu den Herkunftsländern • Stifte • DIN-A3-Papier	

Zeit	Ablauf der Stunde	didaktisch-methodischer Kommentar	schülerbezogener Kommentar	Medien/ Sozialform	Materialien	persönliche Kommentare
20	**»Hier komme ich her«** • Diskussion in Form eines Marktplatzes: Die Hälfte präsentiert, die andere hört zu. • Steine auf den Ort mit der größten Erinnerung stellen und beschreiben (Text, mündlich)	didaktischen Schwerpunkt setzen durch Aufstellen der Steine	Versprachlichung, Förderung der Sprachhandlungskompetenz. Mehrkanaliges Lernen: visuell und mündlich	Gesprächskreis	• Steine	
(falls zeitlich nicht mehr möglich, in der nächsten Stunde nachholen)						
didaktische Reserve	**Namensübung** • P wirft den Ball einem der SuS zu und sagt dabei: »Ich heiße X und werfe den Ball zu Y.« • Derjenige, der den Ball gefangen hat, wirft ihn weiter und sagt dabei: »Ich heiße Y, habe den Ball von X und werfe ihn zu Z.« • So wird der Ball immer weitergeworfen, und es wird immer schwieriger, sich die Reihenfolge der Namen zu merken	Förderung des Gruppengefühls und Unterstützung des Namenslernens		Gesprächskreis (stehend)	• Gesprächsball	
5	**Gefühlsbarometer** • SuS werden gefragt, wie sie sich in einer bestimmten Situation (evtl. vorgeben) gefühlt haben. • Sie heften ihre Namensschilder an den entsprechenden Smiley auf dem Gefühlsbarometer.	Abschlussritual/individuelles Feedback	Gefühlen der SuS Beachtung schenken		• Gefühlsbarometer • Namensschilder	

Stunde 3 / Modul Deutschland

Thema und Titel
Das Leben in Deutschland: »Wie lebe ich hier?«

Ziel
Nachdem in der vorangegangenen Stunde die Heimat im Mittelpunkt stand, richtet sich Stunde 3 an die aktuelle Lebenssituation der SuS in Deutschland. Bei Gruppen mit SuS, die erst vor Kurzem nach Deutschland gekommen sind, tauschen sich diese über das Leben in einem neuen Land und die dabei beobachteten Unterschiede aus. Sie sammeln Tipps und Ideen zum Einleben in eine neue Kultur, welche auf den eigenen Erfahrungen der Jugendlichen basieren. Bei Gruppen mit SuS, die bereits länger in Deutschland leben, steht der Freizeitgedanke im Vordergrund. Diese soll bewusst wahrgenommen werden.

Arbeitsblätter und Unterrichtsmaterial

Stunde	Inhalt	Dokumentenname	Materialtyp
03	Eindrücke	J_03_AB_Eindrücke	Arbeitsblatt
03	Eindrücke	J_03_UM_Eindrücke	Unterrichtsmaterial
03	Unterschiede	J_03_UM_Unterschiede	Unterrichtsmaterial

Regelmäßig benötigtes Material
- J_V_UM_Sprachkarten_Herzlich willkommen
- Symbolkarten
- Symbolkarte Gefühlsbarometer
- Säckchen mit Namensschildern
- Materialkoffer
- Arbeitshefte für Jugendliche
- Mandala als didaktische Reserve
- Wörterbücher
- Gefühlsbarometer

Zusätzliches Material
- Deutschlandkarte
- Stadtplan
- DIN-A3-Papier

Stunde	3
Modul	Deutschland
Titel der Stunde	Wie lebe ich hier?
Schwerpunktlernziel	Nachdem in der vorangegangenen Stunde die Heimat im Mittelpunkt stand, richtet sich Stunde 3 an die aktuelle Lebenssituation der SuS in Deutschland. Bei Gruppen mit SuS, die erst vor Kurzem nach Deutschland gekommen sind, tauschen sich diese über das Leben in einem neuen Land und die dabei beobachteten Unterschiede aus. Sie sammeln Tipps und Ideen zum Einleben in eine neue Kultur, welche auf den eigenen Erfahrungen der jugendlichen basieren. Bei Gruppen mit SuS, die bereits länger in Deutschland leben, steht der Freizeitgedanke im Vordergrund. Diese soll bewusst wahrgenommen werden.
Thema der Stunde	das Leben in Deutschland

Zeit	Ablauf der Stunde	didaktisch-methodischer Kommentar	schülerbezogener Kommentar	Medien/ Sozialform	Materialien	persönliche Kommentare
Vorbereitung	• Tafelanschrift: »Herzlich willkommen«; Karten in den Sprachen der SuS (außen links) • **Stundenablauf mit Symbolkarten** (innen rechts): – Symbolkarte Gesprächskreis: Was ist hier anders? – Symbolkarte Partnerarbeit: Ankommen in Deutschland – Symbolkarte Gesprächskreis: Freizeit-Pantomime – Symbolkarte Gruppenarbeit: Meine Stadt – Symbolkarte Gefühlsbarometer	Vorbereitung der Stunde		Tafel	• _LV_UM_ Sprachkarten_Herzlich willkommen • Symbolkarte Gesprächskreis • Symbolkarte Partnerarbeit • Symbolkarte Gruppenarbeit • Symbolkarte Gefühlsbarometer	
Vorbereitung	• Gesprächskreis, Gruppentische • Kamera liegt bereit	Vorbereitung der Stunde			• Säckchen mit Namensschildern • Stellwand • Kamera	
5	offene Anfangsphase	offene Anfangsphase, positive Atmosphäre schaffen	Schüler- und Lehrerorientierung			

Zeit	Ablauf der Stunde	didaktisch-methodischer Kommentar	schülerbezogener Kommentar	Medien/ Sozialform	Materialien	persönliche Kommentare
10	• Begrüßung der SuS an der Tür • Anwesenheitsliste • Verweisen auf den Gesprächskreis • P bereits im Gesprächskreis	Begrüßung	P als Modell gibt Sicherheit	Gesprächskreis		
	• Begrüßung mithilfe der Tafelanschrift • Wiederholen in den Sprachen der SuS	Anfangsritual SuS prüfen die Sprachen, identifizieren ihre primäre Bezugssprache. SuS als Experten ihrer Sprache (Identität)	Wertschätzung der mehrsprachigen Identität; Kinder als Experten ihrer Sprache (Identität), Kompetenzorientierung	Gesprächskreis/Tafel	• J_V_UM_Sprachkarten_Herzlich willkommen	
	Namensschilder und Arbeitsheft werden verteilt.			Gesprächskreis		
10	**Kleine Ressourcenübung** Reihum berichtet jeder ein kleines Highlight der vergangenen Woche.	SuS lernen, auch Kleinigkeiten als positives Erlebnis und somit als Ressource zu schätzen.		Gesprächskreis		
5	**Stundenablauf mit Symbolkarten** • Tafelanschrift: Wie lebe ich hier? • Ablauf mithilfe der Symbolkarten	Informierender Unterrichtseinstieg, Transparenz über Struktur und Stundenablauf.	Struktur gibt Sicherheit.	Tafel; Frontalphase	• Siehe oben	
10	**Kurze Vokabelübung (bei Bedarf)** • Es werden zwei Sprachgruppen gebildet (an je einem Tisch). Pro Tisch eine Betreuerin • Betreuerin legt Vokabelliste vor und liest deutsches Wort vor. • SuS antworten in ihrer Sprache und überprüfen dies anhand des Lösungsblatts. • Liegt kein Lösungsblatt in der Sprache vor, muss ein Wörterbuch zurate gezogen werden.	SuS erhalten die notwendigsten Vokabeln, um diese Stunde verfolgen zu können.		Frontalphase	• J_V_UM_Vokabeln_Vorlage • J_V_UM_Vokabeln_Dari • J_V_UM_Vokabeln_Arabisch • J_V_UM_Vokabeln_Englisch • Wörterbücher	

Zeit	Ablauf der Stunde	didaktisch-methodischer Kommentar	schülerbezogener Kommentar	Medien/Sozialform	Materialien	persönliche Kommentare
10	**Diskussion: Was ist hier anders?** • Wie lebt es sich in deiner Heimat, wie lebt es sich in Deutschland und wie im Rest der Welt? • Karten werden nach und nach aufgedeckt und im Gesprächskreis auf den Boden gelegt. Brainstorming zu Schule, Menschen, Regeln, Freizeit. Was sind Unterschiede, was Gemeinsamkeiten in den unterschiedlichen Ländern (insbesondere in den Heimatländern der SuS)?		SuS als Experten ①Nichtmigranten-SuS: Jeder Schüler hat eine Vorstellung, was typisch deutsch ist, und kennt durch Reisen und Fernsehen das Leben in anderen Ländern und Kulturkreisen.	Gesprächskreis	• _I_o3_UM_Unterschiede	
35	**Diskussion: In Hamburg ankommen** • SuS suchen auf der Deutschlandkarte Hamburg. Kurze Diskussion über bereits besuchte deutsche Städte • **Partnerarbeit** – »Erinnert euch daran, wie ihr in HH angekommen seid.« (stummer Impuls) – Tafelanschrift mit _I_o3_UM_Eindrücke: Was hast du ... gesehen, gehört, gerochen, gedacht, gefühlt, erlebt? – Die SuS schneiden die Fragen aus und kleben sie auf ihr AB. Die Antworten werden danach in die Deutschlandkarte des Arbeitsblatts eingetragen. – Präsentation	stummer/offener Impuls; Sammlungsphase; je nach zeitlichen Möglichkeiten werden zwei oder mehr Antworten vorgestellt	Schülerorientierung; Partnerarbeit gibt Sicherheit. ①Nichtmigranten-SuS: Diese Übung eignet sich besonders gut für SuS, die neu in Deutschland sind. Ersatzweise kann die Übung mit einem (Urlaubs-)Land durchgeführt werden. Bei Gruppen mit wenigen SuS, die nach Deutschland migriert sind, bietet es sich an, die Übung zu ersetzen.	Gesprächskreis	• Deutschlandkarte • _I_o3_UM_Eindrücke • _I_o3_AB_Eindrücke	
Wählen Sie hier zwei von drei Übungen aus	**Freizeit-Pantomime** • Alle SuS schließen ihre Augen und werden aufgefordert, an ihre Lieblingsfreizeitbeschäftigung zu denken • P beginnt pantomimisch ihre Freizeitvorliebe darzustellen, z. B. Gärtnern. • SuS müssen nun die Freizeitbeschäftigung erraten. • Der Reihe nach stellt jeder Schüler seine Lieblingsfreizeitbeschäftigung vor. • Die Begriffe werden an der Tafel zusammengetragen.	nonverbale Kommunikationsmöglichkeit zum Thema Freizeit		Gesprächskreis (stehend)		

Zeit	Ablauf der Stunde	didaktisch-methodischer Kommentar	schülerbezogener Kommentar	Medien/ Sozialform	Materialien	persönliche Kommentare
	Meine Stadt • Die SuS versammeln sich um ein großes DIN-A3-Blatt. • Sie sollen sich nun in die Rolle eines Stadtführers versetzen und möglichst viele Dinge der Stadt aufschreiben, die man gesehen haben muss, zudem Freizeit- und Erholungsmöglichkeiten. • Im zweiten Schritt werden Kosten und Lage der Sehenswürdigkeit bzw. des Freizeitangebots hinzugefügt. • Das Freizeitplakat kann zu einem späteren Zeitpunkt hervorgeholt werden, wenn es um die Planung des Abschlussausflugs geht.	Kennenlernen der Sehenswürdigkeiten und des Freizeitangebots der eigenen Stadt	SuS können sich austauschen und vom Wissen und den Erfahrungen der Mitschüler lernen.	Gruppentisch	• DIN-A3-Blatt • bunte Stifte • Stadtplan	
5	**Gefühlsbarometer** • SuS werden gefragt, wie sie sich in einer bestimmten Situation (evtl. vorgeben) gefühlt haben. • Sie heften ihre Namensschilder an den entsprechenden Smiley auf dem Gefühlsbarometer.	Abschlussritual/individuelles Feedback	Gefühlen der SuS Beachtung schenken		• Gefühlsbarometer • Namensschilder	

Stunde 4 / Modul Deutschland

Thema und Titel
Glaube in Deutschland: »Wie lebe ich hier? Wie glaube ich hier?«

Ziel
Die Gruppe wird angeregt, sich mit ihrer kulturellen Vielfalt auseinanderzusetzen. Religiöse Gemeinsamkeiten und Unterschiede werden thematisiert. Dabei werden Möglichkeiten aufgedeckt, wie insbesondere der Glaube in einer Kultur gelebt werden kann, deren Mitglieder mehrheitlich einer anderen Religion angehören. Der Glaube wird als Ressource für die Jugendlichen erarbeitet.

Arbeitsblätter und Unterrichtsmaterial

Stunde	Inhalt	Dokumentenname	Materialtyp
04	Fragen	J_04_UM_Fragen	Unterrichtsmaterial
04	Glaube	J_04_AB_Glaube	Arbeitsblatt

Regelmäßig benötigtes Material
- J_V_UM_Sprachkarten_Herzlich willkommen
- Symbolkarten
- Symbolkarte Gefühlsbarometer
- Säckchen mit Namensschildern
- Materialkoffer
- Arbeitshefte für Jugendliche
- Mandala als didaktische Reserve
- Wörterbücher
- Gefühlsbarometer

Zusätzliches Material
- Decke
- möglichst große Anzahl religiöser Gegenstände aus den Hauptreligionen:
  - Sollte die Bereitstellung Schwierigkeiten bereiten, kann den SuS in der vorausgegangenen Stunde die Hausaufgabe gegeben werden, etwas aus ihrer eigenen Religion mitzubringen oder sich bei Bekannten aus anderen Glaubensrichtungen etwas auszuleihen.
  - Eine weitere Möglichkeit ist, bereits im Vorfeld eine Reihe von Symbolen und Gotteshäusern der einzelnen Religionen aus dem Internet farbig auszudrucken.
- Kerze, Streichhölzer

Anmerkungen
- Für Stunde 10 sollte schon jetzt ein Foto religiöser Gegenstände gemacht werden.
- Ab Stunde 4 wird die offene Anfangsphase weggelassen, da die SuS nun bereits die regelmäßigen Gruppenstunden verinnerlicht haben und mit der Umgebung vertraut sind.

Stunde	4
Modul	Deutschland
Titel der Stunde	**Wie lebe ich hier? Wie glaube ich hier?**
Schwerpunktlernziel	Die Gruppe wird angeregt, sich mit ihrer kulturellen Vielfalt auseinanderzusetzen. Religiöse Gemeinsamkeiten und Unterschiede werden thematisiert. Dabei werden Möglichkeiten aufgedeckt, wie insbesondere der Glaube in einer Kultur gelebt werden kann, deren Mitglieder mehrheitlich einer anderen Religion angehören. Der Glaube wird als Ressource für die Jugendlichen erarbeitet. Kommentar: Das Thema wurde eingeführt, da der Glaube mehrmals von den SuS angesprochen wurde (Schülerorientierung). (Evtl. bei einer anderen Gruppe geringes Interesse für das Thema).
Thema der Stunde	Glaube in Deutschland

Zeit	Ablauf der Stunde	didaktisch-methodischer Kommentar	schülerbezogener Kommentar	Medien/ Sozialform	Materialien	persönliche Kommentare
Vorbereitung	• Tafelanschrift: »Herzlich willkommen«; Karten in den Sprachen der SuS (außen links) • **Stundenablauf mit Symbolkarten** (innen rechts): – Symbolkarte Gesprächskreis: Religiöse Gegenstände – Symbolkarte Einzelarbeit: Mein Glaube – Symbolkarte Gefühlsbarometer	Vorbereitung der Stunde		Tafel	• I_V_UM_Sprachkarten_Herzlich willkommen • Symbolkarte Gesprächskreis • Symbolkarte Einzelarbeit • Symbolkarte Gefühlsbarometer	
Vorbereitung	• Gesprächskreis, Einzeltische • Decke ausbreiten, religiöse Gegenstände bereitstellen. Angezündete Kerze bereits in die Mitte stellen. • Kamera liegt bereit	Vorbereitung der Stunde			• Kamera • Decke, religiöse Gegenstände, Kerze	

Zeit	Ablauf der Stunde	didaktisch-methodischer Kommentar	schülerbezogener Kommentar	Medien/Sozialform	Materialien	persönliche Kommentare
10	• Begrüßung der SuS an der Tür • Anwesenheitsliste • Verweisen auf den Gesprächskreis • P bereits im Gesprächskreis	Begrüßung	P als Modell gibt Sicherheit.	Gesprächskreis		
	• Begrüßung mithilfe der Tafelanschrift • Wiederholen in den Sprachen der SuS	Anfangsritual SuS prüfen die Sprachen, identifizieren ihre primäre Bezugssprache. SuS als Experten ihrer Sprache (Identität)	Wertschätzung der mehrsprachigen Identität; Kinder als Experten ihrer Sprache (Identität), Kompetenzorientierung	Gesprächskreis/Tafel	• J_V_UM_Sprachkarten_Herzlich willkommen	
	Namensschilder und Arbeitsheft werden verteilt.			Gesprächskreis		
10	**Kleine Ressourcenübung** Reihum berichtet jeder ein kleines Highlight der vergangenen Woche.	SuS lernen, auch Kleinigkeiten als positives Erlebnis und somit als Ressource zu schätzen.		Gesprächskreis		
5	**Stundenablauf mit Symbolkarten** • Tafelanschrift: Wie lebe ich hier? Wie glaube ich hier? • Ablauf mithilfe der Symbolkarten	Informierender Unterrichtseinstieg, Transparenz über Struktur und Stundenablauf	Struktur gibt Sicherheit.	Tafel; Frontalphase	• Siehe oben.	
10	**Kurze Vokabelübung (bei Bedarf)** • Es werden zwei Sprachgruppen gebildet (an je einem Tisch). Pro Tisch eine Betreuerin • Betreuerin legt Vokabelliste vor und liest deutsches Wort vor. • SuS antworten in ihrer Sprache und überprüfen dies anhand des Lösungsblatts. • Liegt kein Lösungsblatt in der Sprache vor, muss ein Wörterbuch zurate gezogen werden.	SuS erhalten die notwendigsten Vokabeln, um diese Stunde verfolgen zu können.		Frontalphase	• J_V_UM_Vokabeln_Vorlage • J_V_UM_Vokabeln_Dari • J_V_UM_Vokabeln_Arabisch • J_V_UM_Vokabeln_Englisch • Wörterbücher	

Zeit	Ablauf der Stunde	didaktisch-methodischer Kommentar	schülerbezogener Kommentar	Medien/Sozialform	Materialien	persönliche Kommentare
20	**Religiöse Gegenstände** • Gegenstände verschiedener Religionen werden auf einer Decke in der Mitte des Gesprächskreises ausgebreitet. • Die Fragen werden nach und nach umgedreht und in der Gruppe beantwortet.	Visualisieren der kulturellen Vielfalt. Glaube als Ressource; Reflection in Action	Wertschätzung der Heterogenität; Kompetenzen nutzen. Möglicherweise sind konfessionslose SuS dabei. Diese können bei der Übung nicht von der eigenen Religion berichten, sondern denken dabei an den Glauben von Bekannten und Verwandten.	Gesprächskreis	• Religiöse Gegenstände • J_o4_UM_Fragen	
30	**Arbeitsblatt: Mein Glaube** • SuS füllen das AB allein aus. P gehen herum und unterstützen. • Im Gesprächskreis werden die Antworten gesammelt. • kurze Präsentation der Ergebnisse	Den Glauben als Ressource erkennen. SuS lernen voneinander.	Schülerorientierung: Einzelarbeit schafft Sicherheit.	Einzelarbeit	• J_o4_AB_Glaube	
5	**Gefühlsbarometer** • SuS werden gefragt, wie sie sich in einer bestimmten Situation (evtl. vorgeben) gefühlt haben. • Sie heften ihre Namensschilder an den entsprechenden Smiley auf dem Gefühlsbarometer.	Abschlussritual/individuelles Feedback	Gefühlen der SuS Beachtung schenken		• Gefühlsbarometer • Namensschilder	

Stunde 5 / Modul Identität

Thema und Titel
Individuelle Eigenschaften und persönliche Stärken: »Wer bin ich?«

Ziel
Die SuS lernen verstehen, was die eigene Identität ausmacht. Dabei sollen insbesondere die eigenen Stärken benannt werden, und es soll darüber reflektiert werden, welche Eigenschaften und Fähigkeiten ausgebaut werden sollen.

Arbeitsblätter und Unterrichtsmaterial

Stunde	Inhalt	Dokumentenname	Materialtyp
05	Baumkarten	• J_05_UM_Baumkarten	Unterrichtsmaterial
05	Anleitung für den Laufzettel	• J_05_AB_Laufzettel_Anleitung	Arbeitsblatt
05	Meine Wurzeln	• J_05_AB_Wurzeln	Arbeitsblatt
05	Mein Stamm	• J_05_AB_Stamm	Arbeitsblatt
05	Meine Äste	• J_05_AB_Äste	Arbeitsblatt

Regelmäßig benötigtes Material
- J_V_UM_Sprachkarten_Herzlich willkommen
- Symbolkarten
- Symbolkarte Gefühlsbarometer
- Säckchen mit Namensschildern
- Materialkoffer
- Arbeitshefte für Jugendliche
- Mandala als didaktische Reserve
- Wörterbücher
- Gefühlsbarometer

Zusätzliches Material
- J_05_UM_Baumkarten muss hier zweimal ausgedruckt vorliegen. Ein Kartensatz wird zusätzlich mit Magnetband versehen.
- Porträtfotos der SuS (möglicherweise auch als Hausaufgabe bereits in der vorangegangenen Stunde mit nach Hause geben)
- Für Station 4 »Meine Krone« sollten ausreichend Mandalas vorliegen.

Anmerkung
Das Thema Identität ist ein zentrales Element des Projekts. Demnach erstreckt es sich über zwei Doppelstunden, Stunde 5 und Stunde 6. Für beide Stunden ist die Verwendung der Methode des »Lernens an Stationen« charakteristisch. Zu Beginn der Stunde 5 sollte sich ausreichend Zeit genommen werden, um den SuS die Methode verständlich zu machen.

Regeln für die Stationenarbeit

- Für jede Station gibt es einen eigenen Arbeitstisch.
- Den SuS werden vier verschiedene Stationen angeboten, wobei sie in der Stunde 5 möglichst zwei Stationen bearbeiten sollten, in der Stunde 6 möglichst die zwei fehlenden.
- Die Auswahl der Stationen wird ihnen freigestellt.

- Wenn die Arbeit an einer Station abgeschlossen bzw. wenn die Stunde beendet ist, wird dies in den Laufzettel »J_05_AB_Laufzettel_ Anleitung« eingetragen.
- Station 4 »Meine Krone« ist als didaktische Reserve für all jene gedacht, die schneller als die restlichen SuS sind.

Die Stationen

Die Stationen sind nach den einzelnen Bereichen eines Baumes benannt. Anhand des Baumes lässt sich gut die Entwicklung der SuS verdeutlichen: von den Wurzeln (hier als Helfersystem dargestellt) über den Stamm (hier als individuelle Eigenschaften) zu den Ästen (hier als individuelle Interessen), vom Kind zur eigenständigen Persönlichkeit.

Station 1: »Meine Wurzeln«: Sichtbarmachen des Helfersystems

Station 2: »Mein Stamm«: Bewusstwerden der individuellen Eigenschaften

Station 3: »Meine Äste«: Zusammenstellen der individuellen Interessen

Station 4: »Meine Krone«: Zusatzstation als didaktische Reserve

Vorbereitung

Der Aufbau dieser Stunde ist etwas aufwendiger. Im Vorfeld sollten bereits vier Gruppentische als Stationstische aufgebaut werden. Auf jedem Tisch zeigt eine Karte (»J_05_AB_Baumkarten«) an, um welche Station es sich handelt. Zudem liegen bereits notwendige Arbeitsmaterialien wie Stifte, Kleber, buntes Papier und DIN-A3-Papier auf den Tischen bereit. Außerdem kann bereits ein Baum mit deutlich sichtbaren Wurzeln, Stamm und Ästen an die Tafel gezeichnet werden.

Stunde	5
Modul	Identität
Titel der Stunde	Wer bin ich?
Schwerpunktlernziel	Die SuS lernen verstehen, was die eigene Identität ausmacht. Dabei sollen insbesondere die eigenen Stärken benannt werden, und es soll darüber reflektiert werden, welche Eigenschaften und Fähigkeiten ausgebaut werden sollen.
Thema der Stunde	individuelle Eigenschaften und persönliche Stärken

Zeit	Ablauf der Stunde	didaktisch-methodischer Kommentar	schülerbezogener Kommentar	Medien/Sozialform	Materialien	persönliche Kommentare
Vorbereitung	• Tafelanschrift: »Herzlich willkommen«; Karten in den Sprachen der SuS (außen links) • **Stundenablauf mit Symbolkarten** (innen rechts): – Symbolkarte Frontalphase: Einführung LAS – Symbolkarte Stationslernen: LAS – Symbolkarte Gefühlsbarometer	Vorbereitung der Stunde		Tafel	• _LV_UM_Sprachkarten_Herzlich willkommen • Symbolkarte Frontalphase • Symbolkarte Stationslernen • Symbolkarte Gefühlsbarometer	
Vorbereitung	• Gesprächskreis, Stationstische • Lernen an Stationen aufbauen • Baum an die Tafel malen • Kamera liegt bereit.	Vorbereitung der Stunde			• Kamera	
10	• Begrüßung der SuS an der Tür • Anwesenheitsliste • Verweisen auf den Gesprächskreis • P bereits im Gesprächskreis	Begrüßung	P als Modell gibt Sicherheit	Gesprächskreis		
	• Begrüßung mithilfe der Tafelanschrift • Wiederholen in den Sprachen der SuS	Anfangsritual. SuS prüfen die Sprachen, identifizieren ihre primäre Bezugssprache. SuS als Experten ihrer Sprache (Identität)	Wertschätzung der mehrsprachigen Identität; Kinder als Experten ihrer Sprache (Identität), Kompetenzorientierung	Gesprächskreis/Tafel	• _LV_UM_Sprachkarten_Herzlich willkommen	

Zeit	Ablauf der Stunde	didaktisch-methodischer Kommentar	schülerbezogener Kommentar	Medien/ Sozialform	Materialien	persönliche Kommentare
	• Namensschilder und Arbeitsheft werden verteilt.			Gesprächs-kreis		
10	**Kleine Ressourcenübung** Reihum berichtet jeder ein kleines Highlight der vergangenen Woche.	SuS lernen, auch Kleinigkeiten als positives Erlebnis und somit als Ressource zu schätzen.		Gesprächs-kreis		
5	**Stundenablauf mit Symbolkarten** • Tafelanschrift: Wer bin ich? • Ablauf mithilfe der Symbolkarten	Informierender Unterrichtseinstieg, Transparenz über Struktur und Stundenablauf	Struktur gibt Sicherheit.	Tafel; Frontalphase	• Siehe oben.	
10	**Kurze Vokabelübung (bei Bedarf)** • Es werden zwei Sprachgruppen gebildet (an je einem Tisch). Pro Tisch eine Betreuerin • Betreuerin legt Vokabelliste vor und liest deutsches Wort vor. • SuS antworten in ihrer Sprache und überprüfen dies anhand des Lösungsblatts. • Liegt kein Lösungsblatt in der Sprache vor, muss ein Wörterbuch zurate gezogen werden.	SuS erhalten die notwendigsten Vokabeln, um diese Stunde verfolgen zu können.		Frontalphase	• J_V_UM_Vokabeln_Vorlage • J_V_UM_Vokabeln_Dari • J_V_UM_Vokabeln_Arabisch • J_V_UM_Vokabeln_Englisch • Wörterbücher	
20	**Einführung Lernen an Stationen: Baum der Identität** a) Der Baum an der Tafel wird betrachtet, und es wird mit den SuS über die verschiedenen Teile des Baumes und deren Funktionen gesprochen. Dabei werden J_o5_UM_Baumkarten an entsprechende Stellen des Baumes geheftet. b) SuS erhalten das J_o5_AB_Laufzettel_Anleitung und tragen die Stationen in ihren eigenen Baum ein. c) Vorstellen der Regeln (s. o.) d) Rundgang von Station zu Station und ausführliche Erklärung der dortigen Arbeitsaufträge	Visualisieren der eigenen Identität. Kompetenzansatz. Hinführung zum Schwerpunktlernziel	SuS nehmen sich und ihre Identität ganzheitlich wahr.	Gesprächs-kreis/Frontalphase	• Stifte • J_o5_UM_Baumkarten • J_o5_AB_Laufzettel_Anleitung	

Zeit	Ablauf der Stunde	didaktisch-methodischer Kommentar	schülerbezogener Kommentar	Medien/Sozialform	Materialien	persönliche Kommentare
	Station 1: Meine Wurzeln • SuS schreiben den Namen in die Bildmitte. • SuS schneiden bunte Kreise aus. • In die Kreise wird geschrieben, wer oder was ihnen in der Vergangenheit und der Gegenwart geholfen hat bzw. hilft. Je näher der Kreis zum Namen geklebt wird, desto hilfreicher war oder ist er bzw. es.	Sichtbarmachen des individuellen Helfersystems		Stationenarbeit	• I_05_AB_Wurzeln • buntes Papier • Schere • Kleber • Stifte • DIN-A3-Papier	
	Station 2: Mein Stamm • SuS schneiden buntes Papier in zehn Streifen. • Auf jeden Streifen wird eine Eigenschaft des Schülers geschrieben. Auf dem AB gibt es eine Reihe von Beispielwörtern. • In die Mitte des Bildes wird das Foto geklebt oder der Name geschrieben. • Die Streifen werden in Form einer Sonne auf das Papier geklebt. • Die fünf wichtigsten Eigenschaften werden markiert.	Bewusstwerden der individuellen Eigenschaften		Stationenarbeit	• I_05_AB_Stamm • buntes Papier • Schere • Kleber • Stifte • ggf. Porträtfoto • DIN-A3-Papier	
	Station 3: Meine Äste • SuS füllen das I_05_AB_Äste einzeln aus. • Dort reflektieren sie ihre persönlichen Interessen und überlegen, was sie zu deren Verwirklichung benötigen.	Zusammenstellen der individuellen Interessen		Stationenarbeit	• I_05_AB_Äste • Stifte	
	Station 4: Meine Krone • didaktische Reserve für diejenigen, die schneller fertig sind • Arbeitsauftrag: Mandala ausmalen	Zusatzstation als didaktische Reserve		Stationenarbeit	• Mandalavorlagen	
30	**Durchführung der Stationenarbeit**					
5	**Gefühlsbarometer** • SuS werden gefragt, wie sie sich in einer bestimmten Situation (evtl. vorgeben) gefühlt haben. • Sie heften ihre Namensschilder an den entsprechenden Smiley auf dem Gefühlsbarometer.	Abschlussritual/individuelles Feedback	Gefühlen der SuS Beachtung schenken		• Gefühlsbarometer • Namensschilder	

Stunde 6 / Modul Identität

Thema und Titel
Individuelle Eigenschaften und persönliche Stärken: »Wer bin ich?« (Fortsetzung von Stunde 5)

Ziel
Die SuS lernen verstehen, was die eigene Identität ausmacht. Dabei sollen insbesondere die eigenen Stärken benannt werden, und es soll darüber reflektiert werden, welche Eigenschaften und Fähigkeiten ausgebaut werden sollen.

Arbeitsblätter und Unterrichtsmaterial

Stunde	Inhalt	Dokumentenname	Materialtyp
06	Baumkarten	J_05_UM_Baumkarten	Unterrichtsmaterial
06	Anleitung für den Lauf-zettel	J_05_AB_Laufzettel_An-leitung	Arbeitsblatt
06	Meine Wurzeln	J_05_AB_Wurzeln	Arbeitsblatt
06	Mein Stamm	J_05_AB_Stamm	Arbeitsblatt
06	Meine Krone	J_05_AB_Krone	Arbeitsblatt
06	Meine Äste	J_05_AB_Äste	Arbeitsblatt

Da es sich bei Stunde 5 und Stunde 6 um eine Doppelstunde handelt, wiederholen sich hier die Arbeitsmaterialien aus der vergangenen Stunde 5.

Regelmäßig benötigtes Material
- J_V_UM_Sprachkarten_Herzlich willkommen
- Symbolkarten
- Symbolkarte Gefühlsbarometer
- Säckchen mit Namensschildern
- Materialkoffer
- Arbeitshefte für Jugendliche
- Mandala als didaktische Reserve
- Wörterbücher
- Gefühlsbarometer

Zusätzliches Material
- J_05_UM_Baumkarten muss hier zweimal ausgedruckt vorliegen. Ein Kartensatz wird zusätzlich mit Magnetband versehen.
- Porträtfotos der SuS (möglicherweise auch als Hausaufgabe bereits in der vorangegangenen Stunde mit nach Hause geben)
- Für Station 4 »Meine Krone« sollten ausreichend Mandalas vorliegen.

Stunde	6
Modul	Identität
Titel der Stunde	**Wer bin ich?**
Schwerpunktlernziel	Die SuS lernen verstehen, was die eigene Identität ausmacht. Dabei sollen insbesondere die eigenen Stärken benannt werden, und es soll darüber reflektiert werden, welche Eigenschaften und Fähigkeiten ausgebaut werden sollen.
Thema der Stunde	individuelle Eigenschaften und persönliche Stärken

Zeit	Ablauf der Stunde	didaktisch-methodischer Kommentar	schülerbezogener Kommentar	Medien/ Sozialform	Materialien	persönliche Kommentare
Vorbereitung	• Tafelanschrift: »Herzlich willkommen«; Karten in den Sprachen der SuS (außen links) • **Stundenablauf mit Symbolkarten** (innen rechts): – Symbolkarte Stationslernen: LAS – Symbolkarte Gefühlsbarometer	Vorbereitung der Stunde		Tafel	• _I_V_UM_ Sprachkarten_Herzlich willkommen • Symbolkarte Stationslernen • Symbolkarte Gefühlsbarometer	
Vorbereitung	• Gesprächskreis, Stationstische • Lernen an Stationen aufbauen (siehe Stunde 5) • Kamera liegt bereit	Vorbereitung der Stunde			• Kamera	
10	• Begrüßung der SuS an der Tür • Anwesenheitsliste • Verweisen auf den Gesprächskreis • P bereits im Gesprächskreis	Begrüßung	P als Modell gibt Sicherheit.	Gesprächskreis		
	• Begrüßung mithilfe der Tafelanschrift • Wiederholen in den Sprachen der SuS	Anfangsritual SuS prüfen die Sprachen, identifizieren ihre primäre Bezugssprache. SuS als Experten ihrer Sprache (Identität)	Wertschätzung der mehrsprachigen Identität; Kinder als Experten ihrer Sprache (Identität), Kompetenzorientierung	Gesprächskreis/Tafel	• _I_V_UM_ Sprachkarten_Herzlich willkommen	

Zeit	Ablauf der Stunde	didaktisch-methodischer Kommentar	schülerbezogener Kommentar	Medien/ Sozialform	Materialien	persönliche Kommentare
	• Namensschilder und Arbeitsheft werden verteilt.			Gesprächs-kreis		
10	**Kleine Ressourcenübung** Reihum berichtet jeder ein kleines Highlight der vergangenen Woche.	SuS lernen, auch Kleinigkeiten als positives Erlebnis und somit als Ressource zu schätzen.		Gesprächs-kreis		
5	**Stundenablauf mit Symbolkarten** • Tafelanschrift: Wer bin ich? • Ablauf mithilfe der Symbolkarten	Informierender Unterrichtseinstieg, Transparenz über Struktur und Stundenablauf.	Struktur gibt Sicherheit.	Tafel; Frontalphase	• Siehe oben.	
45	**Lernen an Stationen** • erneutes Durchgehen der Stationen • Klären von offenen Fragen und Zeitbedarf der einzelnen SuS • Fertigstellen der Stationenarbeit					
	Station 1: Meine Wurzeln • SuS schreiben ihren Namen in die Bildmitte. • SuS schneiden bunte Kreise aus. • In die Kreise wird geschrieben, wer oder was ihnen in der Vergangenheit und der Gegenwart geholfen hat bzw. hilft. Je näher der Kreis zum Namen geklebt wird, desto hilfreicher war oder ist er bzw. es.	Sichtbarmachen des individuellen Helfer-systems		Stationen-arbeit	• J_05_AB_Wurzeln • buntes Papier • Schere • Kleber • Stifte • DIN-A3-Papier	
	Station 2: Mein Stamm • SuS schneiden buntes Papier in zehn Streifen. • Auf jeden Streifen wird eine Eigenschaft des Schülers geschrieben. Auf dem AB gibt es eine Reihe von Beispielwörtern. • In die Mitte des Bildes wird das Foto geklebt oder Name geschrieben. • Die Streifen werden in Form einer Sonne auf das Papier geklebt. • Die fünf wichtigsten Eigenschaften werden markiert.	Bewusstwerden der individuellen Eigen-schaften		Stationen-arbeit	• J_05_AB_Stamm • buntes Papier • Schere • Kleber • Stifte • ggf. Porträt-foto • DIN-A3-Papier	

Zeit	Ablauf der Stunde	didaktisch-methodischer Kommentar	schülerbezogener Kommentar	Medien/Sozialform	Materialien	persönliche Kommentare
	Station 3: Meine Äste • SuS füllen das I_05_AB_Äste einzeln aus. • Dort reflektieren sie ihre persönlichen Interessen und überlegen, was sie zu deren Verwirklichung benötigen.	Zusammenstellen der individuellen Interessen		Stationenarbeit	• I_05_AB_Äste • Stifte	
	Station 4: Meine Krone • didaktische Reserve für diejenigen, die schneller fertig sind • Arbeitsauftrag: Mandala ausmalen	Zusatzstation als didaktische Reserve		Stationenarbeit	• Mandalavorlagen (z. B. aus dem Internet)	
15	**Präsentation der Arbeiten durch Rundgang durch die Stationen**					
5	**Gefühlsbarometer** • SuS werden gefragt, wie sie sich in einer bestimmten Situation (evtl. vorgeben) gefühlt haben? • Sie heften ihre Namensschilder an den entsprechenden Smiley auf dem Gefühlsbarometer.	Abschlussritual/individuelles Feedback	Gefühlen der SuS Beachtung schenken		• Gefühlsbarometer • Namensschilder	

Stunde 7 / Modul Gefühle

Thema und Titel
Gefühle: »Wir entdecken Gefühle«

Ziel
Die SuS erwerben Begriffe, um ihre Gefühle auszudrücken. Ziel ist es die eigenen Gefühle zu benennen und diese eigenen Erfahrungen zuzuordnen. Mithilfe der Figur »Hund Anton« können die SuS stellvertretend ihre Gefühle ausdrücken.

Arbeitsblätter und Unterrichtsmaterial

Stunde	Inhalt	Dokumentenname	Materialtyp
07	Antonkarten	J_07_UM_Antonkarten	Unterrichtsmaterial
07	Antwortkarten	J_07_UM_Antwortkarten	Unterrichtsmaterial
07	Gefühle	J_07_AB_Gefühle	Arbeitsblatt
07	Lösungsblatt	J_07_UM_Lösungsblatt	Unterrichtsmaterial
07	Wunschbaum	J_07_AB_Wunschbaum	Arbeitsblatt

Regelmäßig benötigtes Material
- J_V_UM_Sprachkarten_Herzlich willkommen
- Symbolkarten
- Symbolkarte Gefühlsbarometer
- Säckchen mit Namensschildern
- Materialkoffer
- Arbeitshefte für Jugendliche
- Mandala als didaktische Reserve
- Wörterbücher

In dieser Stunde wird kein Gefühlsbarometer benötigt.

Zusätzliches Material
- Vor der Stunde sollte ein Baum an die Tafel gezeichnet werden.
- grünes Tonpapier, idealerweise in unterschiedlichen Grüntönen

Stunde	7
Modul	Gefühle
Titel der Stunde	Wir entdecken Gefühle
Schwerpunktlernziel	Die SuS erwerben Begriffe, um ihre Gefühle auszudrücken. Ziel ist es, die eigenen Gefühle zu benennen und eigenen Erfahrungen zuzuordnen.
Thema der Stunde	Gefühle

Zeit	Ablauf der Stunde	didaktisch-methodischer Kommentar	schülerbezogener Kommentar	Medien/Sozialform	Materialien	persönliche Kommentare
Vorbe-reitung	• Tafelanschrift: »Herzlich willkommen«; Karten in den Sprachen der SuS (außen links) • **Stundenablauf mit Symbolkarten** (innen rechts); – Symbolkarte Gesprächskreis: Gefühlsratespiel – Symbolkarte Partnerarbeit: Gefühle – Symbolkarte Einzelarbeit: Wunschbaum	Vorbereitung der Stunde		Tafel	• _J_V_UM_Sprachkarten_Herzlich willkommen • Symbolkarte Gesprächskreis • Symbolkarte Partnerarbeit • Symbolkarte Einzelarbeit	
Vorbe-reitung	• Gesprächskreis, Partnertische • Kamera liegt bereit • Baum an Tafel zeichnen	Vorbereitung der Stunde			• Kamera	
10	• Begrüßung der SuS an der Tür • Anwesenheitsliste • Verweisen auf den Gesprächskreis • P bereits im Gesprächskreis	Begrüßung	P als Modell gibt Sicherheit	Gesprächs-kreis		
	• Begrüßung mithilfe der Tafelanschrift • Wiederholen in den Sprachen der SuS	Anfangsritual SuS prüfen die Sprachen, identifizieren ihre primäre Bezugssprache. SuS als Experten ihrer Sprache (Identität)	Wertschätzung der mehrsprachigen Identität; Kinder als Experten ihrer Sprache (Identität), Kompetenzorientierung	Gesprächs-kreis/Tafel	• _J_V_UM_Sprachkarten_Herzlich willkommen	

Zeit	Ablauf der Stunde	didaktisch-methodischer Kommentar	schülerbezogener Kommentar	Medien/Sozialform	Materialien	persönliche Kommentare
	• Namensschilder und Arbeitsheft werden verteilt.			Gesprächskreis		
10	**Kleine Ressourcenübung** Reihum berichtet jeder ein kleines Highlight der vergangenen Woche.	SuS lernen, auch Kleinigkeiten als positives Erlebnis und somit als Ressource zu schätzen.		Gesprächskreis		
5	**Stundenablauf mit Symbolkarten** • Tafelanschrift: Wir entdecken Gefühle. • Ablauf mithilfe der Symbolkarten	Informierender Unterrichtseinstieg, Transparenz über Struktur und Stundenablauf	Struktur gibt Sicherheit.	Tafel; Frontalphase	• Siehe oben.	
10	**Kurze Vokabelübung (bei Bedarf)** • Es werden zwei Sprachgruppen gebildet (an je einem Tisch). Pro Tisch eine Betreuerin • Betreuerin legt Vokabelliste vor und liest deutsches Wort vor. • SuS antworten in ihrer Sprache und überprüfen dies anhand des Lösungsblatts. • Liegt kein Lösungsblatt in der Sprache vor, muss ein Wörterbuch zurate gezogen werden	SuS erhalten die notwendigsten Vokabeln, um diese Stunde verfolgen zu können.		Frontalphase	• I_V_UM_Vokabeln_Vorlage • I_V_UM_Vokabeln_Dari • I_V_UM_Vokabeln_Arabisch • I_V_UM_Vokabeln_Englisch • Wörterbücher	
10	**Gefühlsratespiel** • Jeder Schüler erhält eine Karte von dem Hund Anton. • P macht vor: Karte wird in die Mitte gelegt, damit sie jeder betrachten kann. • Gemeinsam wird überlegt, wie das Gefühl auf der Karte heißt. Achtung, häufig gibt es mehrere Bezeichnungen, und es gibt nicht die endgültig richtige Lösung. • Antwortkarten werden aufgedeckt • Satz wird anhand des benannten Gefühls vervollständigt. • Reihum werden alle Gefühle benannt.	lernen, Gefühle im Deutschen verbal auszudrücken	Bewusstmachen der eigenen Gefühle und der Gefühle von anderen Insbesondere eine Situation für das Gefühl zu finden ist teilweise sehr persönlich. Wenn ein Schüler dies nicht möchte, kann ein Mitschüler die Aufgabe übernehmen!	Gesprächskreis	• I_o7_UM_Antonkarten • I_o7_UM_Antwortkarten	

Zeit	Ablauf der Stunde	didaktisch-methodischer Kommentar	schülerbezogener Kommentar	Medien/Sozialform	Materialien	persönliche Kommentare
20	**Partnerarbeit: Gefühle** • Arbeitsblatt Gefühle wird ausgeteilt und in Kleingruppen bearbeitet. • P hängt Hunde in der richtigen Reihenfolge mit Nummern verdeckt an die Tafel. • Wer fertig ist, kann sich die Lösung an der Tafel ansehen und die Karten aufkleben. • kurze Präsentation	fremde Gefühle erkennen und benennen können	Selbstkontrolle der SuS durch eigenständiges Kontrollieren an der Tafel	Kleingruppe	• _l_07_AB_Gefühle • _l_07_UM_Lösungsblatt • _l_07_UM_Antonkarten	
20	**Unser Wunschbaum** • Die Tafel wird ausgeklappt und der Wunschbaum sichtbar. • Die SuS erhalten grünes Tonpapier, das sie in Form von Blättern eines Baumes zuschneiden. • Mithilfe des AB schreiben die SuS Wünsche für die Zukunft auf jedes Blatt und pinnen den Wunsch als Blatt an den Baum. • Wer seinen Wunsch nicht allen zeigen möchte, kann sein Blatt auch verkehrt herum anheften.	sich der eigenen Wünsche und Hoffnungen bewusst werden	Möglicherweise weckt die Übung bei einigen SuS intensive Gefühle. Es sollte Zeit sein, darüber sprechen zu können!	Einzelarbeit (nötig, da teilweise sehr persönliche Ergebnisse)	• grünes Tonpapier • Stifte • _l_07_AB_Wunschbaum	
5	**Gefühlsbarometer** • Alle Antonkarten werden auf die Stühle im Gesprächskreis verteilt • SuS werden aufgefordert, sich zu demjenigen Hund zu stellen, der am besten zu ihrem momentanen Gefühl passt.	Abschlussritual/individuelles Feedback	Gefühlen der SuS Beachtung schenken		• _l_07_UM_Antonkarten	

Stunde 8 / Modul Soziales Umfeld

Thema und Titel
Beziehungen zu Gleichaltrigen: »Meine Freunde«

Ziel
Der Austausch positiver Erfahrungen zum Thema Freundschaft wird angeregt. Die unterstützende Funktion von Freundschaft soll bewusst werden. Die Fähigkeit, neue Freundschaften zu knüpfen und alte Freundschaften beizubehalten, soll eingeübt werden.

Arbeitsblätter und Unterrichtsmaterial

Stunde	Inhalt	Dokumentenname	Materialtyp
08	Freunde finden	J_08_UM_Karten_Freunde finden	Unterrichtsmaterial
08	Freunde	J_08_AB_Freunde	Arbeitsblatt
08	Mindmap Freunde	J_08_UM_Mindmap_Freunde	Unterrichtsmaterial
08	Freunde	J_08_UM_Karten_Freunde	Unterrichtsmaterial

Regelmäßig benötigtes Material
- J_V_UM_Sprachkarten_Herzlich willkommen
- Symbolkarten
- Symbolkarte Gefühlsbarometer
- Säckchen mit Namensschildern
- Materialkoffer
- Arbeitshefte für Jugendliche
- Mandala als didaktische Reserve
- Wörterbücher
- Gefühlsbarometer

Zusätzliches Material
- Wasserkrug und Gläser

Stunde	8
Modul	Soziales Umfeld
Titel der Stunde	Meine Freunde
Schwerpunktlernziel	Der Austausch positiver Erfahrungen zum Thema Freundschaft wird angeregt. Die unterstützende Funktion von Freundschaft soll bewusst werden. Die Fähigkeit, neue Freundschaften zu knüpfen und alte Freundschaften beizubehalten, soll eingeübt werden.
Thema der Stunde	Beziehung zu Gleichaltrigen

Zeit	Ablauf der Stunde	didaktisch-methodischer Kommentar	schülerbezogener Kommentar	Medien/ Sozialform	Materialien	persönliche Kommentare
Vorbe-reitung	• Tafelanschrift: »Herzlich willkommen«; Karten in den Sprachen der SuS (außen links) • Wasserkrug und Gläser bereitstellen • **Stundenablauf mit Symbolkarten** (innen rechts): – Symbolkarte Gesprächskreis: Meine Freunde hier und damals – Symbolkarte Brainstorming: Begriffsdefinition Freunde – Symbolkarte Einzelarbeit: Brief an einen Freund – Symbolkarte Gefühlsbarometer	Vorbereitung der Stunde		Tafel	• J_V_UM_ Sprachkarten_Herzlich willkommen • Symbolkarte Gesprächskreis • Symbolkarte Brainstorming • Symbolkarte Einzelarbeit • Symbolkarte Gefühlsbarometer	
Vorbe-reitung	• Gesprächskreis, Einzeltische • Kamera liegt bereit	Vorbereitung der Stunde			• Kamera	
10	• Begrüßung der SuS an der Tür • Anwesenheitsliste • Verweisen auf den Gesprächskreis • P bereits im Gesprächskreis	Begrüßung	P als Modell gibt Sicherheit.	Gesprächs-kreis		

Zeit	Ablauf der Stunde	didaktisch-methodischer Kommentar	schülerbezogener Kommentar	Medien/ Sozialform	Materialien	persönliche Kommentare
	• Begrüßung mithilfe der Tafelanschrift • Wiederholen in den Sprachen der SuS	Anfangsritual SuS prüfen die Sprachen, identifizieren ihre primäre Bezugssprache. SuS als Experten ihrer Sprache (Identität)	Wertschätzung der mehrsprachigen Identität; Kinder als Experten ihrer Sprache (Identität), Kompetenzorientierung	Gesprächskreis/Tafel	• J_V_UM_Sprachkarten_Herzlich willkommen	
	• Namensschilder und Arbeitsheft werden verteilt.			Gesprächskreis		
10	**Kleine Ressourcenübung** Reihum berichtet jeder ein kleines Highlight der vergangenen Woche.	SuS lernen, auch Kleinigkeiten als positives Erlebnis und somit als Ressource zu schätzen.		Gesprächskreis		
5	**Stundenablauf mit Symbolkarten** • Tafelanschrift: Meine Freunde • Ablauf mithilfe der Symbolkarten	Informierender Unterrichtseinstieg, Transparenz über Struktur und Stundenablauf	Struktur gibt Sicherheit.	Tafel; Frontalphase	• Siehe oben.	
10	**Kurze Vokabelübung (bei Bedarf)** • Es werden zwei Sprachgruppen gebildet (an je einem Tisch). Pro Tisch eine Betreuerin • Betreuerin legt Vokabelliste vor und liest deutsches Wort vor. • SuS antworten in ihrer Sprache und überprüfen dies anhand des Lösungsblatts. • Liegt kein Lösungsblatt in der Sprache vor, muss ein Wörterbuch zurate gezogen werden.	SuS erhalten die notwendigsten Vokabeln, um diese Stunde verfolgen zu können.		Frontalphase	• J_V_UM_Vokabeln_Vorlage • J_V_UM_Vokabeln_Dari • J_V_UM_Vokabeln_Arabisch • J_V_UM_Vokabeln_Englisch • Wörterbücher	

Zeit	Ablauf der Stunde	didaktisch-methodischer Kommentar	schülerbezogener Kommentar	Medien/Sozialform	Materialien	persönliche Kommentare
15	**Meine Freunde hier und damals** • Gesprächskreis mit kleinem Tisch in der Mitte, auf dem Wasserkrug und Gläser stehen. • Einleitung: Thema Freunde finden • Anhand der gefüllten Wassergläser wird die Frage beantwortet (P als Modell): »Wo hattest du mehr Freunde? In deiner Heimat oder in Deutschland?« In Zusatzfragen werden aufgedeckt und der Reihe nach beantwortet. • P notiert wichtige Aspekte auf Karten.	Die Übung dient dazu, seine bestehenden sowie seine alten Freundschaften zu überdenken.	①Nichtmigranten-SuS bzw. SuS, die in Deutschland geboren sind: Anstelle alter Freundschaften in der Heimat können grundsätzlich Freundschaften in der Vergangenheit vor Augen geführt werden, die anders waren als heute.	Gesprächskreis	• Wasserkrug • Gläser • I_o8_UM_Karten_Freunde finden	
20	**Begriffsdefinition Freunde** • Brainstorming: »Was fällt dir ein, wenn du an Freunde denkst?« • Mithilfe des AB soll jeder für sich über das Thema Freunde nachdenken. • Alle Antworten werden gesammelt und von P an der Tafel in einer Mindmap notiert. Dabei strukturiert P die Themen mithilfe der Karten um die Mindmap-Karte herum.	Die SuS erfahren gegenseitig voneinander, was sie unter Freundschaft verstehen, und lernen, welche Werte einen guten Freund in den Augen der Mitschüler ausmachen.		Gesprächskreis	• I_o8_AB_Freunde • I_o8_UM_Mindmap_Freunde • I_o8_UM_Karten_Freunde	
15	**Brief an einen Freund** Schreibe einen kurzen Brief an einen guten Freund und schlage eine Unternehmung vor.	Förderung und Aufrechterhaltung bestehender Freundschaften		Einzelarbeit	• DIN-A4-Papier • Stifte	
5	**Gefühlsbarometer** • SuS werden gefragt, wie sie sich in einer bestimmten Situation (evtl. vorgeben) gefühlt haben. • Sie heften ihre Namensschilder an den entsprechenden Smiley auf dem Gefühlsbarometer.	Abschlussritual/individuelles Feedback	Gefühlen der SuS Beachtung schenken		• Gefühlsbarometer • Namensschilder	

Stunde 9 / Modul Soziales Umfeld

Thema und Titel
Soziales Beziehungsgefüge: »Meine Familie«

Ziel
Die SuS erforschen die eigene Familienstruktur, vergleichen sie mit anderen und denken darüber nach, auf welche Weise die Familie unabhängig von ihrer Zusammensetzung zum Wohlbefinden ihrer Mitglieder beiträgt.

Arbeitsblätter und Unterrichtsmaterial

Stunde	Inhalt	Dokumentenname	Materialtyp
09	Familie	J_09_UM_Karten_Familie	Unterrichtsmaterial
09	Aufgaben	J_09_AB_Aufgaben	Arbeitsblatt
09	Stammbaum	J_09_AB_Stammbaum	Arbeitsblatt

Regelmäßig benötigtes Material
- J_V_UM_Sprachkarten_Herzlich willkommen
- Symbolkarten
- Symbolkarte Gefühlsbarometer
- Säckchen mit Namensschildern
- Materialkoffer
- Arbeitshefte für Jugendliche
- Mandala als didaktische Reserve
- Wörterbücher
- Gefühlsbarometer

Zusätzliches Material
In dieser Stunde wird kein zusätzliches Material benötigt.

Stunde	9
Modul	Soziales Umfeld
Titel der Stunde	Meine Familie
Schwerpunktlernziel	Die SuS erforschen die eigene Familienstruktur, vergleichen sie mit anderen und denken darüber nach, auf welche Weise die Familie unabhängig von ihrer Zusammensetzung zum Wohlbefinden ihrer Mitglieder beiträgt.
Thema der Stunde	soziales Beziehungsgefüge

Zeit	Ablauf der Stunde	didaktisch-methodischer Kommentar	schülerbezogener Kommentar	Medien/ Sozialform	Materialien	persönliche Kommentare
Vorbereitung	• Tafelanschrift: »Herzlich willkommen«; Karten in den Sprachen der SuS (außen links) • **Stundenablauf mit Symbolkarten** (innen rechts): – Symbolkarte Brainstorming: Brainstorming Familie – Symbolkarte Einzelarbeit: Ahnenforschung – Symbolkarte Partnerarbeit: Aufgaben – Symbolkarte Gefühlsbarometer	Vorbereitung der Stunde		Tafel	• J_V_UM_Sprachkarten_Herzlich willkommen • Symbolkarte Brainstorming • Symbolkarte Einzelarbeit • Symbolkarte Partnerarbeit • Symbolkarte Gefühlsbarometer	
Vorbereitung	• Gesprächskreis, Partnertische • Kamera liegt bereit.	Vorbereitung der Stunde			• Kamera	
10	• Begrüßung der SuS an der Tür • Anwesenheitsliste • Verweisen auf den Gesprächskreis • P bereits im Gesprächskreis	Begrüßung	P als Modell gibt Sicherheit	Gesprächskreis		
	• Begrüßung mithilfe der Tafelanschrift • Wiederholen in den Sprachen der SuS	Anfangsritual SuS prüfen die Sprachen, identifizieren ihre primäre Bezugssprache. SuS als Experten ihrer Sprache (Identität)	Wertschätzung der mehrsprachigen Identität; Kinder als Experten ihrer Sprache (Identität), Kompetenzorientierung	Gesprächskreis/Tafel	• J_V_UM_Sprachkarten_Herzlich willkommen	

Zeit	Ablauf der Stunde	didaktisch-methodischer Kommentar	schülerbezogener Kommentar	Medien/ Sozialform	Materialien	persönliche Kommentare
	• Namensschilder und Arbeitsheft werden verteilt.			Gesprächs-kreis		
10	**Kleine Ressourcenübung** Reihum berichtet jeder ein kleines Highlight der vergangenen Woche.	SuS lernen, auch Kleinigkeiten als positives Erlebnis und somit als Ressource zu schätzen.		Gesprächs-kreis		
5	**Stundenablauf mit Symbolkarten** • Tafelanschrift: Meine Familie • Ablauf mithilfe der Symbolkarten	Informierender Unterrichtseinstieg, Transparenz über Struktur und Stundenablauf	Struktur gibt Sicherheit.	Tafel; Frontalphase	• Siehe oben.	
10	**Kurze Vokabelübung (bei Bedarf)** • Es werden zwei Sprachgruppen gebildet (an je einem Tisch). Pro Tisch eine Betreuerin • Betreuerin legt Vokabelliste vor und liest deutsches Wort vor. • SuS antworten in ihrer Sprache und überprüfen dies anhand des Lösungsblatts. • Liegt kein Lösungsblatt in der Sprache vor, muss ein Wörterbuch zurate gezogen werden	SuS erhalten die notwendigsten Vokabeln, um diese Stunde verfolgen zu können.		Frontalphase	• J_V_UM_Vokabeln_Vorlage • J_V_UM_Vokabeln_Dari • J_V_UM_Vokabeln_Arabisch • J_V_UM_Vokabeln_Englisch • Wörterbücher	
25	**Begriffsdefinition Familie** • Brainstorming: »Was fällt dir ein, wenn du an Familie denkst?« • Ansagen, dass drei Minuten Bedenkzeit gegeben werden • Die Antworten werden von P an die Tafel in einer Mindmap notiert. Dabei strukturiert die P die Themen. • Zettel mit Überschrift der Themen werden nach und nach hinzugehängt.	Die SuS erfahren gegenseitig voneinander, was sie unter Familie verstehen, und lernen, welche Werte ihnen selbst und ihren Mitschülern in Bezug auf Familie wichtig sind. Zudem werden bereits unterschiedliche Lebensformen thematisiert.	Die P sollten bereits Kenntnisse über die Familienkonstellationen der SuS haben, um auf konflikthafte Situationen vorbereitet zu sein!	Gesprächs-kreis	• J_09_UM_Karten_Familie	

Zeit	Ablauf der Stunde	didaktisch-methodischer Kommentar	schülerbezogener Kommentar	Medien/ Sozialform	Materialien	persönliche Kommentare
25	**Ahnenforschung** • Im Gesprächskreis wird kurz das Wissen zu Stammbäumen abgefragt und über die eigenen Vorfahren gesprochen. • Die SuS erstellen nun mithilfe des AB ihren persönlichen (stark vereinfachten) Stammbaum. • kurze Präsentation im Gesprächskreis	Erforschen der eigenen Familienstruktur		Einzel-arbeit	• Stifte • J_09_AB_ Stammbaum	
	Aufgaben und Pflichten in der Familie • Arbeitsblatt wird in Zweiergruppen bearbeitet. • kurze Präsentation im Gesprächskreis	Wer leistet was in der Familie? Wertschätzung der Aufgaben aller, je nach Alter entsprechende Verantwortung		Partner-arbeit	• J_09_AB_ Aufgaben	
5	**Gefühlsbarometer** • SuS werden gefragt, wie sie sich in einer bestimmten Situation (evtl. vorgeben) gefühlt haben. • Sie heften ihre Namensschilder an den entsprechenden Smiley auf dem Gefühlsbarometer.	Abschlussritual/individuelles Feedback	Gefühlen der SuS Beachtung schenken		• Gefühls-barometer • Namens-schilder	

Wählen Sie eine der Übungen aus

Stunde 10 / Modul Abschluss

Thema und Titel
Rückblick und Ausblick: »Wir blicken zurück und schauen nach vorn«

Ziel
Die vorletzte Stunde zielt darauf ab, die Inhalte der vergangenen Stunden zusammenzufassen. Schwierigkeiten werden ebenso thematisiert wie offene Fragen und Anregungen. Zudem werden Überlegungen zur Zukunft der SuS angestellt.

Arbeitsblätter und Unterrichtsmaterial

Stunde	Inhalt	Dokumentenname	Materialtyp
10	Stundengliederung	J_10_UM_Stundengliederung in Streifen	Unterrichtsmaterial
10	Fragekarten	J_10_UM_Fragekarten	Unterrichtsmaterial
10	Wegbilder	J_10_UM_Wegbilder	Unterrichtsmaterial
10	Activity-Spiel	J_10_UM_Malzeigsprech-Spiel	Unterrichtsmaterial

Regelmäßig benötigtes Material
- J_V_UM_Sprachkarten_Herzlich willkommen
- Symbolkarten
- Symbolkarte Gefühlsbarometer
- Säckchen mit Namensschildern
- Materialkoffer
- Arbeitshefte für Jugendliche
- Mandala als didaktische Reserve
- Wörterbücher

Zusätzliches Material
- PC-Zugang, falls möglich
- ausgedrucktes Abschlussfoto für alle SuS, falls möglich
- J_10_UM_Stundengliederung muss mehrmals ausgedruckt und in Streifen geschnitten werden.
- J_01_UM_Zielkarten
- Heimat-Collagen der SuS
- Freizeitplakat
- Foto religiöser Gegenstände
- Collage zu »Stamm« und »Äste«
- J_07_UM_Antonkarten
- Wasserkrug und Gläser
- Stammbäume der SuS
- Die Karten des Malzeigsprech-Spiels, J_10_UM_Malzeigsprech-Spiel, müssen ausgedruckt und zurechtgeschnitten werden.

Stunde	10
Modul	Abschluss
Titel der Stunde	Wir blicken zurück und schauen nach vorn
Schwerpunktlernziel	Die vorletzte Stunde zielt darauf ab, dass die Inhalte der vergangenen Stunde zusammengefasst werden. Schwierigkeiten und Probleme werden ebenso thematisiert wie offene Fragen und Anregungen. Zudem werden Überlegungen zur Zukunft der SuS angestellt.
Thema der Stunde	Rückblick und Ausblick

Zeit	Ablauf der Stunde	didaktisch-methodischer Kommentar	schülerbezogener Kommentar	Medien/Sozialform	Materialien	persönliche Kommentare
Vorbereitung	• Tafelanschrift: »Herzlich willkommen«; Karten in den Sprachen der SuS (außen links) • Rückblick über die Stunden auf Tischen vorbereiten • **Stundenablauf mit Symbolkarten** (innen rechts): – Symbolkarte Gesprächskreis: Fotorückblick – Symbolkarte Partnerarbeit: Stundengliederung – Symbolkarte Präsentation: Rückblick – Symbolkarte Einzelarbeit: Lebensweg – Symbolkarte Gefühlsbarometer	Vorbereitung der Stunde		Tafel	• J_V_UM_Sprachkarten_Herzlich willkommen • Symbolkarte Gesprächskreis • Symbolkarte Partnerarbeit • Symbolkarte Präsentation • Symbolkarte Einzelarbeit • Symbolkarte Gefühlsbarometer	
Vorbereitung	• Gesprächskreis, mindestens neun Einzeltische für den Rückblick • Kamera liegt bereit.	Vorbereitung der Stunde			• Kamera	
10	• Begrüßung der SuS an der Tür • Anwesenheitsliste • Verweisen auf den Gesprächskreis • P bereits im Gesprächskreis	Begrüßung	P als Modell gibt Sicherheit	Gesprächskreis		

Zeit	Ablauf der Stunde	didaktisch-methodischer Kommentar	schülerbezogener Kommentar	Medien/ Sozialform	Materialien	persönliche Kommentare
	• Begrüßung mithilfe der Tafelanschrift • Wiederholen in den Sprachen der SuS	Anfangsritual SuS prüfen die Sprachen, identifizieren ihre primäre Bezugssprache. SuS als Experten ihrer Sprache (Identität)	Wertschätzung der mehrsprachigen Identität; Kinder als Experten ihrer Sprache (Identität), Kompetenzorientierung	Gesprächskreis/Tafel	• J_V_UM_Sprachkarten_Herzlich willkommen	
	• Namensschilder und Arbeitsheft werden verteilt.			Gesprächskreis		
10	**Kleine Ressourcenübung** Reihum berichtet jeder ein kleines Highlight der vergangenen Woche.	SuS lernen, auch Kleinigkeiten als positives Erlebnis und somit als Ressource zu schätzen.		Gesprächskreis		
5	**Stundenablauf mit Symbolkarten** • Tafelanschrift: Wir blicken zurück • Ablauf mithilfe der Symbolkarten	Informierender Unterrichtseinstieg, Transparenz über Struktur und Stundenablauf.	Struktur gibt Sicherheit	Tafel; Frontalphase	• Siehe oben.	
10	**Kurze Vokabelübung (bei Bedarf)** • Es werden zwei Sprachgruppen gebildet (an je einem Tisch). Pro Tisch eine Betreuerin • Betreuerin legt Vokabelliste vor und liest deutsches Wort vor. • SuS antworten in ihrer Sprache und überprüfen dies anhand des Lösungsblatts. • Liegt kein Lösungsblatt in der Sprache vor, muss ein Wörterbuch zurate gezogen werden.	SuS erhalten die notwendigsten Vokabeln, um diese Stunde verfolgen zu können.		Frontalphase	• J_V_UM_Vokabeln_Vorlage • J_V_UM_Vokabeln_Dari • J_V_UM_Vokabeln_Arabisch • J_V_UM_Vokabeln_Englisch • Wörterbücher	
10	**Fotorückblick** • Am PC werden die Fotos aus den vergangenen Gruppenstunden angeschaut. • Die SuS erhalten ihr eigenes Foto.	visueller Rückblick auf die gemeinsamen Gruppenstunden		am PC	• PC-Zugang • ausgedruckte Fotos	

Zeit	Ablauf der Stunde	didaktisch-methodischer Kommentar	schülerbezogener Kommentar	Medien/Sozialform	Materialien	persönliche Kommentare
10	**Stundengliederung zusammenstellen** • Die SuS werden in Kleingruppen aufgeteilt. • Die Stundentitel liegen in Streifen geschnitten auf dem Tisch, und die SuS müssen so schnell wie möglich diese in die richtige Reihenfolge bringen. • Welche Gruppe ist der Sieger?	Rückblick auf die einzelnen Themen		Kleingruppenarbeit	• ⌐_10_UM_Stundengliederung, in Streifen geschnitten	

15	**Rückblick über die Stunden**
	• Aus jeder Stunde wird ein zentrales Element herausgenommen. Diese liegen auf einzelnen Tischen verteilt.
	  – 1. St: Ziel-Karten
	  – 2. St: Collagen der SuS
	  – 3. St: Freizeitplakat
	  – 4. St: Foto mit religiösen Gegenständen
	  – 5. + 6. St: Collagen zu »Stamm« und »Äste«
	  – 7. St: ⌐_07_UM_Antonkarten
	  – 8. St: Wasserkrug und Gläser
	  – 9. St: Stammbäume der SuS
	• Jeder Schüler sucht sich eine Stunde aus und beantwortet die Fragen an der Tafel (Minipräsentation).
		intensiver Rückblick auf die einzelnen Stunden		Einzel- oder Kleingruppenarbeit, je nach Gruppengröße	• ⌐_01_UM_Zielkarten
					• Collagen der SuS
					• Freizeitplakat
					• Foto mit religiösen Gegenständen
					• Collage zu »Stamm« und »Äste«
					• ⌐_07_UM_Antonkarten
					• Wasserkrug und Gläser
					• Stammbäume der SuS
					• ⌐_10_UM_Fragekarten	

15	**Mein Lebensweg** • Die SuS erhalten Papier und sollen einen Lebensweg zeichnen. Erklärung: Manche Wege sind gerade, manche krumm wie das Leben. • Unterteilung des Lebenswegs in wichtige Ereignisse (Diskussion) und Altersabschnitte • Eintragen individueller Erlebnisse	Neben dem Rückblick auf die Stunden sollen die SuS einen Blick in ihre persönliche Zukunft werfen und sich vor Augen führen, welche Ziele sie erreichen möchten.		Einzelarbeit	• DIN-A3-Papier • Buntstifte	

Zeit	Ablauf der Stunde	didaktisch-methodischer Kommentar	schülerbezogener Kommentar	Medien/ Sozialform	Materialien	persönliche Kommentare
didaktische Reserve	**Malzeigsprech-Spiel** • Die SuS werden in zwei Gruppen geteilt. • Die Karten des Spiels sind mit den Symbolen »Pantomime«, »Sprechen« oder »Malen« gekennzeichnet. Dies bedeutet, dass der genannte Begriff entweder pantomimisch, ausschließlich durch Erzählen oder ausschließlich durch Malen dargestellt werden muss. • Die erste Gruppe beginnt, und ein Schüler muss seinen Mitschülern in höchstens drei Minuten den ersten Begriff darstellen. Schafft er dies, erhält die Gruppe einen Punkt. • Nun ist die gegnerische Gruppe an der Reihe. • Die Gruppe, die als Erste zehn Punkte hat, hat gewonnen.	spielerische Wiederholung der wesentlichsten Wörter der vergangenen Stunden		Gruppenarbeit	• J_10_UM_Malzeigsprech-Spiel, als Karten geschnitten • Papier • Stift	
5	**Gefühlsbarometer** • SuS werden gefragt, wie sie sich in einer bestimmten Situation (evtl. vorgeben) gefühlt haben. • Sie heften ihre Namensschilder an den entsprechenden Smiley auf dem Gefühlsbarometer.	Abschlussritual/individuelles Feedback	Gefühlen der SuS Beachtung schenken		• Gefühlsbarometer • Namensschilder	

Stunde 11 / Modul Abschluss

Thema und Titel
Abschlussfest: »Wir feiern zusammen«

Ziel
Der Abschied soll gemeinsam gefeiert werden. Dazu erhalten die SuS als Erstes ihre Urkunde, das Arbeitsheft und ihre Arbeiten. Später kann eine gemeinsame Unternehmung folgen, beispielsweise ein gemeinsames Gruppenfrühstück oder ein Ausflug.

Arbeitsblätter und Unterrichtsmaterial

Stunde	Inhalt	Dokumentenname	Materialtyp
11	Urkunde	J_11_UM_Urkunde	Unterrichtsmaterial

Regelmäßig benötigtes Material
- J_V_UM_Sprachkarten_Herzlich willkommen
- Säckchen mit Namensschildern
- Materialkoffer
- Arbeitshefte für Jugendliche
- Mandala als didaktische Reserve
- Wörterbücher

Zusätzliches Material
- Für jeden Schüler muss bereits im Vorfeld eine individuelle Urkunde mithilfe der Vorlage J_11_UM_Urkunde angefertigt werden.
- Arbeiten der SuS müssen zur Übergabe zusammengestellt werden.

Stunde	11
Modul	**Abschluss**
Titel der Stunde	**Wir feiern zusammen**
Schwerpunktlernziel	Der Abschied soll gemeinsam gefeiert werden. Dazu erhalten die SuS als Erstes ihre Urkunde, das Arbeitsheft und ihre Arbeiten. Später kann eine gemeinsame Unternehmung folgen, beispielsweise ein gemeinsames Gruppenfrühstück oder ein Ausflug.
Thema der Stunde	Abschlussfest

Zeit	Ablauf der Stunde	didaktisch-methodischer Kommentar	schülerbezogener Kommentar	Medien/ Sozialform	Materialien	persönliche Kommentare
Vorbereitung	• Tafelanschrift: »Herzlich willkommen«; Karten in den Sprachen der SuS (außen links)	Vorbereitung der Stunde		Tafel	• LV_UM_Sprachkarten_Herzlich willkommen	
10	• Begrüßung der SuS an der Tür • Anwesenheitsliste • Verweisen auf den Gesprächskreis • P bereits im Gesprächskreis	Begrüßung	P als Modell gibt Sicherheit	Gesprächskreis		
	• Begrüßung mithilfe der Tafelanschrift • Wiederholen in den Sprachen der SuS	Anfangsritual SuS prüfen die Sprachen, identifizieren ihre primäre Bezugssprache. SuS als Experten ihrer Sprache (Identität)	Wertschätzung der mehrsprachigen Identität; Kinder als Experten ihrer Sprache (Identität), Kompetenzorientierung	Gesprächskreis/Tafel	• LV_UM_Sprachkarten_Herzlich willkommen	
	• Namensschilder und Arbeitshefte werden verteilt			Gesprächskreis		

Zeit	Ablauf der Stunde	didaktisch-methodischer Kommentar	schülerbezogener Kommentar	Medien/ Sozialform	Materialien	persönliche Kommentare
10	**Kleine Ressourcenübung** • Reihum berichtet jeder ein kleines Highlight der vergangenen Woche.	SuS lernen, auch Kleinigkeiten als positives Erlebnis und somit als Ressource zu schätzen.		Gesprächskreis		
10	**Urkundenverleihung** • Feierlich wird die Urkunde übergeben und hervorgehoben, welche Ressourcen die einzelnen SuS vorweisen. • Die SuS erhalten die Arbeitsmappe, die Arbeiten und die Namensschilder zum Mitnehmen zurück.	Wertschätzung der erbrachten Leistungen der SuS in den vergangenen Stunden		Gesprächskreis	• J_11_UM_ Urkunde, für jeden SuS individualisiert • Arbeitshefte • Arbeiten der SuS • Namensschilder	
60	**Gemeinsame Unternehmung mit der Gruppe** • beispielsweise gemeinsames Frühstück oder gemeinsames Picknick im Park					

Literaturverzeichnis

Achermann, M./Pecorare, C./Winkler Metzke, C./Steinhausen, H.-C. (2006). Schulklima und Schulumwelt in ihrer Bedeutung für psychische Störungen bei Kindern und Jugendlichen – Einführung in die Thematik. In: Steinhausen, H.-C. (Hrsg.) (2006): Schule und psychische Störungen. Kohlhammer: Stuttgart, S. 15–37.

Adam, H. (1999). Zwischenwelten – Minderjährige unbegleitete Flüchtlinge in Hamburg. In Romeike, G./Imelmann, H. (Hrsg.) (1999). Hilfen für Kinder. Weinheim: Juventa, S. 317–333.

Adam, H. (2006). Seelische Gesundheit von Flüchtlingskindern. Eine empirische Untersuchung an Hamburger Schulen. Unveröffentlichte Habilitationsschrift, Universitätsklinikum Hamburg-Eppendorf, Hamburg.

Adam, H./Bistritzky, H./Ehlers, A. (2011). Inklusion gestalten – Seelische Probleme von Kindern und Jugendlichen in der Schule. Forum der Kinder- und Jugendpsychiatrie und Psychotherapie, 3, 2011, S. 74–100.

Ahearn, F. L./Athey, J. L. (Hrsg.) (1991). Refugee children. Theory, research, and services. Baltimore: Johns Hopkins University Press.

Aldwin, C. M. (1994). Stress, coping, and development. An Integrative Perspective. New York: The Guilford Press.

Badawia, T. (2006). »zweiheimisch«, eine innovative Integrationsformel. In: Spohn, C. (Hrsg.): zweiheimisch. Bikulturell leben in Deutschland. Bonn: Bundeszentrale für politische Bildung, S. 181–191.

Baeyer, W. von/Häfner, H./Kisker, K. (1964). Psychiatrie der Verfolgten. Berlin: Springer.

Balser, G. (1998). Das Lernbüro – Lernen durch Anwenden. Lern- und Arbeitshefte: Das Lernbüro I. Verwaltung. Lernen durch Anwenden: Band 1. Darmstadt: Winklers.

Bar-On, D. (1996). Die Last des Schweigens: Gespräche mit Kindern von Nazi-Tätern. Reinbek: Rowohlt.

Bar-On, D. (1999). The indescribable and the undiscussable: Reconstructing human discourse after trauma. Budapest: Central European University Press.

Bauer, R. (1997). Lernen an Stationen in der Grundschule. Ein Weg zum kindgerechten Lernen. Cornelsen: Berlin.

Behrensen, B./Westphal, M. (2009). Junge Flüchtlinge – ein blinder Fleck in der Migrations- und Bildungsforschung. Bildung junger Flüchtlinge als Randthema in der migrationspolitischen Diskussion. In: Krappmann, L./Lob-Hüdepohl, A./Bohmeyer, A./Kurzke-Maasmeier, S. (Hrsg.): Bildung für junge Flüchtlinge – ein Menschenrecht. Erfahrungen, Grundlagen und Perspektiven. Bielefeld: Bertelsmann, S. 45–58.

Beirens, H./Hughes, N./Hek, R./Spicer, N. (2007). Preventing Social Exclusion of Refugee and Asylum Seeking Children: Building new Networks. In: Social Policy and Society 6, S. 219–229.

Beiser, M./Barwick, C./Berry, J. W. (1988). Mental health affecting immigrants and refugees. Health and Welfare Canada: Ottawa.

Berliner Senatsverwaltung für Gesundheit, Soziales und Verbraucherschutz/Berliner Senatsverwaltung für Bildung, Jugend und Sport (2003). Kooperation von Kinder- und Jugendpsychiatrie, Jugendhilfe und Schule. http://sfbb.berlin-brandenburg.de/sixcms/media.php/5488/Koop_KJP_JH_Schu.pdf (Abruf am 16.08.2012).

Berry, J. W./Sam, D. L. (1997). Acculturation and adaptation. In: Berry, J. W./Segall, M. H./Kagitcibasi, C. (Hrsg.). Handbook of cross-cultural psychology. Social behaviour and applications. Needham Heights: Allyn & Bacon, S. 291–326.

Berry, J. W. (1986). The acculturation process and refugee behaviour. In: Williams, C. L./Westermeyer, J. (Hrsg.), Refugee mental health in resettlement countries. Washington: Hemisphere Publishing Corporation, S. 25–37.

Berry, J. W. (1991). Refugee adaptation in settlement countries: One overview with an emphasis on primary prevention. In: Ahearn, F./Athey, J. (Hrsg.), Refugee children: Theory, research, and services. Baltimore: Johns Hopkins University Press, S. 20–38.

Berry, J. W. (1992). Acculturation and adaptation in a new society. International Migration, 30 (special issue: Migration and health in the 1990s), S. 69–86.

Bohleber, W. (1996). Einführung in die psychoanalytische Adoleszenzforschung. In: Bohleber, W. (Hrsg.): Adoleszenz und Identität. Stuttgart: Verlag Internationale Psychoanalyse.

Bohleber, W. (2000). Die Entwicklung der Traumatheorie in der Psychoanalyse. Psyche, 54, S. 797–839.

Bowlby, J. (1980). Attachment and Loss (Vol. 3). New York: Basic.

Branik, E. (1980). Psychische Störungen und soziale Probleme von Kindern und Jugendlichen aus Spätaussiedlerfamilien – Ein Beitrag zur Psychiatrie der Migration. Medizinische Dissertation. Universität Freiburg im Breisgau.

Brar, N. (2010). Bridging the gap: Educational cultural brokers supporting the mental health of refugee youth. Department of Educational Psychology. Edmonton, University of Alberta.

Brucks, U. (2001). Migration in die Bundesrepublik Deutschland. In: Hegemann, Th./Salman, S. (Hrsg.): Transkulturelle Psychiatrie. Bonn: Psychiatrie-Verlag. S. 41–51.

Bundesgesetzblatt (2008). UN-Konvention über die Rechte von Menschen mit Behinderungen. Bundesgesetzblatt Jahrgang 2008 Teil II Nr. 35, ausgegeben zu Bonn am 31. Dezember 2008.

Bundesgesetzblatt (2011). Gesetz zur Stärkung eines aktiven Schutzes von Kindern und Jugendlichen (Bundeskinderschutzgesetz – BkiSchG). Bundesgesetzblatt Jahrgang 2011, Teil I Nr. 70, ausgegeben zu Bonn am 28. Dezember 2011.

Bundesministerium für Familie, Senioren, Frauen und Jugend (2009). 13. Kinder und Jugendbericht. Bericht über die Lebenssituation junger Menschen und die Leistungen der Kinder und Jugendhilfe in Deutschland. Deutscher Bundestag, 16. Wahlperiode, Drucksache 16/12860.

Bürgin, D. (1995). Psychic traumatization in children and adolescents. In: Stiftung für Kinder (Hrsg.), Children – War and persecution. (Selected and compiled by H. Adam, P. Riedesser, H. Riquelme, A. Verderber & J. Walter). Osnabrück: Secolo Verlag, S. 14–26.

Cheung, P. (1995). Acculturation and psychiatric morbidity among Cambodian refugees in New Zealand. International Journal of Social Psychiatry, 41(41), S. 108–119.

David, M./Borde, T./Kentenich, H. (Hrsg.) (1998). Migration und Gesundheit. Zustandsbeschreibung und Zukunftsmodelle. Frankfurt am Main: Mabuse-Verlag.

Deutscher Bundestag (2000). Sechster Familienbericht: Familien ausländischer Herkunft in Deutschland. Leistungen – Belastungen – Herausforderungen. Drucksache 14/4357, 14. Wahlperiode.

Deutsches Jugendinstitut (2000). Flüchtlingskinder – eine Randgruppe im multikulturellen Milieu. http://www.philip-anderson.de/pdf/dji_multikulti_heft3.pdf (Abruf am 23.06.2012).

Deutsches PISA-Konsortium (Hrsg.) (2001). PISA 2000. Basiskompetenzen von Schülerinnen und Schüler im internationalen Vergleich. Opladen: Leske + Budrich.

Dodds, A. E./Lawrence, J. A./Karantzas, K./Brooker, A./Lin, Y. H./Champness, V./Albert, N. (2010). Children of Somali refugees in Australian schools: Self-descriptions of school-related skills and needs. In: International Journal of Behavioral Development 34, S. 521–528.

Dornes, M. (1993). Der kompetente Säugling. Frankfurt am Main: Fischer.

Dunn, B./Adkins, M. A. (2003). The multicultural classroom: teaching refugee and immigrant children. http://www.newhorizons.org/strategies/multicultural/adkins_dunn.htm (Abruf am 04.06.2010).

Eccles, J. S./Midgley, C./Wigfield, A./Buchanan, C. M./Reuman, D./Flanagan, C./Mac-Iver, D. (1993). Development during adolescent: the impact of stage-enviroment fit on young adolescent experiences in schools and families. American Psychologist, 48, S. 90–101.

Eckert, E. (2004). Individuelles Fördern. In: Hilbert, M. (2008): Was ist guter Unterricht? 5. Aufl. Berlin: Cornelsen Scriptor.

Eder, F. (1996). Schul- und Klassenklima. Ausprägung, Determinanten und Wirkung des Klimas an höheren Schulen. Innsbruck: Studien Verlag.

Eitinger, L. (1990). KZ-Haft und psychische Traumatisierung. Psyche, 2, S. 118–132.

El-Mafaalani, A./Toprak, A. (2011). Muslimische Kinder und Jugendliche in Deutschland. Lebenswelten – Denkmuster – Herausforderungen. Sankt Augustin/Berlin: Konrad-Adenauer-Stiftung e. V.

Esser, H. (1980). Aspekte der Wanderungssoziologie. Assimilation und Integration von Einwanderern, ethnischen Gruppen und Minderheiten. Eine handlungstheoretische Analyse. Darmstadt: Luchterhand.

Filipp, S.-H./Aymanns, P. (2003). Bewältigungsstrategien (Coping). In: Adler, R. H./Herrmann, J. M./Köhle, K./Langewitz, W./Schonecke, O. W./Uexküll, T. von/Wesiak, W. (Hrsg.): Psychosomatische Medizin. Modelle ärztlichen Denkens und Handelns. 6. Aufl. München: Urban & Schwarzenberg, S. 297–310.

Fischer, C./Trepke, F./Dedekind, B./Rieck, K./Prenzel, M. (2009). Logbuch – Dokumentieren und Reflektieren mit dem Logbuch. http://sinus-an-grundschulen.de/fileadmin/uploads/Material_aus_STG/Logbuchbericht_2009.pdf (Abruf am 08.09.2011).

Fischer, G./Riedesser, P. (2003). Lehrbuch der Psychotraumatologie. 3. Aufl. München: Reinhardt.

Flatten, G./Gast, U./Hofmann, A./Knaevelsrud, Ch./Lampe, A./Liebermann, P./Maercker, A./Reddemann, L./Wöller, W. (2011). S3 – Leitlinie Posttraumatische Belastungsstörung. In: Trauma & Gewalt 3: S. 202–210.

Fonagy, P./Steele, M./Steele, H./Higgit, A./Target, M. (1994). The theory and practice of resilience. The Emanual Müller Lecture 1992. Journal of Child Psychology & Psychiatry & Allied Disciplines, 35, S. 231–257.

Freud, A./Burlingham, D. (1943). War and children. New York: Medical War Books.

Freud, A./Burlingham, D. (1944). Infants without families. New York: International Universities Press.

Freud, A./Dan, S. (1951). An experiment in group upbringing. Psychoanalytic Study of the Child, 6, S. 127–168.

Freud, S. (1896). Weitere Bemerkungen über die Abwehr-Neuropsychosen. Gesammelte Werke. Bd. I. Frankfurt am Main: S. Fischer.

Freud, S. (1906). Meine Ansichten über die Rolle der Sexualität in der Ätiologie der Neurosen. Gesammelte Werke. Bd. V. Frankfurt am Main: S. Fischer.

Freud, S. (1920). Jenseits des Lustprinzips. Gesammelte Werke. Bd. XIII. Frankfurt am Main: S. Fischer.

Friedrichs, B. (2003). Auswirkungen von Kriegstraumatisierungen auf das Lernen. In: Zeitschrift für Heilpädagogik 54, S. 312–319.

Garbarino, J./Kostelny, K./Dubrow, N. (1991). No place to be a child. Growing up in a war zone. Lexington: Lexington Books.

Geertz, C. (1994). Dichte Beschreibung. Beiträge zum Verstehen kultureller Symptome. Frankfurt am Main: Suhrkamp.

Gervé, F. (1998). Freie Arbeit – Grundkurs für die Aus– und Fortbildung, Beltz Verlag, Weinheim und Basel.

Gesundheitsministerkonferenz (2012). Weiterentwicklung der psychiatrischen Versorgungsstrukturen in Deutschland – Bestandsaufnahme und Perspektiven. http://www.hamburg.de/contentblob/3506580/data/bericht-psychiatrische-versorgungsstrukturen.pdf (Abruf am 16.08.2012).

Giese, M. (2011). Der Inklusionskurs in der Heil- und Sonderpädagogik. Zeitschrift für Heilpädagogik, 6, 2011, S. 218–224.

Gogolin, I./Nauck, B. (Hrsg.) (2000). Migration, gesellschaftliche Differenzierung und Bildung. Opladen: Leske + Budrich.

Gogolin, I./Neumann, U./Roth, H.-J. (2003). Förderung von Kindern und Jugendlichen mit Migrationshintergrund. Heft 107. Bonn: Bund-Länder-Kommission für Bildungsplanung und zur Forschungsförderung.

Gogolin, I./Dirim, I./Klinger, T./Lange, I./Lengyel, D./Michel, U./Neumann, U./Reich, H./Roth, H.-J./ Schwippert, K. (2011). Förderung von Kindern und Jugendlichen mit Migrationshintergrund. FörMig. Bilanz und Perspektiven eines Modellprogramms Waxmann: Münster, New York, München, Berlin.

Gogolin, I./Neumann, U./Reuter, L. (2001). Schulbildung für Kinder aus Minderheiten in Deutschland 1989–1999. Schulrecht, Schulorganisation, curriculare Fragen, sprachliche Bildung. Waxmann: Münster, New York, München, Berlin.

Gordon, M. (1964). Assimilation in American life. New York: Oxford University Press.

Grasmück, H. (2010). Bildungsplan Stadtteilschule Sekundarstufe 1. Rahmenplan Deutsch als Zweitsprache in Vorbereitungsklassen. Hamburg, Freie und Hansestadt Hamburg. Behörde für Schule und Berufsbildung.

Greenberg, M./Schneider, D. (1997). Region of birth, migration and homicide. Rates of African Americans. Ethnicity and Health, 2/3, S. 197–207.

Grell, J./Grell, M. (2007). Unterrichtsrezepte. Weinheim: Beltz Verlag.

Grinberg, L./Grinberg, R. (1990). Psychoanalyse der Migration und des Exils. München: Verlag Internationale Psychoanalyse.

Hamburger Bildungsplan (2011). www.hamburg.de/bildungsplan/2460202/start-grundschule.html (Abruf am 13.08.2012).

Havlinova, M./Schneidrova, D. (1995). Stress characteristics in schoolchildren related to different educational strategies and school climates. Central European Journal of Public Health, 3 (4), S. 205–209.

Helmke, A. (2007). Wie lernen Schüler erfolgreich? Ein Modell. In: Becker, G./Feindt, A./Meyer, H./ Rothland, M./Stäudel, L./Terhart, E. (Hrsg.) (2007). Guter Unterricht. Maßstäbe & Merkmale – Wege & Werkzeuge. Friedrich Jahresheft, 25, S. 65.

Herman, J. L. (1992). Complex PTSD: A Syndrome in survivors of prolonged and repeated trauma. Journal of Traumatic Stress, 5(3), S. 377–391.

Hettlage-Varjas, A./Hettlage, R. (1984). Kulturelle Zwischenwelten. Fremdarbeiter – Eine Ethnie? Sonderheft der Schweizerischen Zeitschrift für Soziologie, 10, S. 357–403.

Hill, R. (1971). Families under Stress: Adjustment to the crises of war separation and reunion. (rev. ed.). Westport: Greenwood Press.

Hoffmann-Nowotny, H.-J. (1973). Soziologie des Fremdarbeiterproblems. Eine theoretische und empirische Analyse am Beispiel der Schweiz. Stuttgart: Enke.

Hoffmann-Nowotny, H.-J. (1990). Integration, Assimilation und »plurale Gesellschaft«. Konzeptuelle, theoretische und praktische Überlegungen. In: Höhn, Ch./Rein, D. B. (Hrsg.): Ausländer in der Bundesrepublik Deutschland. Wiesbaden: Harald Bold, S. 15–31.

Holling, Y. (2007). Alphabetisierung neu zugewanderter Jugendlicher im Sekundarbereich. Oldenburg: BIS-Verlag.

Hoppe, K. (1962). Persecution, Depression and Aggression. Bulletin of the Menninger Clinical, 25, S. 195–203.

Hovey, J./King, C. (1996). Acculturative stress, depression, and suicidal ideation among immigrant and second-generation Latino-adolescents. Journal of the American Academy of Child and Adolescent Psychiatry, 35(9), S. 1183–1192.

Hund, W. (1999). Es geht auch ohne Worte: Signalkarten für den Unterricht. Mülheim an der Ruhr: Verlag an der Ruhr.

International Organization of Migration (IOM) (2004). Migration Health Annual Report 2003. Geneva: IOM.

Kanji, Z./Cameron, L. B. (2010). Exploring the experiences of resilience in Muslim Afghan refugee children. In: Journal of Muslim Mental Health 5, S. 22–40.

Keilson, H. (1979). Sequentielle Traumatisierung bei Kindern: Deskriptiv-klinische und quantifizierend-statistische Follow-up-Untersuchung zum Schicksal der jüdischen Kriegswaisen in den Niederlanden. Stuttgart: Enke.

Kestenberg, J. S. (1989). Neue Gedanken zur Transposition. Klinische, therapeutische und entwicklungsbedingte Betrachtungen. Jahrbuch der Psychoanalyse, 24, S. 163–189.

Khan, M. (1963). The concept of cumulative trauma. Psychoanalytical Study of the Child, 18, S. 286–306.

Kia-Keating, M./Ellis, B. H. (2007). Belonging and connection to school in resettlement: Young refugees, school belonging, and psychosocial adjustment. In: Clinical Child Psychology and Psychiatry, 12(1), S. 29–43.

Kinzie, J. D./Sack, W. H./Angell, R. H./Clarke, G. (1989). A 3-year follow-up of Cambodian young people traumatized as children. Journal of American Academy of Child and Adolescent Psychiatry, 28, S. 501–504.

Kinzie, J. D./Sack, W. H./Angell, R. H./Manson, S./Rath, B. (1986). The psychiatric effects of massive trauma on Cambodian children: I. The children. Journal of the American Academy of Child and Adolescent Psychiatry, 25, S. 370–376.

Klitzing, K. von (1982). Risiken und Formen psychischer Erkrankung bei Kindern ausländischer Arbeitnehmer in der BRD aus der Sicht stationärer psychotherapeutischer Versorgung. Dissertation, Freiburg.

Kocijan-Hercigonja, D. (1998). Kinder im Krieg: Erfahrungen aus Kroatien. In: Hilweg, W./Ullmann, E. (Hrsg.): Kindheit und Trauma. Trennung, Missbrauch, Krieg. 2. Aufl. Göttingen: Vandenhoeck & Ruprecht, S. 177–195.

Kohlberg, L. (1974). Zur kognitiven Entwicklung des Kindes. Frankfurt am Main: Suhrkamp.

Kolk, B. A. van der/McFarlane, A. C. (1996). Trauma, ein schwarzes Loch. In: Kolk, B. A. van der/McFarlane, A. C./Weisaeth, L. (Hrsg.): Traumatic Stress. Grundlagen und Behandlungsansätze, Theorie, Praxis und Forschung zu posttraumatischem Streß sowie Traumatherapie. Paderborn: Junfermann Verlag, S. 27–45.

Körtner, U. (2008). Evangelische Sozialethik, Grundlagen und Themenfelder. 2. Aufl. Göttingen: Vandenhoeck und Ruprecht.

Kraul, A./Ratzke, K./Reich, G./Cierpka, M. (2003). Familiäre Lebenswelten. In: Cierpka, M. (Hrsg.): Handbuch der Familiendiagnostik. 2. aktualisierte und ergänzte Aufl. Berlin: Springer, S. 175–221.

Krupinski, J./Burrows, G. (1986). The price of freedom. Oxford: Pergamon.

Krystal, H. (1978). Trauma and affects. Psychoanalytic Study of the Child, 33, S. 81–116.

Krystal, H. (1993). Beyond the DSM–III–R: Therapeutic considerations in posttraumatic stress disorder. In: Wilson, J./Raphael, B. (Hrsg.): International Handbook of Traumatic Stress Syndromes. New York: Plenum, S. 841–854.

Lanfranchi, A. (2007). Sonderklassenversetzung oder integrative Förderung: Denken und handeln Lehrpersonen kulturell neutral? In: Vierteljahresschrift für Heilpädagogik und ihre Nachbargebiete, 76, S. 128–141.

Laucht, M./Esser, G./Schmidt, M. H. (1998). Risiko- und Schutzfaktoren der frühkindlichen Entwicklung: Empirische Befunde. Zeitschrift für Kinder- und Jugendpsychiatrie und Psychotherapie, 26(1), S. 6–20.

Laux, L./Weber, H. (1990). Bewältigung von Emotionen. In: Scherer, K. R. (Hrsg.): Enzyklopädie der Psychologie: Psychologie der Emotion. Göttingen: Hogrefe.

Lazarus, R./Launier, R. (1981). Streßbezogene Transaktionen zwischen Person und Umwelt. In: Nitsch, J. (Hrsg.): Streß. Bern: Huber, S. 213–260.

Lazarus, R. S./Folkman, S. (1991). The concept of coping. In: Monat, A./Lazarus, R S. (Hrsg.): Stress and coping: An anthology. New York: Columbia University Press, S. 189–206

Lederer, W. (1965). Persecution and compensation. Theoretical and practical implications of the »Persecution Syndrome«. Archives of General Psychiatry, 12, S. 464–474.

Lehmann, S./Pollert, M./Pschichholz, W./Thieler, I. (2009). Ethik Grundschule, Arbeitsheft für das 1./2. Schuljahr. Berlin: Cornelsen.

Leyer, E. (1991). Ein psychoanalytisches Phasenmodell der Migration. In: Leyer, E. (Hrsg.): Migration, Kulturkonflikt und Krankheit. Zur Praxis der transkulturellen Psychotherapie. Opladen: Westdeutscher Verlag, S. 95–97.

Liebkind, K. (1993). Self-reported ethnic identity, depression and anxiety among young Vietnamese refugees and their parents. Journal of Refugee Studies, 6(1), S. 25–39.

Lifton, R. J. (1968). Death in life: Survivors of Hiroshima. New York: Random House.

Lin, K. M. (1986). Psychopathology and social disruption. In: Williams, C. L./Westermeyer, J. (Hrsg.), Refugee mental health in resettlement countries. New York: Hemisphere Publishing Corporation, S. 63–73.

Lipson, J. G. (1993). Afghan refugees in California. Mental health issues. Issues in Mental Health Nursing, 14, S. 411–423.

Männel, Sophie (2007). Unterrichtseinstiege – Funktionen, Kriterien und Möglichkeiten. Norderstedt: Grin Verlag.

Möller, B./Adam, H. (2009). Jenseits des Traumas: Die Bedeutung von (schulischer) Bildung aus psychologischer und psychotherapeutischer Perspektive. In: Krappmann, L./Lob-Hüdepohl, A./ Bohmeyer, A./Kurzke-Maasmeier, S. (2009): Bildung für junge Flüchtlinge – ein Menschenrecht. Erfahrungen, Grundlagen und Perspektiven. Bielefeld: Bertelsmann, S. 83–98.

Marrus, M. R. (1999). Die Unerwünschten. Europäische Flüchtlinge im 20. Jahrhundert. Berlin: Verlag Libertäre Assoziation.

McCubbin, H. I./Figley, C. R. (1983). Stress and the family. Coping with normative transitions. Vol. 1. New York: Brunner/Mazel.

McCubbin, H. I./Olson, D. H. (1989). Family coping strategies. In: Olson, D. H. (Hrsg.): Families, what makes them work? Beverly Hills: Sage Publications, S. 135–162.

McCubbin, H. I./Patterson, J. (1983). The family stress process: The double ABCX-model of adjustment and adaptation. Marriage and Family Review, 6, S. 7–37.

McCubbin, H. I./McCubbin, M. A./Thomson, A. I./Thomson, E. A. (1998). Resiliency in native American and immigrant families. Thousand Oaks: Sage Publications.

Mentzos, S. (2000). Neurotische Konfliktverarbeitung. Frankfurt am Main: Fischer.

Ministerium für Kultus, Jugend und Sport Baden-Württemberg (2009). Talente fördern – Portfolioarbeit in der Grundschule. http://www.kultusportal-bw.de/servlet/PB/-s/kkr5rt644ns2ve6fcpt 56klipztw44/show/1260550/Portfolio-ebook-15–10–2009-komplett.pdf (Abruf am 10.06.2012).

Moor, P. (1974). Heilpädagogik: ein pädagogisches Lehrbuch. Bern: Huber.

Morgenthau, L. (2004). Klasse organisieren ohne Worte: Signalkarten für die Sek. 1. Mülheim an der Ruhr: Verlag an der Ruhr.

Murdock, M. (2009). Dann trägt mich meine Wolke. Schüttorf: Verlag Peter Hess.

Neumann, U. (1995). Die Bedeutung von schulischer Bildung für Flüchtlingskinder. In: Cropley, A. J./Ruddat, H./Dehn, D./Lucassen, S. (Hrsg.): Probleme der Zuwanderung, Band 2. Göttingen: Verlag Angewandte Psychologie.

Pedersen, S. (1949). Psychopathological reactions to extreme stress displacements (refugee neurosis). In: The Psychoanalytical Review, 36, S. 344–354.

Poustka, F. (1984). Psychiatrische Störungen bei Kindern ausländischer Arbeitnehmer – Eine epidemiologische Untersuchung. Stuttgart: Enke.

Pries, L. (1996). Transnationale soziale Räume. Theoretisch-empirische Skizze am Beispiel der Arbeitswanderungen Mexiko-USA. In: Zeitschrift für Soziologie, 25(6), S. 456–472.

Pynoos, R./Steinberg, A. M./Wraith, R. (1995). A developmental model of childhood traumatic stress. In: Cicchetti, D./Cohen, D. J. (Hrsg.): Developmental psychopathology, Vol. 2: Risk, disorder and adaption. New York: John Wiley & Sons, S. 72–95.

Real, I. (1995). The mental care of immigrant children. In: Psychosomatique, Medicine, Psychoanalyse et Anthropologie, 36, S. 57–66.

Remschmidt, H. (1988). Kinder- und Jugendpsychiatrie in Klinik und Praxis. Bd. 1. Grundprobleme, Pathogenese, Diagnostik, Therapie. Stuttgart: Thieme.

Remschmidt, H./Schmidt, M. H./Poustka, F. (Hrsg.) (2006). Multiaxiales Klassifikationsschema für psychische Störungen des Kindes- und Jugendalters nach ICD-10 der WHO. 5. völlig überarbeitete Aufl. Bern: Huber.

Resch, F. (1996). Entwicklungspsychopathologie des Kindes- und Jugendalters. Weinheim: Beltz.

Resch, F./Strehlow, U./Koch, E./Haffner, J./Brunner, R./Engellandt-Schnell, A. (2000). Phobische Störungen (F40) und emotionale Störungen des Kindesalters (F 93.1, F 93.2). In: Deutsche Gesellschaft für Kinder- und Jugendpsychiatrie und Psychotherapie, Bundesarbeitsgemeinschaft leitender Klinikärzte & Berufsverband der Ärzte für Kinder- und Jugendpsychiatrie und Psychotherapie (Hrsg.): Leitlinien zur Diagnostik und Therapie von psychischen Störungen im Säuglings-, Kindes- und Jugendalter. Köln: Deutscher Ärzteverlag, S. 249–258.

Riedesser, P. (1988). Psychische Gefährdungen und Erkrankungen von Kindern ausländischer Arbeiter: Ein Beitrag zur Psychiatrie der Migration. Habilitationsschrift, Universität Freiburg im Breisgau.

Roer-Strier, D. R. (1997). Coping strategies of immigrant parents: Directions for family therapy. In: Family Process, 35(3), S. 363–376.

Romer, G./Haagen, M./Barkamnn, C./Thomalla, G./Schulte-Markwort, M./Riedesser, P. (2004). Kinder körperlich kranker Eltern. In: Hamburger Ärzteblatt, 3, S. 124–127.

Rumbaut, R. G. (1991). The agony of exile: A study of the migration and adaptation of Indochinese refugee adults and children. In: Ahearn, F. L./Athey, L. J. (Hrsg.): Refugee children: Theory, research and services. Baltimore: The Johns Hopkins University Press, S. 53–87.

Sachverständigenrat Deutscher Stiftungen für Integration und Migration (SVR) (2011). Migrationsland 2011. Jahresgutachten 2011 mit Migrationsbarometer. Berlin: SVR.

Sack, W. H. (1998). Multiple forms of stress in refugee and immigrant children. Child and Adolescent Psychiatric Clinics of North America, 7(1), S. 153–167.

Satow, L./Schwarzer, R. (2003). Entwicklung schulischer und sozialer Selbstwirksamkeitserwartung: Eine Analyse individueller Wachstumskurven. In: Psychologie in Erziehung und Unterricht, 50 (2), S. 168–181.

Schlüter-Müller, S. (1992). Psychische Probleme von jungen Türken in Deutschland. Eschborn: D. Klotz.

Schmidt, L. R. (1984). Psychologie in der Medizin. Anwendungsmöglichkeiten in der Praxis. Stuttgart: Thieme.

Schöler, J. (2011). Über Integration hinaus – was Integration bedeutet. In: Beiler, A./Lofing, S./Minges, B. (2011): Auf dem Weg zur inklusiven Schule. Ideen und Materialien für Lehrkräfte. Stuttgart: Raabe, S. 1–12.

Schroeder, J. (2003). Viele Barrieren, wenig Wahl. Eine Problemskizze zur schulischen und berufsbildenden Angebotsstruktur für Jugendliche ohne gesicherten Aufenthaltsstatus. In: Neumann, U./Niedrig, H./Schroeder, J./Seukwa, L. (Hrsg.): Lernen am Rande der Gesellschaft. Bildungsinstitutionen im Spiegel von Flüchtlingsbiografien. Münster: Waxmann, S. 77–91.

Schulz, U. (2008). Lernen an Stationen – Lernzirkel – Lerntheke. http://ganztag-blk.de/ganztagsbox/cms/upload/ind_foerderung/Planungsvorschlag/lesematerial.pdf (Abruf am 10.06.2012).

Shirley-Dale, E./Mitchell, K. (2004). Arbeiten mit Portfolios – Schüler fordern, fördern und fair beurteilen. Mülheim an der Ruhr: Verlag an der Ruhr.

Slutzki, C. E. (1979). Migration and family conflict. In: Family Process, S. 379–390.

Somersalo, H. (2002). School environment and children's mental well-being. A child psychiatric view on relations between classroom climate, school budget cuts and children's mental health. Academic dissertation, University of Helsinki, Department of Clinical Medicine/Child Psychiatry, Hospital for children and Adolescent: http://ethesis.helsinki.fi/julkaisut/laa/kliin/vk/somersalo/schoolen.pdf (Abruf am 08.09.2011).

Ständige Konferenz der Kultusminister der Länder in der Bundesrepublik Deutschland (Hrsg.) (2009). Sammlung der Beschlüsse der Ständigen Kultusministerkonferenz. Köln: Luchterhand.

Ständige Konferenz der Kultusminister der Länder in der Bundesrepublik Deutschland (Hrsg.) (2008). Handbuch: Definitionenkatalog zur Schulstatistik 2008 (2). kmk.org/fileadmin/pdf/Statistik/Defkat2008_2__m_Anlagen.pdf (Abruf am 14.09.2011).

Stein, B. N. (1986). The experience of being a refugee: Insights from research literature. In: Williams, C. L./Westermeyer, J. (Hrsg.): Refugee mental health in resettlement countries. Washington: Hemisphere Publishing Corporation.

Steinhausen, H. (1983). Child and family psychopathology of migrants. In: Schmidt, M./Remschmidt, H. (Hrsg.): Epidemiological approaches in child psychiatry: International Symposium. Stuttgart: Thieme.

Steinhausen, H. C. (1985). Psychiatric disorders in children and family dysfunction. A study of migrant workers families. In: Social Psychiatry, 20, S. 11–16.

Steinhausen, H./Remschmidt, H. (1982). Migration und psychische Störungen. Ein Vergleich von Kindern griechischer Gastarbeiter und deutschen Kindern in West-Berlin. Zeitschrift für Kinder- und Jugendpsychiatrie, 10, S. 32–49.

Steptoe, A. (1991). Psychological coping, individual differences, and physiological stress. In: Cooper, C. L./Payne, R. (Hrsg.): Personality and stress: Individual differences in the stress process. New York: John Wiley & Sons, S. 205–233.

Stermaca, L./Elgiea, S./Dunlapa H./Kellya, T. (2010). Educational experiences and achievements of war-zone immigrant students in Canada. In: Vulnerable Children and Youth Studies 5, S. 97–107.

Storch, G./Poustka, F. (2000). Psychische Störungen bei stationär behandelten Kindern mediterraner Migrantenfamilien. Praxis der Kinderpsychologie und Kinderpsychiatrie, 49(3), S. 199–208.

Straker, G. (1988). Post-traumatic stress disorder: A reaction to state-supported child abuse and neglect. In: Child Abuse and Neglect, 12, S. 383–395.

Summerfield, D. (2001). The invention of post-traumatic stress disorder and the social usefulness of a psychiatric category. In: British Medical Journal, 322: S. 95–98.

Sundquist, J./Bayard-Burfield, L./Johansson, L./Johansson, S. (2000). Impact of ethnicity, violence and acculturation on displaced migrants. Psychological distress and psychosomatic complaints among refugees in Sweden. In: The Journal of Nervous and Mental Disease, 188(6), S. 357–365.

Szente, J./Hoot, J./Taylor, D. (2006). Responding to the special needs of refugee children: Practical ideas for teachers. In: Early Childhood Education Journal 34, S. 15–20.

Temoshok, L./van Dyke, C./Zegans, L. S. (Hrsg.) (1983). Emotions in health and illness: Theoretical and research foundations. Orlando: Grune & Stratton.

Terr, L. (1991). Childhood traumas: An outline and overview. In: American Journal of Psychiatry, 148, S. 10–20.

Teuber, K. (2002). Migrationssensibles Handeln in der Kinder- und Jugendhilfe. In: Sozialpädagogisches Institut im SOS-Kinderdorf e. V. (Hrsg.): Migrantenkinder in der Jugendhilfe. München: Eigenverlag, S. 75–135.

Toprak, A. (2000). Sozialisation und Sprachprobleme. Eine qualitative Untersuchung über das Sprachverhalten türkischer Migranten der zweiten Generation. Frankfurt am Main: IKO-Verlag für Interkulturelle Kommunikation.

Ulich, D. (1987). Krise und Entwicklung. Zur Psychologie der seelischen Gesundheit. München: Psychologie Verlags Union.

Valiente, R./Sandin, B./Chorot, P. (1996). Major life events and stress: Psycho-pathology and migration. In: Psiquis, 17(5), S. 12–31.

Walter, J. (1993). Psychosoziale Probleme der Kinder chilenischer Exilierter in der Bundesrepublik Deutschland. Medizinische Dissertation, Universität Freiburg im Breisgau.

Walter, J. (1998). Psychotherapeutische Arbeit mit Flüchtlingskindern und ihren Familien. In: Endre, M./Biermann, G. (Hrsg.): Traumatisierung in Kindheit und Jugend. München: Reinhardt, S. 59–77.

Walter, J./Adam, H. (2000). Entwicklungspsychopathologie familiärer Prozesse im transkulturellen Kontext. In: Haasen, C./Yagdiran, O. (Hrsg.): Beurteilung psychischer Störungen in einer multikulturellen Gesellschaft. Freiburg: Lamberts, S. 183–208.

Walter, J./Adam, H. (2003). Der kulturelle Kontext und seine Berücksichtigung bei Migranten- und Flüchtlingsfamilien. In: Cierpka, M. (Hrsg.): Handbuch der Familiendiagnostik. 2. Aufl. Berlin: Springer, S. 251–268.

Walter, J./Bala, J. (2004). Where meanings, sorrow, and hope have a resident permit: treatment of families and children. In: Wilson, J. B./Drozdek, B. (Hrsg.): Broken spirits – The treatment of traumatized asylum seekers, refugees, war and torture victims. London: Brunner Routledge, S. 487–520.

Weber, H. (1992). Belastungsverarbeitung. In: Zeitschrift für Klinische Psychologie, 21, S. 17–27.

Weiss, R. (2003). Macht Migration krank? Eine transdisziplinäre Analyse der Gesundheit von Migrantinnen und Migranten. Zürich: Seismo Verlag.

Wessel, S. (2007). Portfolio in der Grundschule – am Beispiel von Helme Heines »Freunde«. Kempen: BVK Verlag.

Whiteman, R. (2005). Welcoming the stranger: a qualitative analysis of teachers' views regarding the integration of refugee pupils into schools in Newcastle upon Tyne. In: Educational Studies 31. S. 375–391.

Winnicott, D. W. (1958). The capacity to be alone. In: Winnicott, D. W. (Hrsg.): The maturational process and the facilitating environment. New York: International Universities Press, S. 29–36.

Wocken, H. (2005). Andere Länder, andere Schüler? Vergleichende Untersuchungen von Förderschülern in den Bundesländern Brandenburg, Hamburg und Niedersachen (Forschungsbericht). http://bidok.uibk.ac.at/download/wocken-forschungsbericht.pdf (Abruf am 01.08.2012).

Wocken, H. (2010). Von der Integration zur Inklusion. In: Dorrance, C. (Hrsg.): barrierefrei vom Kindergarten in die Schule? Eine Untersuchung zur Kontinuität aus der Sicht betroffener Eltern. Bad Heilbrunn: Klinkhardt, S. 51–53.

World Health Organisation (WHO) (1991). Internationale Klassifikation psychischer Störungen ICD–10, Kapitel V (F). Klinisch-diagnostische Leitlinien. Hrsg. von H. Dilling, W. Mombour & M. H. Schmidt. Bern: Huber.

World Health Organisation (WHO) (2004). Internationale Klassifikation psychischer Störungen ICD–10, Kapitel V (F). Diagnostische Kriterien für Forschung und Praxis. 3. korr. Aufl. Hrsg. von H. Dilling, W. Mombour, M. H. Schmidt & E. Schulte-Markwort. Bern: Huber.

Anhang

Sämtliche Arbeitsblätter stehen auf der Buchdetailseite unter www.beltz.de zum Download bereit (Passwort: yul3fuq8).

Arbeitsblatt: K_08_AB_Gefühle

Gefühle (1)

8

Welcher Hund gehört zu dem jeweiligen Satz? Wie heißt das Gefühl dazu?

1.Schneide den passenden Hund aus und klebe ihn auf.

2.Schreibe das richtige Gefühl in die rechte Spalte.

Hund Anton	Satz	Gefühl
	»Ich fürchte mich so, niemand hilft mir. Bitte tu mir nichts.«	
	»Ach mir geht's so gut. Ich liege ganz bequem herum und träume vor mich hin.«	
	»Huch, was ist denn das? So was hab ich ja noch nie gesehen.«	
	»Hihi, ich hüpfe und springe und mache lauter Witze. Ich muss ja so viel lachen.«	
	»Oh was ist denn das wohl?«, »Ich möchte so gerne wissen, was da drin ist.«	

Gefühle (2)

8

	»Mein Körper ist auf Hochspannung, ich hab keine Zeit.«	
	»Wer will mit mir kämpfen? Ich könnte gerade explodieren vor Zorn.«	
	»Ich fühle mich ja so alleine. Alles ist so blöd. Ich muss nur noch weinen.«	
	»Ich fühle mich einfach rundum gut. Alles ist schön.«	
	»Ich fühl mich ganz leicht, wie auf Wolke 7.« »Ich habe Schmetterlinge im Bauch.«	

Gefühle (3)

Arbeitsblatt: J_05_AB_Wurzeln

Station 1
Meine Wurzeln

5

Wer oder was hat mir geholfen, als ich noch ein kleines Kind war? Wer oder was hilft mir heute?

Zum Beispiel, wenn du traurig bist oder Probleme hast.

1. Schreibe deinen Namen in die Bildmitte.

2. Dann schneide bunte Kreise aus und klebe sie auf das Papier.

3. In die Kreise schreibst du, was oder wer dir geholfen hat.

Je näher du einen Kreis an deinen Namen klebst, umso hilfreicher war die Person bzw. die Sache.

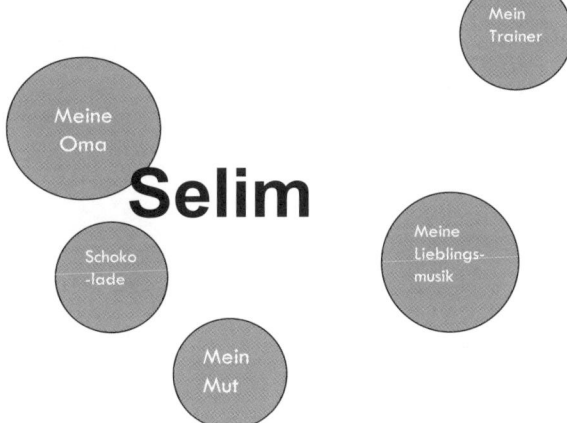

Station 2:
Mein Stamm

5

Wer bin ich?
Welche Eigenschaften und
Fähigkeiten passen zu mir? Was
kann ich gut, was nicht?

1. Schneide buntes Papier in zehn Streifen.
2. Schreibe auf jeden Streifen eine Eigenschaft von dir.
   Die Eigenschaften unten helfen dir dabei.
3. Klebe die Streifen wie eine Sonne auf das Papier.
4. In der Mitte steht dein Name. Markiere die fünf
   wichtigsten Eigenschaften.

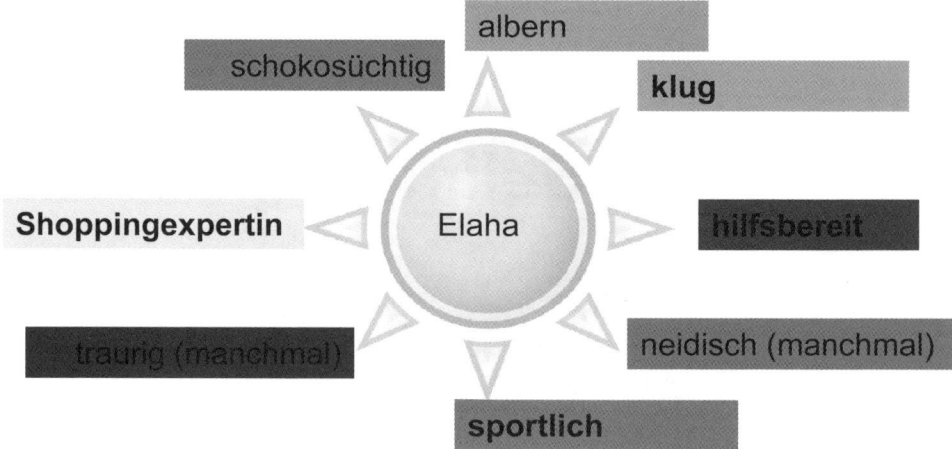